Evil Under the Sun
Agatha Christie

Зло под солнцем
Агата Кристи

Москва
2020

Chapter 1

When Captain Roger Angmering built himself a house in the year 1782 on the island off Leathercombe Bay, it was thought the height of eccentricity on his part. A man of good family such as he was should have had a decorous mansion set in wide meadows with, perhaps, a running stream and good pasture.

But Captain Roger Angmering had only one great love, the sea. So he built his house a sturdy house too, as it needed to be, on the little windswept gull-haunted promontory cut off from land at each high tide.

He did not marry, the sea was his first and last spouse, and at his death the house and island went to a distant cousin. That cousin and his descendants thought little of the bequest. Their own acres dwindled, and their heirs grew steadily poorer.

Глава 1

Когда в 1782 году капитан Роджер Энгмеринг построил себе дом на островке в Лезеркомбском заливе, его решение явилось верхом эксцентричности. Человеку из добропорядочного семейства полагалось иметь красивый особняк, окруженный просторной лужайкой, возможно, недалеко от живописного ручья и пастбища.

Однако у капитана Роджера Энгмеринга была в жизни только одна любовь: море. Поэтому он построил свой дом — прочный, добротный, как и подобало, — на крохотной, продуваемой всеми ветрами косе, населенной одними чайками, во время прилива превращавшейся в островок.

Старый морской волк так и не женился — море осталось его первой и последней избранницей, — и после его смерти дом и островок отошли к какому-то дальнему родственнику. Этому родственнику и его потомкам до нежданного наследства не было никакого дела. Их собственные владения непрерывно сокращались, и они с каждым поколением становились все беднее.

In 1922 when the great cult of the Seaside for Holidays was finally established and the coast of Devon and Cornwall was no longer thought too hot in the summer, Arthur Angmering found his vast inconvenient late Georgian house unsaleable, but he got a good price for the odd bit of property acquired by the seafaring Captain Roger.

The sturdy house was added to and embellished. A concrete causeway was laid down from the mainland to the island. "Walks" and "Nooks" were cut and devised all round the island. There were two tennis courts, sunterraces leading down to a little bay embellished with rafts and divingboards. The Jolly Roger Hotel, Smugglers' Island, Leathercombe Bay came triumphantly into being. And from June till September (with a short season at Easter) the Jolly Roger Hotel was usually packed to the attics. It was enlarged and improved in 1934 by the addition of a cocktail bar, a bigger dining-room and some extra bathrooms. The prices went up.

People said:
"Ever been to Leathercombe Bay? Awfully jolly hotel there, on a sort of island. Very comfortable and no trippers or charabancs. Good cooking and all that. You ought to go."

Но вот в 1922 году наконец появилась мода на отдых на взморье, и климат побережья Девона и Корнуолла перестал считаться слишком жарким. Артур Энгмеринг обнаружил, что его огромный неудобный особняк георгианской эпохи никому не нужен, зато совершенно неожиданно он смог получить кругленькую сумму за недвижимость, давным-давно приобретенную его далеким предком капитаном Роджером.

Добротный дом был заново отделан, к нему добавились пристройки. От большой земли к острову протянулась бетонная дамба. По всему острову были проложены «дорожки» и устроены «живописные уголки». Появились два теннисных корта, солярии, спускающиеся террасами к маленькой бухте, облагороженной мостками для купания. В результате возник прекрасный пансионат «Веселый Роджер», расположенный на острове Контрабандистов в Лезеркомбском заливе. С июня по сентябрь (плюс короткий промежуток времени на Пасху) «Веселый Роджер» был, как правило, заполнен отдыхающими до самого чердака. В 1934 году пансионат был расширен и переделан, появились коктейль-бар, более просторный обеденный зал и дополнительные номера. Цены взлетели.

Люди говорили:

— Вам доводилось бывать в Лезеркомбском заливе? Там просто чудный пансионат на острове. Очень уютно, и никаких туристов, автобусных экскурсий... Отличные кухня и обслуживание. Вам непременно нужно побывать там.

And people did go.

There was one very important person (in his own estimation at least) staying at the Jolly Roger. Hercule Poirot, resplendent in a white duck suit, with a Panama hat tilted over his eyes, his moustaches magnificently befurled, lay back in an improved type of deck-chair and surveyed the bathing beach. A series of terraces led down to it from the hotel. On the beach itself were floats, lilos, rubber and canvas boats, balls and rubber toys. There were a long springboard and three rafts at varying distances from the shore.

Of the bathers, some were in the sea, some were lying stretched out in the sun, and some were anointing themselves carefully with oil.

On the terrace immediately above, the non-bathers sat and commented on the weather, the scene in front of them, the news in the morning papers and any other subject that appealed to them.

On Poirot's left a ceaseless flow of conversation poured in gentle monotone from the lips of Mrs Gardener while at the same time her needles clacked as she knitted vigorously. Beyond her, her husband, Odell C. Gardener, lay in a hammock chair, his hat tilted forward over his nose, and occasionally uttered a brief statement when called upon to do so.

On Poirot's right, Miss Brewster, a tough athletic woman with grizzled hair and a pleasant weatherbeaten face, made gruff comments. The result sounded rather like a sheepdog whose short stentorian barks interrupted the ceaseless yapping of a Pomeranian.

И люди отправлялись в «Веселый Роджер».

В пансионате отдыхал один очень важный — по крайней мере в своих собственных глазах — гость: Эркюль Пуаро. В элегантном парусиновом костюме и соломенной шляпе, надвинутой на глаза, с безукоризненно ухоженными усиками, он полулежал в удобном шезлонге и обозревал пляж. К морю от пансионата спускался террасами солярий. Берег был усеян надувными матрасами, кругами, лодками, байдарками, мячами и резиновыми игрушками. От плавательных мостиков в воду отходил длинный трамплин. В заливе покачивались три плота.

Одни отдыхающие плескались в море, другие жарились на солнце, третьи старательно натирались маслом для загара.

На самой верхней террасе солярия находились те, кто не купался. Они обсуждали погоду, открывающееся перед ними зрелище, новости из утренних газет и прочие темы, вызывающие у них интерес.

Слева от Пуаро журчал нескончаемый поток слов, изливающийся из уст миссис Гарднер под аккомпанемент постукивания спиц для вязания. У нее за спиной лежал в шезлонге ее муж Оделл К. Гарднер с надвинутой на нос шляпой, время от времени изрекающий краткое замечание, но только когда к нему обращались.

Сидящая справа от Пуаро мисс Брюстер, крепкая женщина атлетического телосложения с седеющими волосами и приятным загорелым лицом, временами недовольно ворчала. В результате создавалось впечатление, будто здоровенная овчарка своим

Mrs Gardener was saying: "And so I said to Mr Gardener, why, I said, sightseeing is all very well, and I do like to do a place thoroughly. But, after all, I said, we've done England pretty well and all I want now is to get some quiet spot by the seaside and just relax. That's what I said, wasn't it, Odell? Just relax. I feel I must relax, I said. That's so, isn't it, Odell?"

Mr Gardener, from behind his hat, murmured: "Yes, darling."

Mrs Gardener pursued the theme. "And so, when I mentioned it to Mr Kelso, at Cook's (He's arranged all our itinerary for us and been most helpful in every way. I don't really know what we'd have done without him!) Well, as I say, when I mentioned it to him, Mr Kelso said that we couldn't do better than come here. A most picturesque spot, he said, quite out of the world, and at the same time very comfortable and most exclusive in every way. And of course Mr Gardener, he chipped in there and said what about the sanitary arrangements? Because, if you'll believe me, Mr Poirot, a sister of Mr Gardener's went to stay at a guesthouse once, very exclusive they said it was, and in the heart of the moors, but would you believe me, nothing but an earth closet! So naturally that made Mr Gardener suspicious of those out-of-the-world places, didn't it, Odell?"

отрывистым зычным лаем прерывала бесконечное тявканье шпица.

— Вот я и сказала мистеру Гарднеру, — говорила миссис Гарднер, — ну да, сказала я ему, осматривать достопримечательности, конечно, здорово. Но, в конце концов, сказала я, Англию мы изъездили вдоль и поперек, и теперь я хочу отправиться в какое-нибудь тихое местечко у моря и просто отдохнуть. Вот что я ему сказала, ведь так, Оделл? Просто отдохнуть. Я чувствую, мне нужно отдохнуть, сказала я. Правда, Оделл?

— Да, дорогая, — пробормотал из-под шляпы мистер Гарднер.

— И вот, — продолжала развивать свою тему миссис Гарднер, — когда я сказала об этом мистеру Келсоу из агентства путешествий Кука — это он для нас все устроил; он был ну очень любезен, я даже не знаю, что бы мы делали без него! — так вот, когда я сказала об этом мистеру Келсоу, он ответил, что лучше места, чем здесь, мы нигде не найдем. Очень живописное место, сказал он, отрезанное от всего мира, и в то же время комфорт на высшем уровне. И тут, разумеется, мистер Гарднер, — он вмешался и спросил: а как обстоит дело с санитарными условиями? Видите ли, месье Пуаро, вы не поверите, но сестра мистера Гарднера однажды остановилась в одной небольшой гостинице, ее также рекомендовали как уединенную, посреди болот, но можете ли вы поверить, туалет там был на улице! Поэтому, естественно, мистер Гарднер подозрительно относится ко всем подобным «уединенным» местам, ведь так, Оделл?

"Why, yes, darling," said Mr Gardener.

"But Mr Kelso reassured us at once. The sanitation, he said, was absolutely the latest word, and the cooking was excellent. And I'm sure that's so. And what I like about it is, it's intime if you know what I mean. Being a small place we all talk to each other and everybody knows everybody. If there is a fault about the British it is that they're inclined to be a bit stand-offish until they've known you a couple of years. After that nobody could be nicer. Mr Kelso said that interesting people came here and I see he was right. There's you, Mr Poirot and Miss Darnley. Oh! I was just tickled to death when I found out who you were, wasn't I, Odell?"

"You were, darling."
"Ha!" said Miss Brewster, breaking in explosively. "What a thrill, eh, M. Poirot?"
Hercule Poirot raised his hands in deprecation. But it was no more than a polite gesture. Mrs Gardener flowed smoothly on.
"You see, M. Poirot, I'd heard a lot about you from Cornelia Robson. Mr Gardener and I were at Badenhof in May. And of course Cornelia told us all about that business in Egypt when Linnet Ridgeway was killed. She said you were wonderful and I've always been simply crazy to meet you, haven't I, Odell?"

— Ну да, конечно, дорогая, — подтвердил мистер Гарднер.

— Но мистер Келсоу сразу же нас успокоил. Вся сантехника, сказал он, по самому последнему слову, и кухня восхитительная. И я полностью с ним согласна. И что мне еще нравится, так это интимность, если вы понимаете, что я имею в виду. Место очень маленькое, мы общаемся только друг с другом, и все знают всех. Если в англичанах и есть недостаток, так это то, что они склонны вести себя чересчур чопорно с теми, с кем не знакомы по крайней мере пару лет. Потом-то милее людей не найдешь! Мистер Келсоу сказал, что сюда приезжают интересные люди, и я вижу, что он прав. Взять, к примеру, вас, месье Пуаро, или мисс Дарнли. О! Я просто безумно обрадовалась, когда узнала, кто вы такой, правда, Оделл?

— Именно так, дорогая.

— Ха! — резко вмешалась мисс Брюстер. — Как это замечательно, вы не находите, месье Пуаро?

Тот протестующе вскинул руки, но это был не более чем вежливый жест. Миссис Гарднер продолжала как ни в чем не бывало:

— Видите ли, месье Пуаро, я много слышала о вас от Корнелии Робсон, отдыхавшей в Баденхофе. Мы с мистером Гарднером были в Баденхофе в мае. И, разумеется, Корнелия подробно рассказала нам о тех событиях в Египте, когда была убита Линнет Риджуэй. По ее мнению, вы были просто великолепны, и я прямо-таки смерть как хотела с вами познакомиться, не так ли, Оделл?

"Yes, darling."

"And then Miss Darnley, too. I get a lot of my things at Rose Mond's and of course she is Rose Mond, isn't she? I think her clothes are ever so clever. Such a marvellous line. That dress I had on last night was one of hers. She's just a lovely woman in every way, I think."

From beyond Miss Brewster, Major Barry who had been sitting with protuberant eyes glued to the bathers granted out:

"Distinguished-lookin' gal!"

Mrs Gardener clacked her needles.

"I've just got to confess one thing, M. Poirot. It gave me a kind of a turn meeting you here — not that I wasn't just thrilled to meet you, because I was. Mr Gardener knows that. But it just came to me that you might be here well, professionally. You know what I mean? Well, I'm just terribly sensitive, as Mr Gardener will tell you, and I just couldn't bear it if I was to be mixed up in crime of any kind. You see -"

Mr Gardener cleared his throat. He said: "You see, M. Poirot, Mrs Gardener is very sensitive."

The hands of Hercule Poirot shot into the air.

"But let me assure you, Madame, that I am here simply in the same way that you are here yourselves —

— Да, дорогая.

— А тут еще и мисс Дарнли... У меня много вещей от «Роз монд», а она, оказывается, и есть «Роз монд», ведь так? По-моему, вся ее одежда так продумана. Такая чудесная линия! То платье, которое было на мне вчера вечером, — это ее работа. По-моему, она просто очаровательная женщина во всех отношениях.

Позади мисс Брюстер послышалось ворчание майора Барри, не отрывавшего своих выпученных глаз от купающихся.

— Весьма впечатляющая девочка!

Миссис Гарднер застучала спицами.

— Месье Пуаро, я должна кое в чем вам сознаться. Встретив вас здесь, я испытала самый настоящий шок — только не подумайте, будто я не была в восторге от знакомства с вами, потому что я на седьмом небе от счастья. Мистер Гарднер это подтвердит. Но просто я подумала, что вас сюда привел... ну, профессиональный интерес. Надеюсь, вы понимаете, что я хочу сказать? На самом деле я ужасно впечатлительная, как вам подтвердит мистер Гарднер, и просто не пережила бы, если б оказалась причастна к какому-либо преступлению. Видите ли...

— Видите ли, месье Пуаро, — кашлянув, сказал мистер Гарднер, — миссис Гарднер очень впечатлительная.

Руки Эркюля Пуаро взметнулись в воздух.

— Но позвольте заверить вас в том, мадам, что я здесь с той же целью, что и вы, — я провожу

15

to enjoy myself — to spend the holiday. I do not think of crime even."

Miss Brewster said again giving her short gruff bark: "No bodies on Smugglers' Island."

Hercule Poirot said: "Ah! but that, it is not strictly true." He pointed downward. "Regard them there, lying out in rows. What are they? They are not men and women. There is nothing personal about them. They are just — bodies!"

Major Barry said appreciatively: "Good-looking fillies, some of 'em. Bit on the thin side, perhaps."

Poirot cried: "Yes, but what appeal is there? What mystery? I, I am old, of the old school. When I was young, one saw barely the ankle. The glimpse of a foamy petticoat, how alluring! The gentle swelling of the calf — a knee — a beribboned garter -"

"Naughty, naughty!" said Major Barry hoarsely.

"Much more sensible — the things we wear nowadays," said Miss Brewster.

"Why, yes, M. Poirot," said Mrs Gardener. "I do think, you know, that our girls and boys nowadays lead a much more natural healthy life. They just romp about together and they — well, they -" Mrs Gardener blushed slightly for she had a nice mind — "they think nothing of it, if you know what I mean?"

отпуск, наслаждаюсь жизнью. Я даже не думаю о преступлениях!

— Никаких тел на острове Контрабандистов! — снова отрывисто пролаяла мисс Брюстер.

— О, но это не совсем так, — возразил Пуаро, указывая вниз. — Взгляните вон туда, на ряды загорающих. Что они собой представляют? Это не мужчины и женщины. Это просто тела.

— Среди них есть весьма привлекательные лапочки, — тоном знатока произнес майор Барри. — Вот только, пожалуй, чересчур худые.

— Да, но какое в них притяжение? — воскликнул Пуаро. — Какая тайна? Я человек пожилой, старой закалки. Когда я был молодым, можно было с трудом увидеть щиколотку. Мельком взглянуть на кружевную нижнюю юбку — какой соблазн! Плавный изгиб икры... колено... подвязки с лентами...

— Распущенность! — довольно резко промолвил майор Барри. — Распущенность!

— Гораздо практичнее то, что мы носим сейчас, — заметила мисс Брюстер.

— Ну да, месье Пуаро, — сказала миссис Гарднер. — Знаете, я действительно считаю, что в настоящее время наши девушки и юноши ведут более естественный, здоровый образ жизни. Они просто веселятся вместе и... ну, они... — Она слегка покраснела, поскольку у нее была чистая душа. — Они совсем не думают об этом, если вы понимаете, что я имею в виду.

Агата Кристи

"I do know," said Hercule Poirot. "It is deplorable!"

"Deplorable?" squeaked Mrs Gardener.

"To remove all the romance all the mystery! Today everything is standardized!" He waved a hand towards the recumbent figures. "That reminds me very much of the Morgue in Paris."

"M. Poirot!" Mrs Gardener was scandalized.

"Bodies arranged on slabs like butcher's meat!"

"But M. Poirot, isn't that too far-fetched for words?"

Hercule Poirot admitted: "It may be, yes."

"All the same," Mrs Gardener knitted with energy, "I'm inclined to agree with you on one point. These girls that lie out like that in the sun will grow hair on their legs and arms. I've said so to Irene — that's my daughter, M. Poirot. Irene, I said to her, if you lie out like that in the sun, you'll have hair all over you, hair on your arms and hair on your legs and hair on your bosom, and what will you look like then? I said to her. Didn't I, Odell?"

"Yes, darling," said Mr Gardener.

Everyone was silent, perhaps making a mental picture of Irene when the worst had happened.

Mrs Gardener rolled up her knitting and said:
"I wonder now -"
Mr Gardener said: "Yes, darling?" He struggled out of the hammock chair and took Mrs Gardener's

— Я вас понимаю, — сказал Эркюль Пуаро. — Это прискорбно!

— Прискорбно? — пискнула миссис Гарднер.

— Исключить всю романтику — всю тайну! Сегодня все стандартизовано! — Маленький бельгиец указал на распростертые ниже фигуры. — Это очень напоминает мне парижский морг.

— Месье Пуаро! — негодующе воскликнула миссис Гарднер.

— Тела — разложенные на досках — совсем как туши в мясной лавке!

— Месье Пуаро, вам это сравнение не кажется слишком натянутым?

— Да, возможно, — согласился тот.

— И все же, — снова заговорила миссис Гарднер, усиленно работая спицами, — я склонна согласиться с вами в одном. У этих девушек, лежащих вот так на солнце, вырастут волосы на ногах и руках. Я так и сказала Ирен — это моя дочь, месье Пуаро. «Ирен, — сказала я ей, — если ты будешь вот так лежать на солнце, у тебя повсюду вырастут волосы — волосы на руках, волосы на ногах, волосы на животе, и как ты тогда будешь выглядеть?» Я так ей и сказала, правда, Оделл?

— Да, дорогая, — подтвердил мистер Гарднер.

Все молчали, вероятно, мысленно представляя себе бедную Ирен, с которой может случиться такое несчастье.

Миссис Гарднер свернула свое вязание.

— Как насчет того...

— Да, дорогая? — сказал мистер Гарднер и, с трудом поднявшись с шезлонга, забрал у миссис

knitting and her book. He asked: "What about joining us for a drink, Miss Brewster?"

"Not just now, thanks."

The Gardeners went up to the hotel. Miss Brewster said:

"American husbands are wonderful!"

Mrs Gardener's place was taken by the Reverend Stephen Lane. Mr Lane was a tall vigorous clergyman of fifty odd. His face was tanned and his dark grey flannel trousers were holidayfied and disreputable. He said with enthusiasm:

"Marvellous country! I've been from Leathercombe Bay to Harford and back over the cliffs."

"Warm work walking today," said Major Barry who never walked.

"Good exercise," said Miss Brewster. "I haven't been for my row yet. Nothing like rowing for your stomach muscles."

The eyes of Hercule Poirot dropped somewhat ruefully to a certain protuberance in his middle. Miss Brewster, noting the glance, said kindly:

"You'd soon get that off, M. Poirot, if you took a rowing-boat out every day."

"Merci, Mademoiselle. I detest boats!"

"You mean small boats?"

"Boats of all sizes!" He closed his eyes and shuddered. "The movement of the sea, it is not pleasant."

Гарднер вязание и книгу. — Мисс Брюстер, не желаете что-нибудь выпить вместе с нами?

— Нет, не сейчас, благодарю вас.

Чета Гарднер направилась в пансионат.

— Американские мужья просто восхитительны! — сказала мисс Брюстер.

Место миссис Гарднер занял преподобный Стивен Лейн. Высокому энергичному священнику было лет пятьдесят с небольшим. Его загорелое лицо и темно-серые свободные фланелевые брюки нисколько не соответствовали его сану.

— Замечательное место! — воодушевленно произнес он. — Я сходил из Лезеркомб-Бэй в Харфорд и обратно по скалам.

— Сегодня для пеших прогулок чересчур жарко, — заметил майор Барри, никогда не ходивший гулять.

— Отличное упражнение, — сказала мисс Брюстер. — Я сегодня еще не занималась греблей. Ничто не сравнится с греблей для мышц живота.

Эркюль Пуаро печально посмотрел на заметную выпуклость у себя на талии. Перехватив его взгляд, мисс Брюстер благожелательно сказала:

— Вы быстро от этого избавитесь, месье Пуаро, если начнете каждый день грести веслами.

— Merci, Mademoiselle. Я ненавижу лодки!

— Вы имеете в виду маленькие лодки?

— Лодки, суда, корабли всех размеров! — Закрыв глаза, Пуаро поежился. — Движение моря, оно неприятное.

"Bless the man, the sea is as calm as a mill pond today."

Poirot replied with conviction: "There is no such thing as a really calm sea. Always, always, there is motion."

"If you ask me," said Major Barry, "seasickness is nine-tenths nerves."

"There," said the clergyman, smiling a little, "speaks the good sailor — eh, Major?"

"Only been ill once — and that was crossing the channel! Don't think about it, that's my motto."

"Seasickness is really a very odd thing," mused Miss Brewster. "Why should some people be subject to it and not others? It seems so unfair. And nothing to do with one's ordinary health. Quite sickly people are good sailors. Someone told me once it was something to do with one's spine. Then there's the way some people can't stand heights. I'm not very good myself, but Mrs Redfern is far worse. The other day, on the cliff path to Harford, she turned quite giddy and simply clung to me. She told me she once got stuck halfway down that outside staircase on Milan Cathedral. She'd gone up without thinking but coming down did for her."

"She'd better not go down the ladder to Pixy Cove, then," observed Lane.

— Помилуй бог, сегодня море спокойное, словно заводь.

— Такой вещи, как абсолютно спокойное море, не бывает, — убежденно заявил маленький бельгиец. — Всегда, всегда есть какое-то движение!

— Если хотите знать мое мнение, — вмешался майор Барри, — морская болезнь — это на девять десятых нервы.

— Вот слова настоящего моряка, — усмехнулся священник. — Да, майор?

— Морская болезнь мучила меня всего один раз — и это было во время переправы через Ла-Манш. Не надо об этом думать — вот мой девиз.

— На самом деле морская болезнь — это очень странная штука, — задумчиво промолвила мисс Брюстер. — Почему одни люди ей подвержены, а другие — нет? По-моему, это так несправедливо... Причем морская болезнь никак не связана с состоянием здоровья. Весьма болезненные люди хорошо переносят качку. Кто-то мне говорил, что это как-то связано со спиной. Опять же, некоторые боятся высоты. Я сама не могу этим похвастаться, но у миссис Редферн дело обстоит гораздо хуже. На днях на тропе, ведущей по скалам в Харфорд, у нее вдруг закружилась голова, и она прямо-таки вцепилась в меня. Она рассказала мне, что однажды застряла на полдороге, спускаясь по наружной лестнице с миланского кафедрального собора. Наверх она поднялась, ни о чем не думая, а вот спуск ее доконал.

— В таком случае ей лучше не спускаться по ступеням в бухту Эльфов, — заметил Лейн.

Miss Brewster made a face.

"I funk that myself. It's all right for the young. The Cowan boys and the young Mastermans, they run up and down it and enjoy it."

Lane said: "Here comes Mrs Redfern now coming up from her bathe."

Miss Brewster remarked: "M. Poirot ought to approve of her. She's no sun bather."

Young Mrs Redfern had taken off her rubber cap and was shaking out her hair. She was an ash blonde and her skin was of that dead fairness that goes with that colouring. Her legs and arms were very white. With a hoarse chuckle, Major Barry said:

"Looks a bit uncooked among the others, doesn't she?"

Wrapping herself in a long bathrobe Christine Redfern came up the beach and mounted the steps towards them. She had a fair serious face, pretty in a negative way, and small dainty hands and feet. She smiled at them and dropped down beside them, tucking her bath-wrap round her.

Miss Brewster said: "You have earned M. Poirot's good opinion. He doesn't like the sun-tanning crowd. Says they're like joints of butcher's meat or words to that effect."

Christine Redfern smiled ruefully.

She said: "I wish I could sunbathe! But I don't brown. I only blister and get the most frightful freckles all over my arms."

Мисс Брюстер скорчила гримасу.

— Мне самой там жутко страшно. А вот молодежи хоть бы хны. Мальчишки Коуэны и молодые Мастерманы, так те с восторгом носятся сломя голову вверх и вниз.

— Сюда идет миссис Редферн, — сказал Лейн. — Возвращается после купания.

— Месье Пуаро, вам следует ею восхищаться, — заметила мисс Брюстер. — Она не любит загорать.

Сняв резиновую шапочку, молодая миссис Редферн тряхнула волосами. Пепельная блондинка, она обладала удивительно белой кожей.

— На фоне остальных она выглядит какой-то недожаренной, вы не находите? — усмехнулся майор Барри.

Закутавшись в длинный халат, Кристина Редферн поднялась по ступеням вверх. У нее было открытое серьезное лицо, по-своему привлекательное, и маленькие изящные руки и ноги. Улыбнувшись, она подсела к отдыхающим, кутаясь в халат.

— Вы заслужили одобрение месье Пуаро, — сказала мисс Брюстер. — Он не любит тех, кто жарится на солнце. Говорит, что они похожи на мясные туши — или что-то в таком духе.

Кристина Редферн печально улыбнулась.

— Мне очень хотелось бы загорать! — сказала она. — Но моя кожа не темнеет. Она только начинает шелушиться, а руки покрываются ужасными веснушками.

"Better than getting hair all over them like Mrs Gardener's Irene," said Miss Brewster. In answer to Christine's inquiring glance she went on: "Mrs Gardener's been in grand form this morning. Absolutely non stop. 'Isn't that so, Odell?' 'Yes, darling.'" She paused and then said: "I wish, though, M. Poirot, that you'd played up to her a bit. Why didn't you tell her that you were down here investigating a particularly gruesome murder, and that the murderer, an homicidal maniac, was certainly to be found among the guests of the hotel?"

Hercule Poirot sighed. He said: "I very much fear she would have believed me."
Major Barry gave a wheezy chuckle.
He said: "She certainly would."
Emily Brewster said: "No, I don't believe even Mrs Gardener would have believed in a crime staged here. This isn't the sort of place you'd get a body!"

Hercule Poirot stirred a little in his chair.
He protested. He said: "But why not, Mademoiselle? Why should there not be what you call a 'body' here on Smugglers' Island?"
Emily Brewster said: "I don't know. I suppose some places are more unlikely than others. This isn't the kind of spot -"
She broke off, finding it difficult to explain her meaning.
"It is romantic, yes," agreed Hercule Poirot. "It is peaceful. The sun shines. The sea is blue. But you

— Уж лучше так, чем если б они покрылись волосами, как у Ирен, дочери миссис Гарднер, — заметила мисс Брюстер. Отвечая на вопросительный взгляд Кристины, она продолжала: — Сегодня утром миссис Гарднер была в великолепной форме. Не умолкала ни на минуту. «Не так ли, Оделл?» «Да, дорогая»... — Помолчав, она сказала: — И все же я жалею, месье Пуаро, что вы ее не разыграли. А надо было бы. Ну почему вы не сказали ей, что ведете здесь расследование одного страшного убийства и убийца, кровожадный маньяк, находится среди отдыхающих?

— Я очень боюсь, что она поверила бы мне, — вздохнул детектив.

Майор Барри хрипло усмехнулся.

— Непременно поверила бы.

— Нет, не думаю, что даже миссис Гарднер поверила бы в то, что здесь готовится преступление, — сказала мисс Брюстер. — Это не то место, где может произойти убийство!

Пуаро заерзал в кресле.

— Но почему же, мадемуазель? — возразил он. — Почему здесь, на острове Контрабандистов, не может произойти убийство?

— Не знаю, — ответила Эмили Брюстер. — Наверное, одни места подходят для этого меньше других. Здесь не та обстановка...

Она умолкла, не в силах подобрать подходящие слова.

— Да, здесь романтично, — согласился Пуаро. — Полная умиротворенность. Светит солнце.

forget, Miss Brewster, there is evil everywhere under the sun."

The clergyman stirred in his chair. He leaned forward. His intensely blue eyes lighted up.

Miss Brewster shrugged her shoulders.

"Oh! of course I realize that, but all the same -"

"But all the same this still seems to you an unlikely setting for crime? You forget one thing, Mademoiselle."

"Human nature, I suppose?"

"That, yes. That, always. But that was not what I was going to say. I was going to point out to you that here every one is on holiday."

Emily Brewster turned a puzzled face to him. "I don't understand."

Hercule Poirot beamed kindly at her. He made dabs in the air with an emphatic forefinger.

"Let us say, you have an enemy. If you seek him out in his flat, in his office, in the street — eh bien, you must have a reason — you must account for yourself. But here at the seaside it is necessary for no one to account for himself. You are at Leathercombe Bay, why? Parbleu! it is August — one goes to the seaside in August — one is on one's holiday. It is quite natural, you see, for you to be here and for Mr Lane to be here and for Major Barry to be here and for Mrs Redfern and her husband to be here. Because it is the custom in England to go to the seaside in August."

"Well," admitted Miss Brewster, "that's certainly a very ingenious idea. But what about the Gardeners? They're American."

Море голубое. Но вы забываете, мисс Брюстер, что повсюду под солнцем обитает зло.

Встрепенувшись, священник подался вперед. Его ярко-голубые глаза вспыхнули.

Мисс Брюстер пожала плечами:

— О, разумеется, я это понимаю, но все же...

— Но все же это место по-прежнему кажется вам не подходящим для преступления? Вы забываете одну вещь, мадемуазель.

— Я так понимаю, человеческую природу?

— И это тоже. Она присутствует всегда. Но я хотел сказать другое. Я собирался напомнить вам, что здесь все на отдыхе.

— Не понимаю, — недоуменно посмотрела на него Эмили Брюстер.

Вежливо улыбнувшись, Пуаро выразительно поднял указательный палец.

— Предположим, у вас есть враг. Если вы станете искать его у него в квартире, у него на работе, на улице — eh bien, вам будет нужна причина, вы должны будете объяснить свое присутствие. Но здесь, на взморье, никому не нужно объяснять свое присутствие. Зачем вы приехали в Лезеркомбский залив? Parbleu! На дворе август — а в августе все отправляются на море, все отдыхают. Понимаете, для вас, и для мистера Лейна, и для майора Барри, и для миссис Редферн и ее супруга совершенно естественно находиться здесь. Потому что в Англии в августе принято отправляться на море.

— Ну хорошо, — согласилась мисс Брюстер, — определенно, это очень оригинальная мысль. Но что насчет Гарднеров? Они ведь американцы.

Poirot smiled. "Even Mrs Gardener, as she told us, feels the need to relax. Also, since she is 'doing' England, she must certainly spend a fortnight at the seaside — as a good tourist, if nothing else. She enjoys watching people."

Mrs Redfern murmured: "You like watching the people too, I think?"

"Madame, I will confess it. I do."

She said thoughtfully: "You see — a good deal."

There was a pause. Stephen Lane cleared his throat and said with a trace of self-consciousness:

"I was interested, M. Poirot, in something you said just now. You said that there was evil done everywhere under the sun. It was almost a quotation from Ecclesiastes." He paused and then quoted himself. "Yea, also the heart of the sons of men is full of evil, and madness is in their heart while they live." His face lit up with an almost fanatical light. "I was glad to hear you say that. Nowadays, no one believes in evil. It is considered, at most, a mere negation of good. Evil, people say, is done by those who know no better — who are undeveloped — who are to be pitied rather than blamed. But, M. Poirot, evil is real! It is a fact! I believe in Evil as I believe in Good. It exists! It is powerful! It walks the earth!"

He stopped. His breath was coming fast. He wiped his forehead with a handkerchief and looked suddenly apologetic.

— Даже миссис Гарднер, как она сама нам сказала, чувствует потребность отдохнуть, — улыбнулся Пуаро. — К тому же, поскольку она сейчас «обрабатывает» Англию, ей ну просто необходимо провести пару недель на взморье — по крайней мере в качестве туриста. Она любит наблюдать за людьми.

— Думаю, и вам тоже нравится наблюдать за людьми, да? — пробормотала миссис Редферн.

— Мадам, признаюсь, нравится.

— Вы замечаете все — абсолютно все, — задумчиво произнесла она.

Какое-то время все молчали. Наконец Стивен Лейн откашлялся и смущенно произнес:

— Месье Пуаро, меня заинтересовала одна ваша фраза. Вы сказали, что повсюду под солнцем обитает зло. Это почти дословная цитата из Екклесиаста. — Помолчав, он процитировал Священное Писание: «И сердце сынов человеческих исполнено зла, и безумие в сердце их, в жизни их». — Его лицо озарилось фанатичным светом. — Я рад, что вы это сказали. В наши дни никто не верит в зло. В крайнем случае оно считается лишь противоположностью добра. Зло, говорят люди, творится теми, кто не знает ничего другого, — недоразвитыми, и их нужно не винить, а жалеть. Однако на самом деле, месье Пуаро, зло существует в действительности! Оно реальное! Я верю в Зло так же, как верю в Бога. Оно существует! Оно ходит по земле!

Священник остановился, учащенно дыша. Отерев лоб платком, он виновато огляделся вокруг.

"I'm sorry. I got carried away."

Poirot said calmly: "I understand your meaning. Up to a point I agree with you. Evil does walk the earth and can be recognized as such."

Major Barry cleared his throat. "Talking of that sort of thing, some of these fakir fellers in India -"

Major Barry had been long enough at the Jolly Roger for everyone to be on their guard against his fatal tendency to embark on long India stories. Both Miss Brewster and Mrs Redfern burst into speech.

"That's your husband swimming in now, isn't it, Mrs Redfern? How magnificent his crawl stroke is. He's an awfully good swimmer."

At the same moment Mrs Redfern said:

"Oh, look! What a lovely little boat that is out there with the red sails. It's Mr Blatt's, isn't it?"

The sailing boat with the red sails was just crossing the end of the bay.

Major Barry grunted: "Fanciful idea, red sails," but the menace of the story about the fakir was avoided.

Hercule Poirot looked with appreciation at the young man who had just swum to shore. Patrick Redfern was a good specimen of humanity. Lean, bronzed, with broad shoulders and narrow thighs, there was about him a kind of infectious enjoyment and gaiety — a native simplicity that endeared him to

— Извините, я несколько увлекся.

— Я понимаю, что вы хотите сказать, — спокойно промолвил Пуаро. — В какой-то степени я с вами согласен. Зло действительно ходит по земле, и это следует признать.

— Раз уж об этом зашла речь, — откашлявшись, начал майор Барри. — В Индии эти мошенники факиры...

Майор Барри пробыл в «Веселом Роджере» достаточно долго, и всем уже была известна его убийственная склонность пускаться в пространные воспоминания об Индии. Мисс Брюстер и миссис Редферн быстро заговорили разом.

— Миссис Редферн, это ведь ваш муж плывет вон там, не так ли? Как мастерски он владеет кролем! Он великолепный пловец.

В то же самое время миссис Редферн сказала:

— О, посмотрите! Какая вон там очаровательная яхта под красными парусами! Она ведь принадлежит мистеру Блатту, не правда ли?

Яхта под красными парусами как раз пересекала вход в бухту.

— Странная это причуда — красные паруса, — проворчал майор Барри. Однако угроза рассказа о факирах была устранена.

Эркюль Пуаро одобрительно наблюдал за молодым мужчиной, который только что подплыл к берегу. Патрик Редферн был всеобщим любимцем. Стройный, бронзовый от загара, с широкими плечами и узкими бедрами, он обладал заразительным весельем, а природная простота вызывала любовь

all women and most men. He stood there shaking the water from him and raising a hand in gay salutation to his wife. She waved back, calling out:

"Come up here, Pat."
"I'm coming."

He went a little way along the beach to retrieve the towel he had left there. It was then that a woman came down past them from the hotel to the beach. Her arrival had all the importance of a stage entrance. Moreover, she walked as though she knew it. There was no self-consciousness apparent. It would seem that she was too used to the invariable effect her presence produced. She was tall and slender. She wore a simple backless white bathing dress and every inch of her exposed body was tanned a beautiful even shade of bronze. She was as perfect as a statue. Her hair was a rich flaming auburn curling richly and intimately into her neck. Her face had that slight hardness which is seen when thirty years have come and gone, but the whole effect of her was one of youth — of superb and triumphant vitality. There was a Chinese immobility about her face, and an upward slant of the dark blue eyes. On her head she wore a fantastic Chinese hat of jade-green cardboard.

There was that about her which made very other woman on the beach seem faded and insignificant. And with equal inevitability, the eye of every male present was drawn and rivetted on her.

всех без исключения женщин и большинства мужчин. Выйдя на берег, Патрик Редферн стряхнул с себя воду и весело помахал рукой жене. Та помахала ему в ответ.

— Пэт, поднимайся к нам!
— Уже иду!

И он направился за своим полотенцем. В этот момент мимо прошла женщина, спускающаяся от пансионата к пляжу. Ее появление было сравнимо с выходом на сцену ведущей актрисы. Больше того, женщина держалась так, будто сознавала это. В ее поведении не было ни капли застенчивости. Казалось, она уже давно привыкла к тому, какой эффект неизменно производило ее присутствие. Высокая и стройная, она была в простом белом платье для купания с открытой спиной, и каждый квадратный дюйм ее тела был покрыт ровным бронзовым загаром. Она была совершенна, как статуя. Ее пышные золотисто-каштановые волосы ниспадали роскошными волнами на плечи. Лицо обладало некоторой излишней очерченностью, которая появляется после тридцати лет, однако в целом она производила впечатление молодости — бесконечного торжества жизненных сил. В ее лице была какая-то восточная неподвижность, свойственная китайцам; уголки темно-голубых глаз слегка задирались вверх. Голову венчала причудливая китайская шляпа из нефритово-зеленого картона.

Было в ней нечто такое, отчего все остальные женщины на пляже словно потускнели и поблекли. И также неизбежно взгляды всех присутствующих мужчин обратились на нее.

The eyes of Hercule Poirot opened, his moustache quivered appreciatively. Major Barry sat up and his protuberant eyes bulged even further with excitement; on Poirot's left the Reverend Stephen Lane drew in his breath with a little hiss and his figure stiffened. Major Barry said in a hoarse whisper:

"Arlena Stuart (that's who she was before she married Marshall) — I saw her in Come and Go before she left the stage. Something worth looking at, eh?"

Christine Redfern said slowly and her voice was cold: "She's handsome — yes. I think — she looks rather a beast!"

Emily Brewster said abruptly: "You talked about evil just now, M. Poirot. Now to my mind that woman's a personification of evil! She's a bad lot through and through. I happen to know a good deal about her."

Major Barry said reminiscently: "I remember a gal out in Simla. She had red hair too. Wife of a subaltern. Did she set the place by the ears? I'll say she did! Men went mad about her! All the women, of course, would have liked to gouge her eyes out! She upset the apple cart in more homes than one." He chuckled reminiscently. "Husband was a nice quiet fellow. Worshipped the ground she walked on. Never saw a thing — or made out he didn't."

Глаза Эркюля Пуаро широко раскрылись, усики одобрительно изогнулись. Майор Барри выпрямился в шезлонге, и его глаза от возбуждения выпучились еще больше. Сидящий слева от Пуаро преподобный Стивен Лейн напрягся, со свистом втянув воздух.

— Арлена Стюарт... вот как ее звали до того, как она вышла замуж за Маршалла, — хрипло прошептал майор Барри. — Я видел ее в «Прийти и уйти» до того, как она ушла со сцены. Есть на что посмотреть, а?

— Она привлекательна — это у нее не отнять, — медленно произнесла холодным тоном Кристина Редферн. — Я считаю, что она похожа... на хищного зверя!

— Месье Пуаро, вы только что говорили про зло, — быстро сказала Эмили Брюстер. — Так вот, на мой взгляд, эта женщина является олицетворением зла! Она насквозь порочна. Так получилось, что мне многое о ней известно.

— Помню, в Симле была одна девчонка, — мечтательно произнес майор Барри. — У нее тоже были рыжие волосы. Жена младшего офицера. Можно ли сказать, что она перессорила всех и вся? А то как же! Мужчины сходили по ней с ума! А все женщины, естественно, жаждали выцарапать ей глаза! Много семей она разбила... — Он усмехнулся. — Ее муж был такой приятный, спокойный тип. Боготворил землю, по которой она ступала. Никогда ничего не замечал — или делал вид, что не замечал.

Stephen Lane said in a low voice full of intense feeling: "Such women are a menace — a menace to -" He stopped.

Arlena Stuart had come to the water's edge. Two young men, little more than boys, had sprung up and come eagerly toward her. She stood smiling at them. Her eyes slid past them to where Patrick Redfern was coming along the beach. It was, Hercule Poirot thought, like watching the needle of a compass. Patrick Redfern was deflected, his feet changed their direction. The needle, do what it will, must obey the law of magnetism and turn to the North. Patrick Redfern's feet brought him to Arlena Stuart.

She stood smiling at him. Then she moved slowly along the beach by the side of the waves. Patrick Redfern went with her. She stretched herself out by a rock. Redfern dropped to the shingle beside her. Abruptly, Christine Redfern got up and went into the hotel.

There was an uncomfortable little silence after she had left.

Then Emily Brewster said: "It's rather too bad. She's a nice little thing. They've only been married a year or two."

"Gal I was speaking of," said Major Barry, "the one in Simla. She upset a couple of really happy marriages. Seemed a pity, what?"

"There's a type of woman," said Miss Brewster, "who likes smashing up homes." She added after a minute or two, "Patrick Redfern's a fool!"

— Такие женщины представляют угрозу... представляют угрозу... — тихим голосом, проникнутым глубоким чувством, начал Стивен Лейн и умолк.

Арлена Стюарт подошла к кромке воды. Двое молодых парней, еще совсем мальчишек, вскочили и поспешили к ней. Она остановилась, улыбаясь. Ее взгляд скользнул мимо парней к идущему вдоль берега Патрику Редферну. Пуаро мысленно отметил, что это было все равно что наблюдать за стрелкой компаса. Патрик Редферн отклонился от курса, ноги сами собой повели его в другую сторону. Стрелка, невзирая ни на что, должна подчиняться законам магнетизма и всегда указывать на север. Ноги привели Патрика Редферна к Арлене Стюарт.

Та стояла на месте, с улыбкой поджидая его. Затем она медленно двинулась по берегу вдоль самой кромки воды. Патрик Редферн последовал за ней. Арлена Стюарт вытянулась на камне. Патрик Редферн сел рядом с нею на гальке. Кристина Редферн гневно вскочила с места и направилась в пансионат.

После ее ухода наступило неловкое молчание.

— Плохо все это, — наконец сказала Эмили Брюстер. — Она просто прелесть. Они женаты всего год или два.

— Та девчонка, о которой я рассказывал, — заметил майор Барри, — из Симлы... Она разбила пару счастливых семей. Больно было на это смотреть.

— Есть такой тип женщин, — сказала мисс Брюстер, — которым нравится разрушать семьи. — Помолчав минуту-другую, она добавила: — Патрик Редферн дурак!

Hercule Poirot said nothing. He was gazing down the beach, but he was not looking at Patrick Redfern and Arlena Stuart. Miss Brewster said:

"Well, I'd better go and get hold of my boat." She left them.

Major Barry turned his boiled gooseberry eyes with mild curiosity on Poirot.

"Well, Poirot," he said. "What are you thinking about? You've not opened your mouth. What do you think of the siren? Pretty hot?"

Poirot said: "C'est possible."

"Now then, you old dog. I know you Frenchmen!"

Poirot said coldly: "I am not a Frenchman!"

"Well, don't tell me you haven't got an eye for a pretty girl! What do you think of her, eh?"

Hercule Poirot said: "She is not young."

"What does that matter? A woman's as old as she looks! Her looks are all right."

Hercule Poirot nodded.

He said: "Yes, she is beautiful. But it is not beauty that counts in the end. It is not beauty that makes every head (except one) turn on the beach to look at her."

"It's it, my boy," said the Major. "That's what it is — it." Then he said with sudden curiosity: "What are you looking at so steadily?"

Эркюль Пуаро ничего не сказал. Его взор был устремлен на пляж, но он смотрел не на Патрика Редферна и Арлену Стюарт.

— Пожалуй, я пойду за своей лодкой, — сказала мисс Брюстер. С этими словами она ушла.

Майор Барри с мягким любопытством обратил на детектива свои глаза, похожие на вареные ягоды крыжовника.

— Ну, Пуаро, — сказал он, — о чем вы думаете? Вы рта не открыли. Что вы думаете об этой сирене? Горячая штучка!

— C'est possible, — согласился Пуаро.

— Ну же, старина! Знаю я вас, французов!

— Я не француз, — холодно возразил Пуаро.

— Все равно, не говорите мне, будто вам не нравятся хорошенькие девочки! Ну, что вы о ней думаете?

— Она не так уж и молода, — подумав, сказал детектив.

— Ну и что? Женщине столько лет, на сколько она выглядит. А она выглядит как надо.

Эркюль Пуаро кивнул.

— Да, она действительно красивая, — сказал он. — Но в конечном счете главное — не красота. Не красота заставляет головы всех мужчин — за исключением одного — поворачиваться вслед Арлене Стюарт.

— Это ТО САМОЕ, старина! — воскликнул майор. — Вот что это — ТО САМОЕ! — Помолчав, он вдруг спросил с любопытством: — А вы куда так пристально смотрите?

Hercule Poirot replied: "I'm looking at the exception. At the one man who did not look up when she passed."

Major Barry followed his gaze to where it rested on a man of about forty, fair-haired and sun-tanned.

He had a quiet, pleasant face and was sitting on the beach smoking a pipe and reading the Times.
"Oh, that!" said Major Barry. "That's the husband, my boy. That's Marshall."
Hercule Poirot said: "Yes, I know."
Major Barry chuckled. He himself was a bachelor. He was accustomed to think of The Husband in three lights only — as "the Obstacle," "the Inconvenience" or "the Safeguard."
He said: "Seems a nice fellow. Quiet. Wonder if my Times has come?" He got up and went up towards the hotel.
Poirot's glance shifted slowly to the face of Stephen Lane. Stephen Lane was watching Arlena Marshall and Patrick Redfern. He turned suddenly to Poirot. There was a stern fanatical light in his eyes.

He said: "That woman is evil through and through. Do you doubt it?"
Poirot said slowly: "It is difficult to be sure."

Stephen Lane said: "But, man alive, don't you feel it in the air? All round you? The presence of Evil."
Slowly, Hercule Poirot nodded his head.

— Я смотрю на исключение, — ответил Пуаро. — На того единственного мужчину, который не поднял взгляд на проходившую мимо Арлену Стюарт.

Проследив за его взглядом, майор Барри увидел мужчину лет сорока, светловолосого и загорелого.

У него было спокойное приятное лицо. Он сидел, попыхивая трубкой, и читал «Таймс».

— А, этот! — воскликнул майор Барри. — Так это ж ее муж, старина! Это же Маршалл!

— Да, знаю, — спокойно произнес Пуаро.

Майор Барри хмыкнул. Сам он был холостяком и привык разделять мужей на три вида: «Препятствие», «Неудобство» и «Ширма».

— По-моему, отличный парень, — сказал он. — Спокойный. Интересно, а мне уже принесли «Таймс»? — И, встав, майор направился в пансионат.

Пуаро медленно перевел взгляд на Стивена Лейна. Священник пристально смотрел на Арлену Маршалл и Патрика Редферна. Внезапно он повернулся к Пуаро. Его глаза вспыхнули суровым фанатичным огнем.

— Эта женщина — воплощенное Зло, — сказал он. — Вы в этом сомневаетесь?

— Трудно сказать, — медленно произнес детектив.

— Но, боже мой, разве вы не чувствуете это в воздухе? Повсюду? Присутствие Зла.

Пуаро медленно кивнул.

Chapter 2

When Rosamund Darnley came and sat down by him, Hercule Poirot made no attempt to disguise his pleasure. As he has since admitted, he admired Rosamund Darnley as much as any woman he had ever met. He liked her distinction, the graceful lines of her figure, the alert proud carriage of her head. He liked the neat sleek waves of her dark hair and the ironic quality of her smile. She was wearing a dress of some navy blue material with touches of white. It looked very simple owing to the expensive severity of its line. Rosamund Darnley as Rose Mond Ltd was one of London's best-known dressmakers. She said:

"I don't think I like this place. I'm wondering why I came here!"

"You've been here before, have you not?"

"Yes, two years ago, at Easter. There weren't so many people then."

Hercule Poirot looked at her. He said gently:

"Something has occurred to worry you. That is right, is it not?"

She nodded. Her foot swung to and fro. She stared down at it. She said:

"I've met a ghost. That's what it is."

"A ghost, Mademoiselle?"

"Yes."

"The ghost of what? Or of whom?"

"Oh, the ghost of myself."

Глава 2

Когда Розамунд Дарнли подсела к Эркюлю Пуаро, тот даже не попытался скрыть свою радость. Как он уже признался, он восхищался Розамунд, как никакой другой женщиной на свете. Ему нравились изящные линии ее фигуры, гордо вскинутая головка, манера держаться. Нравились аккуратные гладкие волны ее темных волос и ироничная улыбка. На Розамунд Дарнли было платье из темно-синей ткани с белой отделкой. Оно выглядело очень просто, но за этой простотой стояли большие деньги. Мисс Дарнли, владелица «Роз монд», являлась одним из самых известных лондонских модельеров.

— Мне здесь не нравится, — сказала она. — Я недоумеваю, зачем сюда приехала!

— Но вы ведь уже бывали здесь, разве не так?

— Да, два года назад, на Пасху. Но тогда здесь было гораздо меньше народу.

Пуаро внимательно посмотрел на нее.

— Что-то стряслось, и вас это беспокоит, — мягко сказал он. — Правда?

Розамунд кивнула, покачала ногой и опустила глаза.

— Я встретила призрака, — сказала она. — Вот в чем дело.

— Призрака, мадемуазель?

— Да.

— Призрака чего? Или кого?

— О, призрака себя самой.

Poirot asked gently: "Was it a painful ghost?"

"Unexpectedly painful. It took me back, you know." She paused, musing. Then she said: "Imagine my childhood — No, you can't. You're not English!"

Poirot asked: "Was it a very English childhood?"

"Oh, incredibly so! The country — a big shabby house — horses, dogs — walks in the rain — wood fires — apples in the orchard — lack of money — old tweeds — evening dresses that went on from year to year — a neglected garden — with Michaelmas daisies coming out like great banners in the Autumn..."

Poirot asked gently: "And you want to go back?"

Rosamund Darnley shook her head.
She said: "One can't go back, can one? That — never. But I'd like to have gone on — a different way."

Poirot said: "I wonder."
Rosamund Darnley laughed. "So do I really!"

Poirot said: "When I was young (and that, Mademoiselle, is indeed a long time ago) there was a game entitled 'if not yourself, who would you be?' One wrote the answer in young ladies' albums. They had gold edges and were bound in blue leather. The answer, Mademoiselle, is not really very easy to find."

Rosamund said: "No — I suppose not. It would be a big risk. One wouldn't like to take on being Mus-

— И этот призрак причинил вам боль? — мягко спросил Пуаро.

— Причем совершенно неожиданно. Понимаете, он увел меня в прошлое... — Умолкнув, она задумалась. — Представьте себе мое детство... Нет, у вас не получится! Вы не англичанин.

— У вас было настоящее английское детство? — спросил Пуаро.

— О, до невозможности английское! Сельская местность... большой запущенный дом... лошади, собаки... прогулки под дождем... костры в лесу... яблоки в саду... вечная нехватка денег... старые твидовые костюмы... одни и те же платья... заброшенный сад, с огромными астрами, распускающимися осенью подобно знаменам...

— И вы хотите вернуться туда? — мягко спросил Пуаро.

Мисс Дарнли покачала головой.

— Возвратиться в прошлое нельзя, ведь так? — сказала она. — Нет, этого я не хочу. Но мне хотелось бы идти дальше... другим путем.

— Даже не знаю... — пробормотал Пуаро.

— На самом деле и я не знаю! — рассмеялась Розамунд.

— Когда я был молодым — а с тех пор, мадемуазель, на самом деле минуло много времени, — все увлекались одной игрой под названием «Если б ты не стал самим собой, то кем бы ты стал?». Ответы записывали в альбомы молодым девушкам. Ответ, мадемуазель, на самом деле найти очень непросто.

— Да, пожалуй. Это был бы большой риск. Мало кому захочется быть Муссолини или принцессой

solini or Princess Elizabeth. As for one's friends, one knows too much about them. I remember once meeting a charming husband and wife. They were so courteous and delightful to one another and seemed on such good terms after years of marriage that I envied the woman. I'd have changed places with her willingly. Somebody told me afterwards that in private they'd never spoken to each other for eleven years!" She laughed. "That shows, doesn't it, that you never know?"

After a moment or two Poirot said:
"Many people. Mademoiselle, must envy you."

Rosamund Darnley said coolly: "Oh — yes. Naturally."

She thought about it, her lips curved upward in their ironic smile.

"Yes, I'm really the perfect type of the successful woman! I enjoy the artistic satisfaction of the successful creative artist (I really do like designing clothes) and the financial satisfaction of the successful business woman. I'm very well off, I've a good figure, a passable face, and a not too malicious tongue." She paused. Her smile widened. "Of course — I haven't got a husband! I've failed there, haven't I, M. Poirot?"

Poirot said gallantly: "Mademoiselle, if you are not married, it is because none of my sex have been sufficiently eloquent. It is from choice, not necessity, that you remain single."

Елизаветой. Что касается друзей, то мы о них почти ничего не знаем. Помню, я как-то познакомилась с очаровательной супружеской парой. После многих лет брака они были так любезны и предупредительны по отношению друг к другу, что я позавидовала этой женщине. Я готова была с радостью поменяться с нею местами. А потом кто-то поведал мне с глазу на глаз, что на самом деле они вот уже одиннадцать лет не разговаривают друг с другом! — Она рассмеялась. — Это показывает, что на самом деле ни в чем нельзя быть уверенным, так?

Помолчав, Пуаро сказал:

— Наверное, многие вам завидуют, мадемуазель.

— О да, — спокойно подтвердила Розамунд Дарнли. — Естественно.

Она задумалась, и уголки ее губ изогнулись вверх в ироничной усмешке.

— Да, я действительно представляю собой образец женщины, добившейся успеха в жизни. Я получаю наслаждение от своего творчества — мне действительно нравится создавать одежду, — и при этом я успешная деловая женщина. Я не стеснена в средствах, у меня хорошая фигура, я не уродлива и знаю, что сказать. — Мисс Дарнли помолчала, ее улыбка стала еще шире. — Ну конечно — у меня нет мужа! Тут у меня провал, не так ли, месье Пуаро?

— Мадемуазель, — галантно произнес детектив, — если вы не замужем, это лишь потому, что среди представителей моего пола не нашлось никого, владеющего в достаточной степени даром крас-

Rosamund Darnley said: "And yet, like all men, I'm sure you believe in your heart that no woman is content unless she is married and has children."

Poirot shrugged his shoulders.

"To marry and have children that is the common lot of women. Only one woman in a hundred — more, in a thousand — can make for herself a name and a position as you have done."

Rosamund grinned at him. "And yet, all the same, I'm nothing but a wretched old maid! That's what I feel today, at any rate. I'd be happier with a twopence a year and a big silent brute of a husband and a brood of brats running after me. That's true, isn't it?"

Poirot shrugged his shoulders. "Since you say so, then, yes, Mademoiselle."

Rosamund laughed, her equilibrium suddenly restored. She took out a cigarette and lit it. She said:

"You certainly know how to deal with women, M. Poirot. I now feel like taking the opposite point of view and arguing with you in favour of careers for women. Of course I'm damned well off as I am — and I know it!"

"Then everything in the garden — or shall we say at the seaside? — is lovely, Mademoiselle."

"Quite right."

норечия. Вы остаетесь одна по своей воле, а не в силу обстоятельств.

— И тем не менее, — сказала мисс Дарнли, — я не сомневаюсь в том, что вы, подобно всем мужчинам, в глубине души уверены в том, что ни одна женщина не может быть довольна жизнью, если она не замужем и у нее нет детей.

Пуаро пожал плечами.

— Выйти замуж и завести детей — общий удел всех женщин. И только одной женщине из ста — нет, из тысячи! — удается сделать себе имя и добиться положения в обществе, как это сделали вы.

— И тем не менее я всего-навсего несчастная старая дева, — усмехнулась Розамунд. — По крайней мере, вот кем я чувствую себя сегодня. Я была бы гораздо счастливее, если б зарабатывала гроши, имела бы здоровенного неразговорчивого грубияна-мужа и целый выводок надоедливых детей. Как вы считаете?

— Раз вы так говорите, мадемуазель, — пожал плечами Пуаро, — значит, так оно и есть.

Розамунд рассмеялась. К ней тотчас же вернулось хорошее настроение. Она закурила сигарету.

— Определенно, месье Пуаро, вы умеете разговаривать с женщинами. Теперь мне уже хочется принять противоположную точку зрения и отстаивать необходимость карьеры для женщин. Конечно, у меня все прекрасно — и я это знаю!

— В таком случае, в саду — или лучше сказать на взморье? — все отлично, мадемуазель.

— Совершенно верно.

Poirot, in his turn, extracted his cigarette case and lit one of those tiny cigarettes which it was his affectation to smoke. Regarding the ascending haze with a quizzical eye, he murmured:

"So Mr — no, Captain — Marshall is an old friend of yours, Mademoiselle?"

Rosamund sat up. She said:

"Now how do you know that? Oh, I suppose Ken told you."

Poirot shook his head. "Nobody has told me anything. After all, Mademoiselle, I am a detective. It was the obvious conclusion to draw."

Rosamund Darnley said: "I don't see it."

"But consider!" The little man's hands were eloquent. "You have been here a week. You are lively, gay, without a care. Today, suddenly, you speak of ghosts, of old times. What has happened? For several days there have been no new arrivals until last night when Captain Marshall and his wife and daughter arrive. Today the change! It is obvious!"

Rosamund Darnley said: "Well, it's true enough. Kenneth Marshall and I were more or less children together. The Marshalls lived next door to us. Ken was always nice to me — although condescending, of course, since he was four years older. I've not seen anything of him for a long time. It must be — fifteen years at least."

Poirot said thoughtfully: "A long time."

Rosamund nodded.

Пуаро также достал портсигар и закурил свою любимую тонкую сигаретку. Провожая взглядом поднимающееся облачко дыма, он пробормотал:

— Значит, мистер... нет, капитан Маршалл — ваш старый друг, мадемуазель?

Розамунд выпрямилась в кресле.

— Откуда вы это узнали?.. А, должно быть, вам сказал Кен.

— Никто мне ничего не говорил, — покачал головой Пуаро. — Как-никак я детектив, мадемуазель. Это заключение было очевидным.

— Не понимаю, — сказала мисс Дарнли.

— Но подумайте сами! — Маленький бельгиец возбужденно всплеснул руками. — Вы здесь уже неделю. Вы были жизнерадостной, веселой, беззаботной. Но сегодня неожиданно заговорили о призраках, о былых временах... Что произошло? Вот уже несколько дней новые гости сюда не приезжали, и только вчера вечером приехал капитан Маршалл с женой и дочерью. А сегодня — такая перемена! Это же очевидно.

— Что ж, вы правы, — согласилась Розамунд Дарнли. — Мы с Кеннетом Маршаллом выросли вместе. Маршаллы жили по соседству с нами. Кен всегда относился ко мне хорошо — но с некоторой снисходительностью, разумеется, поскольку был на четыре года старше. Я его очень долго не видела — пожалуй, лет пятнадцать, не меньше.

— Очень долго, — задумчиво произнес Пуаро.

Розамунд кивнула.

There was a pause and then Hercule Poirot said:

"He is sympathetic, yes?"

Rosamund said warmly: "Ken's a dear. One of the best. Frightfully quiet and reserved. I'd say his only fault is a penchant for making unfortunate marriages."

Poirot said in a tone of great understanding: "Ah..."

Rosamund Darnley went on. "Kenneth's a fool — an utter fool where women are concerned! Do you remember the Martingdale case?"

Poirot frowned. "Martingdale? Martingdale? Arsenic, was it not?"

"Yes. Seventeen or eighteen years ago. The woman was tried for the murder of her husband."

"And he was proved to have been an arsenic eater and she was acquitted?"

"That's right. Well, after her acquittal, Ken married her. That's the sort of damn silly thing he does."

Hercule Poirot murmured: "But if she was innocent?"

Rosamund Darnley said impatiently: "Oh, I daresay she was innocent. Nobody really knows! But there are plenty of women to marry in the world without going out of your way to marry one who's stood trial for murder."

Poirot said nothing. Perhaps he knew that if he kept silence Rosamund Darnley would go on. She did so.

Какое-то время они молчали, затем детектив спросил:

— Он приятный человек, да?

— Кен просто прелесть! — с теплотой в голосе сказала Розамунд. — Один из лучших! Ужасно спокойный и сдержанный. Я бы сказала, единственный его недостаток — это склонность к неудачным бракам.

— А... — тоном полного понимания протянул Пуаро.

— Кеннет глупец — полный глупец во всём, что связано с женщинами! — продолжала Розамунд Дарнли. — Вы помните дело Мартингдейлов?

— Дело Мартингдейлов? — наморщил лоб Пуаро. — Дело Мартингдейлов... Мышьяк, кажется?

— Да. Семнадцать или восемнадцать лет назад. Жену судили за убийство своего мужа.

— Но выяснилось, что он сам принял мышьяк, и её оправдали, так?

— Совершенно верно. Так вот, после того как эту женщину оправдали, Кен на ней женился. Вот какие глупости он совершает.

— Но что, если она была невиновна? — пробормотал Пуаро.

— О, думаю, она действительно была невиновна, — нетерпеливо сказала мисс Дарнли. — На самом деле никто ничего не знает! Но в мире полно женщин, и вовсе не обязательно брать в жёны ту, которую судили по обвинению в убийстве.

Пуаро ничего не сказал. Возможно, он понимал, что, если будет молчать, Розамунд Дарнли станет говорить дальше. Так она и поступила.

"He was very young, of course, only just twenty-one. He was crazy about her. She died when Linda was born — a year after their marriage. I believe Ken was terribly cut up by her death. Afterwards he racketed around a lot — trying to forget, I suppose." She paused. "And then came this business of Arlena Stuart. She was in Revue at the time. There was the Codrington divorce case. Lady Codrington divorced Codrington citing Arlena Stuart. They say Lord Codrington was absolutely infatuated with her. It was understood they were to be married as soon as the decree was made absolute. Actually, when it came to it, he didn't marry her. Turned her down flat. I believe she actually sued him for breach of promise. Anyway, the thing made a big stir at the time. The next thing that happens is that Ken goes and marries her. The fool — the complete fool!"

Hercule Poirot murmured: "A man might be excused such a folly — she is beautiful, Mademoiselle."

"Yes, there's no doubt of that. There was another scandal about three years ago. Old Sir Roger Erskine left her every penny of his money. I should have thought that would have opened Ken's eyes if anything would."

"And did it not?"

Rosamund Darnley shrugged her shoulders.

"I tell you I've seen nothing of him for years. People say, though, that he took it with absolute equa-

— Конечно, Кен тогда был очень молод, всего двадцать один год. Он был без ума от этой женщины. Она умерла при родах Линды — через год после свадьбы. Я так понимаю, Кен был буквально разбит ее смертью. Потом он надолго пустился во все тяжкие — полагаю, чтобы забыть. — Розамунд помолчала. — А затем случилась эта история с Арленой Стюарт. Та тогда выступала в варьете. И как раз в это время был шумный развод Кодрингтонов. Леди Кодрингтон развелась с мужем, обвинив его в связи с Арленой Стюарт. Говорят, Лорд Кодрингтон был просто без ума от нее. Считалось, что они поженятся, как только решение о разводе вступит в силу. Однако в действительности, когда до этого дошло, он на ней не женился. Оставил ее с носом. Кажется, она даже подала на него в суд, обвинив в том, что он нарушил свое обещание. Так или иначе, это дело наделало много шума. И тут появляется Кен и женится на Арлене... Дурак, полный дурак!

— Мужчине простительно подобное безумство, — пробормотал Пуаро. — Она прекрасна, мадемуазель.

— Да, в этом нет никаких сомнений... А года три тому назад разразился еще один скандал. Старый сэр Роджер Эрскин оставил Арлене все свои деньги до последнего пенни. Можно было бы предположить, что уж это-то должно было наконец открыть Кену глаза.

— Но не открыло?

Мисс Дарнли пожала плечами.

— Я же сказала вам, что много лет не виделась с ним. Однако говорят, что он отнесся ко все-

nimity. Why I should like to know? Has he got an absolutely blind belief in her?'"

"There might be other reasons."
"Yes. Pride! Keeping a stiff upper lip! I don't know what he really feels about her. Nobody does."

"And she? What does she feel about him?"
Rosamund stared at him.
She said: "She? She's the world's first gold-digger. And a man eater as well! If anything personable in trousers comes within a hundred yards of her, it's fresh sport for Arlena! She's that kind."

Poirot nodded his head slowly in complete agreement.
"Yes," he said. "That is true what you say... Her eyes look for one thing only — men."
Rosamund said: "She's got her eye on Patrick Redfern now. He's a good-looking man — and rather the simple kind — you know, fond of his wife, and not a philanderer. That's the kind that's meat and drink to Arlena. I like little Mrs Redfern — she's nice-looking in her fair washed-out way — but I don't think she'll stand a dog's chance against the man-eating tiger, Arlena."

Poirot said: "No, it is as you say."

He looked distressed.
Rosamund said: "Christiné Redfern was a school teacher, I believe. She's the kind that thinks that

му с полным безразличием. Почему, хотелось бы знать? Неужели в нем живет абсолютно слепая вера в свою жену?

— Могут быть и другие причины.

— Да. Гордость с презрительно вздернутой верхней губой!.. Не знаю, какие чувства Кен в действительности к ней испытывает. Этого никто не знает.

— Ну, а она? Какие у нее к нему чувства?

Розамунд смерила Пуаро взглядом.

— У нее? Она первая во всем мире охотница за сокровищами. Да к тому же еще и людоедка! Как только в радиусе ста ярдов от Арлены появляется хоть что-нибудь стоящее, одетое в брюки, для нее это новая добыча! Вот она какая.

Пуаро медленно кивнул, выражая свое полное согласие.

— Да, — сказал оп. — Все, что вы говорите, правда... Ее глаза видят только одно — мужчин.

— И вот теперь Арлена положила глаз на Патрика Редферна, — сказала Розамунд. — Он весьма привлекательный мужчина — и весьма простой, понимаете, не ловелас, любит свою жену... Именно такие для Арлены самый лакомый кусочек. Мне нравится малышка миссис Редферн — она весьма недурна в этом своем утомленном образе, — но, по-моему, у нее нет никаких шансов против этой тигрицы-людоедки, Арлены.

— Да, все обстоит именно так, как вы говорите, — согласился Пуаро.

Вид у него был удрученный.

— Насколько мне известно, Кристина Редферн работала в школе учительницей, — продолжала

mind has a pull over matter. She's got a rude shock coming to her."

Poirot shook his head vexedly.
Rosamund got up.
She said: "It's a shame, you know." She added vaguely: "Somebody ought to do something about it."
Linda Marshall was examining her face dispassionately in her bedroom mirror. She disliked her face very much. At this minute it seemed to her to be mostly bones and freckles. She noted with distaste her heavy bush of red-brown hair (mouse, she called it in her own mind), her greenish-grey eyes, her high cheekbones and the long aggressive line of the chin. Her mouth and teeth weren't perhaps quite so bad — but what were teeth after all? And was that a spot coming on the side of her nose? She decided with relief that it wasn't a spot. She thought to herself:
"It's awful to be sixteen — simply awful."

One didn't, somehow, know where one was. Linda was as awkward as a young colt and as prickly as a hedgehog. She was conscious the whole time of her ungainliness and of the fact that she was neither one thing nor the other. It hadn't been so bad at school. But now she had left school. Nobody seemed to know quite what she was going to do next. Her father talked vaguely of sending her to Paris next winter. Linda didn't want to go to Paris — but then she didn't want to be at home either. She'd never realized properly, somehow, until now, how very much she disliked Arlena.

мисс Дарнли. — Она из тех, кто верит в то, что разум имеет силу над материей. Ее ждет горькое разочарование.

Пуаро печально покачал головой.

Розамунд поднялась.

— А жаль. — Помолчав, она туманно намекнула: — Кто-то должен что-либо предпринять.

Линда Маршалл стояла в ванной комнате и изучала свое лицо в зеркале. Она ненавидела его. В настоящий момент ей казалось, что оно состоит в основном из костей и веснушек. Линда с отвращением смотрела на густую копну своих темно-русых волос (сама она мысленно называла их «мышиными»), на широкие скулы и агрессивно выступающий подбородок. Зубы и рот, пожалуй, были не так уж и плохи, — но, в конце концов, что такое зубы? И что это за пятно появилось у нее сбоку на носу? Линда с облегчением увидела, что это не прыщ.

«Шестнадцать лет — это ужасно, — подумала она. — Просто ужасно!»

В этом возрасте человек не знает, кто он такой. Линда была нескладной, словно новорожденный жеребец, и колючей, словно еж. Она постоянно со всей остротой чувствовала свою неуклюжесть, а также то, что она представляла собой ни то ни се. Пока Линда училась в школе, было еще не так плохо. Но вот школа осталась позади. И теперь, похоже, никто не знал, что ей делать дальше. Отец туманно намекнул, что собирается осенью отправить ее в Париж. Линда не хотела уезжать в Париж — но, с другой стороны, она не хотела оставаться

Linda's young face grew tense, her green eyes hardened. Arlena... She thought to herself:

"She's a beast — a beast..."

Stepmothers! It was rotten to have a stepmother, everybody said so. And it was true! Not that Arlena was unkind to her. Most of the time she hardly noticed the girl. But when she did, there was a contemptuous amusement in her glance, in her words. The finished grace and poise of Arlena's movements emphasized Linda's own adolescent clumsiness. With Arlena about, one felt, shamingly, just how immature and crude one was. But it wasn't that only. No, it wasn't only that. Linda groped haltingly in the recesses of her mind. She wasn't very good at sorting out her emotions and labelling them. It was something that Arlena did to people — to the house —

"She's bad," thought Linda with decision. "She's quite, quite bad."

But you couldn't even leave it at that. You couldn't just elevate your nose with a sniff of moral superiority and dismiss her from your mind. It was something she did to people. Father, now. Father was quite different... She puzzled over it. Father coming down to take her out from school. Father taking her once for a cruise. And Father at home — with Arlena there. All — all sort of bottled up and not — and not there. Linda thought:

Зло под солнцем

дома. Почему-то только сейчас она в полной мере осознала, как же сильно не любит Арлену.

Юное лицо Линды напряглось, зеленые глаза стали твердыми. Арлена...

«Она зверь! — подумала девушка. — Самый настоящий зверь!»

Мачехи! Все говорят, что жить с мачехой просто отвратительно. И это правда! И не то чтобы Арлена была злой по отношению к падчерице. По большей части она вообще не обращала на нее внимания. А когда все-таки общалась с девушкой, в ее взгляде, в ее словах сквозила презрительная насмешливость. Отточенное изящество и грация движений Арлены подчеркивали подростковую неловкость Линды. В обществе мачехи девушка острее сознавала свою незрелость. Но дело было не только в этом. Нет, не только в этом. Линда лихорадочно порылась в задворках памяти. Она плохо разбиралась в своих чувствах и не умела давать им определение. Все было в том, как Арлена поступала с людьми...

«Она плохая, — решительно подумала Линда. — Она очень-очень плохая!»

С этим надо что-то делать. Нельзя просто презрительно задрать нос с чувством морального превосходства и выбросить Арлену из головы. Все дело в том, как она поступает с людьми. Отец — теперь и отец стал совсем другим... Линда задумалась, вспоминая. Вот отец, приехавший, чтобы забрать ее из школы. Вот отец, как-то взявший ее с собой на морскую экскурсию. И вот он дома — вместе с Арленой. Весь какой-то закупоренный и... и отсутствующий, как будто его здесь нет.

"And it'll go on like this. Day after day — month after month. I can't bear it."

Life stretched before her — endless — in a series of days darkened and poisoned by Arlena's presence. She was childish enough still to have little sense of proportion. A year, to Linda, seemed like an eternity. A big dark burning wave of hatred against Arlena surged up in her mind. She thought:

"I'd like to kill her. Oh! I wish she'd die..."

She looked out above the mirror onto the sea below. This place was really rather fun. Or it could be fun. All those beaches and coves and queer little paths. Lots to explore. And places where one could go off by oneself and muck about. There were caves, too, so the Cowan boys had told her.

Linda thought: "If only Arlena would go away, I could enjoy myself."

Her mind went back to the evening of their arrival. It had been exciting coming coming from the mainland. The tide had been up over the causeway. They had come in a boat. The hotel had looked exciting, unusual. And then on the terrace a tall dark woman had jumped up and said:

"Why, Kenneth!"

And her father, looking frightfully surprised, had exclaimed:

"Rosamund!"

«И все будет продолжаться так и дальше, — подумала Линда. — День за днем, месяц за месяцем... Я этого не вынесу!»

Впереди простиралась жизнь — бесконечная череда дней, омраченных и отравленных присутствием Арлены. Линда еще не вышла из детства и плохо представляла себе пропорции времени. Для нее год казался вечностью. В груди у девушки поднялась волна черной, жгучей ненависти к Арлене.

«Я готова ее убить! — подумала она. — О, как мне хочется ее смерти...»

Оторвавшись от зеркала, Линда посмотрела на раскинувшееся внизу море. Здесь действительно было чудесно. Точнее, могло бы быть чудесно. Столько всего интересного — пляж, бухты, петляющие тропинки... Есть где побыть в одиночестве, подурачиться. И потом еще эти пещеры, о которых рассказывали мальчишки Коуэны...

«Как было бы здесь здорово без Арлены!» — подумала Линда.

Она вернулась в мыслях к тому вечеру, когда они приехали сюда. Переправа с большой земли получилась такой захватывающей! Высокий прилив затопил дамбу, и пришлось плыть в лодке. Пансионат выглядел необычным, волнующим. И тут сидевшая на террасе высокая темноволосая женщина вскочила и воскликнула:

— О, Кеннет!

А отец Линды, страшно удивившись, сказал:

— Розамунд!

Linda considered Rosamund Darnley severely and critically in the manner of youth. She decided that she approved of Rosamund. Rosamund, she thought, was sensible. And her hair grew nicely — as though it fitted her — most people's hair didn't fit them. And her clothes were nice. And she had a kind of funny amused face — as though it were amused at herself not at you. Rosamund had been nice to her, Linda. She hadn't been gushing or said things. (Under the term of "saying things" Linda grouped a mass of miscellaneous dislikes.) And Rosamund hadn't looked as though she thought Linda a fool. In fact she'd treated Linda as though she were a real human being. Linda so seldom felt like a real human being that she was deeply grateful when any one appeared to consider her one.

Father, too, had seemed pleased to see Miss Darnley. Funny — he'd looked quite different, all of a sudden. He'd looked — he'd looked — Linda puzzled it out — why, young, that was it! He'd laughed — a queer boyish laugh. Now Linda came to think of it, she'd very seldom heard him laugh. She felt puzzled. It was as though she'd got a glimpse of quite a different person.

She thought: "I wonder what Father was like when he was my age..."
But that was too difficult. She gave it up.

Как это свойственно юности, Линда строго и критически оценила Розамунд Дарнли. И заключила, что та пришлась ей по душе. Розамунд показалась Линде рассудительной. И прическа у нее была хорошая — она ей шла, а большинству людей их прически не идут. И одета она была замечательно. И у нее было озорное веселое лицо — словно она смеялась над собой, а не над окружающими. К тому же с Линдой Розамунд говорила не как с маленькой. Она не говорила всякое там. (Под выражением «говорить всякое там» Линда объединяла множество самых различных неприятных тем.) И, судя по всему, не считала ее, Линду, несмышленышем. Напротив, она обращалась с ней как с настоящим человеческим существом. Девушка так редко чувствовала себя настоящим человеческим существом, что испытывала глубокую признательность к тому, кто так считал.

И отец, похоже, был рад встрече с мисс Дарнли. Забавно — совершенно внезапно он стал каким-то совершенно другим. Он стал... он стал... Линда задумалась, стараясь подобрать подходящее слово — ну конечно же, молодым! Он рассмеялся — непривычным мальчишеским смехом. Линда вдруг поймала себя на том, что в последнее время крайне редко слышала отцовский смех. Девушка пребывала в недоумении. Казалось, она мельком взглянула на совершенно другого человека.

«Интересно, каким был папа в моем возрасте?» — подумала она.

Но все это было слишком сложно. Линда сдалась.

An idea flashed across her mind. What fun it would have been if they'd come here and found Miss Darnley here — just she and Father. A vista opened out just for a minute. Father, boyish and laughing. Miss Darnley, herself — and all the fun one could have on the island — bathing — caves — The blackness shut down again.

Arlena. One couldn't enjoy oneself with Arlena about. Why not? Well, she, Linda, couldn't, anyway. You couldn't be happy when there was a person there you — hated. Yes, hated. She hated Arlena.

Very slowly that black burning wave of hatred rose up again. Linda's face went very white. Her lips parted a little. The pupils of her eyes contracted. And her fingers stiffened and clenched themselves...

Kenneth Marshall tapped on his wife's door. When her voice answered, he opened the door and went in. Arlena was just putting the finishing touches on her toilet. She was dressed in glittering green and looked a little like a mermaid. She was standing in front of the glass applying mascara to her eyelashes.

She said: "Oh, it's you. Ken."
"Yes. I wondered if you were ready."
"Just a minute."
Kenneth Marshall strolled to the window. He looked out on the sea. His face, as usual, displayed no emotion of any kind. It was pleasant and ordinary.
Turning around, he said: "Arlena?"

У нее мелькнула новая мысль. Как было бы здорово, если бы они приехали сюда и встретили здесь мисс Дарнли — только они с отцом... На какое-то мгновение перед ней открылась чарующая перспектива. Отец, заливающийся мальчишеским смехом, мисс Дарнли, она сама — все прелести, которые можно найти на острове, купание, пещеры... И тотчас же снова сомкнулся мрак.

Арлена. Нельзя быть счастливым, если рядом Арлена. Но почему?.. Ну, по крайней мере, у нее, Линды, это не получается. Нельзя быть счастливым, если рядом человек, которого ты... ненавидишь. Да, ненавидишь. Она ненавидела Арлену.

Очень медленно у нее в груди снова поднялась черная, обжигающая волна ненависти. Лицо Линды стало мертвенно-бледным. Рот приоткрылся. Зрачки сузились. Пальцы напряглись, сплетаясь...

Кеннет Маршалл осторожно постучал в дверь комнаты своей жены. Услышав ее голос, он открыл дверь и вошел. Арлена только что закончила последние штрихи к своему туалету. Одетая в блестящее зеленое платье, она немного напоминала русалку. Стоя перед зеркалом, женщина накладывала тушь на ресницы.

— А, это ты, Кен...
— Да. Я хотел узнать, ты уже готова?
— Еще минуточку...

Маршалл подошел к окну и посмотрел на море. Его лицо, как обычно, не показывало никаких чувств, оставаясь спокойным и приятным.

— Арлена... — обернувшись, начал он.

"Yes?"
"You've met Redfern before, I gather?"

Arlena said easily: "Oh, yes, darling. At a cocktail party somewhere. I thought he was rather a pet."

"So I gather. Did you know that he and his wife were coming down here?"
Arlena opened her eyes very wide. "Oh, no, darling. It was the greatest surprise!"
Kenneth Marshall said quietly: "I thought, perhaps, that that was what put the idea of this place into your head. You were very keen we should come here."
Arlena put down the mascara. She turned towards him. She smiled — a soft seductive smile.

She said: "Somebody told me about this place. I think it was the Rylands. They said it was simply too marvellous so unspoilt! Don't you like it?"

Kenneth Marshall said: "I'm not sure."
"Oh, darling, but you adore bathing and lazing about. I'm sure you'll simply adore it here."

"I can see that you mean to enjoy yourself."
Her eyes widened a little. She looked at him uncertainly.
Kenneth Marshall said: "I suppose the truth of it is that you told young Redfern that you were coming here?"
Arlena said: "Kenneth darling, you're not going to be horrid, are you?"

— Да?

— Насколько я понимаю, ты уже давно знакома с Редферном?

— Ну да, дорогой, — небрежно произнесла Арлена. — Мы познакомились на какой-то коктейль-вечеринке. Он показался мне совсем лапочкой.

— Я так и понял. Ты знала, что они с женой будут здесь?

— Нет, дорогой! — широко раскрыла глаза Арлена. — Это явилось таким сюрпризом!

— А мне показалось, — тихо произнес Кеннет, — что именно их присутствие тут навело тебя на мысль приехать сюда. Ты была очень настойчива.

Положив коробочку с тушью и обернувшись, Арлена улыбнулась — легкой соблазнительной улыбкой.

— Мне кто-то рассказал об этом месте... Кажется, супруги Райланды. Они сказали, что здесь все просто бесподобно — чистое и нетронутое! А разве тебе здесь не нравится?

— Не знаю, — пробормотал Маршалл.

— О, дорогой, но ведь ты обожаешь купаться и бродить по окрестностям. Не сомневаюсь, здесь ты будешь просто без ума от счастья.

— Вижу, ты настроена развлечься.

Широко раскрыв глаза, Арлена неуверенно посмотрела на мужа.

— Полагаю, — продолжал Кеннет, — на самом деле ты предупредила молодого Редферна о том, что приедешь сюда, ведь так?

— Дорогой, не становись таким ужасным! — возмутилась женщина.

71

Kenneth Marshall said: "Look here, Arlena. I know what you're like. That's rather a nice young couple. That boy's fond of his wife really. Must you upset the whole blinking show?"

Arlena said: "It's so unfair blaming me. I haven't done anything anything at all. I can't help it if -"

He prompted her. "If what?"
Her eyelids fluttered.
"Well, of course, I know people do go crazy about me. But it's not my doing. They just get like that."

"So you do admit that young Redfern is crazy about you?"
Arlena murmured: "It's really rather stupid of him." She moved a step towards her husband. "But you know, don't you, Ken, that I don't really care for anyone but you?"
She looked up at him through her darkened lashes. It was a marvellous look — a look that few men could have resisted.
Kenneth Marshall looked down at her gravely. His face was composed. His voice quiet. He said:

"I think I know you pretty well, Arlena..."

When you came out of the hotel on the south side the terraces and the bathing beach were immediately below you. There was also a path that led off round the cliff on the southwest side of the island. A little

— Послушай, Арлена, — сказал Маршалл. — Я знаю, что ты собой представляешь. — Редферны — приятная молодая пара. На самом деле этот мальчишка любит свою жену. Неужели нужно все испортить, черт возьми?

— Ты несправедлив, обвиняя меня, — возразила Арлена. — Я ничего не сделала — абсолютно ничего. Я ничего не могу поделать, если...

— Если что? — подтолкнул ее муж.

У нее задрожали ресницы.

— Ну конечно! Я знаю, что многие сходят по мне с ума. Но я тут ни при чем. Просто люди так устроены.

— То есть ты признаёшь, что молодой Редферн без ума от тебя?

— На самом деле с его стороны это большая глупость, — пробормотала Арлена и шагнула к мужу. — Но ты ведь знаешь, правда, Кен, что, кроме тебя, мне больше никто не нужен?

Она посмотрела на него сквозь опущенные ресницы. Это был великолепный взгляд — перед ним могли устоять лишь считаные мужчины.

Маршалл мрачно смотрел на жену. Его лицо оставалось сосредоточенным. Голос его прозвучал негромко:

— Думаю, Арлена, я достаточно хорошо тебя знаю...

Если выйти из пансионата на южную сторону, террасы и пляж окажутся прямо внизу. Также здесь начинается тропинка, ведущая вокруг скалы на юго-западный берег острова. Чуть дальше от нее

way along it, a few steps led down to a series of recesses cut into the cliff and labelled on the hotel map of the island as Sunny Ledge. Here cut out of the cliff were niches with seats in them.

To one of these, immediately after dinner, came Patrick Redfern and his wife. It was a lovely clear night with a bright moon. The Redferns sat down. For a while they were silent.

At last Patrick Redfern said: "It's a glorious evening, isn't it, Christine?"

"Yes."

Something in her voice may have made him uneasy. He sat without looking at her. Christine Redfern asked in her quiet voice:

"Did you know that woman was going to be here?"

He turned sharply. He said:

"I don't know what you mean."

"I think you do."

"Look here, Christine. I don't know what has come over you -"

She interrupted. Her voice held feeling now. It trembled.

"Over me? It's what has come over you!"

"Nothing's come over me."

"Oh! Patrick! It has! You insisted on coming here. You were quite vehement. I wanted to go to Tintagel again where where we had our honeymoon. You were bent on coming here."

"Well, why not? It's a fascinating spot."

отходят ступени, спускающиеся к площадке, высеченной в скале, которая на плане пансионата обозначена как «Солнечная терраса». Здесь, в скале, вырезаны ниши со скамьями.

В одну из таких ниш сразу же после ужина пришли Патрик Редферн и его жена. Ночь была чудесная, ярко светила луна. Редферны сели. Какое-то время они молчали.

— Восхитительный вечер, — наконец сказал Патрик. — Ты не находишь, Кристина?

— Да.

Что-то в голосе жены вызвало его беспокойство. Он сидел, не глядя в ее сторону.

— Ты знал, что эта женщина будет здесь? — тихо спросила миссис Редферн.

Патрик резко повернулся к ней:

— Не понимаю, о чем ты!

— А я думаю, ты меня прекрасно понимаешь.

— Послушай, Кристина, не знаю, что на тебя нашло...

Она не дала ему договорить. Ее голос дрогнул:

— На меня? Что на тебя нашло?!

— Ничто на меня не нашло.

— О, Патрик, нашло! Ты так настаивал на том, чтобы приехать сюда! Ты был просто непреклонен. Я хотела снова отправиться в Тинтаджел, где... где мы провели медовый месяц. Но ты был решительно настроен ехать только сюда.

— И что тут такого? Здесь очаровательное место.

"Perhaps. But you wanted to come here because she was going to be here."

"She? Who is she?"

"Mrs Marshall. You — you're infatuated with her."

"For God's sake, Christine, don't make a fool of yourself. It's not like you to be jealous."

His bluster was a little uncertain. He exaggerated it.

She said: "We've been happy!"

"Happy? Of course we've been happy! We are happy. But we shan't go on being happy if I can't even speak to another woman without you kicking up a row."

"It's not like that."

"Yes, it is. In marriage one has got to have — well — friendships with other people. This suspicious attitude is all wrong. I — I can't speak to a pretty woman without your jumping to the conclusion that I'm in love with her -" He stopped. He shrugged his shoulders.

Christine Redfern said: "You are in love with her..."

"Oh, don't be a fool, Christine! I've — I've barely spoken to her."

"That's not true."

"Don't for goodness' sake get into the habit of being jealous of every pretty woman we come across."

— Возможно. Но ты хотел приехать именно сюда, потому что здесь должна была быть она.

— Она? Кто?

— Миссис Маршалл. Ты... ты потерял голову из-за нее.

— Ради бога, Кристина, будь разумной! Не в твоей натуре ревновать.

Однако его гнев получился неискренним. Патрик явно был смущен.

— Мы были так счастливы, — пробормотала миссис Редферн.

— Счастливы? Разумеется, мы были счастливы. Мы и сейчас счастливы. Но долго так не продлится, если ты станешь устраивать сцену всякий раз, когда я заговорю с какой-нибудь женщиной!

— Дело не в этом.

— Нет, в этом! В браке у человека должны быть... ну... друзья. Твоя подозрительность не имеет под собой никаких оснований. Я... я не могу поговорить с симпатичной женщиной без того, чтобы ты не возомнила, будто я в нее влюбился... — Умолкнув, Патрик пожал плечами.

— Ты действительно в нее влюбился... — печально произнесла миссис Редферн.

— О, Кристина, не говори глупостей! Я... да я с ней только парой слов обменялся!

— Неправда.

— Ради всего святого, не бери в привычку ревновать меня к каждой привлекательной женщине, которая нам встретилась!

Christine Redfern said: "She's not just any pretty woman! She's — she's different! She's a bad lot! Yes, she is. She'll do you harm. Patrick, please, give it up. Let's go away from here."

Patrick Redfern stuck out his chin mutinously. He looked somehow very young as he said defiantly:

"Don't be ridiculous, Christine. And and don't let's quarrel about it."

"I don't want to quarrel."
"Then behave like a reasonable human being. Come on, let's go back to the hotel."

He got up. There was a pause, then Christine Redfern got up too.
She said: "Very well..."
In the recess adjoining, on the seat there, Hercule Poirot sat and shook his head sorrowfully. Some people might have scrupulously removed themselves from earshot of a private conversation. But not Hercule Poirot. He had no scruples of that kind.

"Besides," as he explained to his friend Hastings at a later date, "it was a question of murder."
Hastings said, staring: "But the murder hadn't happened, then."
Hercule Poirot sighed. He said:
"But already, mon cher, it was very clearly indicated."

— Миссис Маршалл не просто какая-то привлекательная женщина, — с жаром возразила Кристина. — Она... она другая! Она порочная. Да, порочная! Она сделает тебе больно. Патрик, пожалуйста, остановись! Давай уедем отсюда.

Редферн упрямо вскинул голову. Вид у него сразу же стал какой-то мальчишеский.

— Кристина, не говори вздор! — с вызовом произнес он. — И... и давай не будем из-за этого ссориться.

— У меня нет желания ссориться.

— В таком случае веди себя, как подобает рассудительному человеку. Возвращаемся обратно в пансионат.

Он встал. Кристина посидела немного, затем тоже встала.

— Ну хорошо... — сказала она.

Сидящий в соседней нише Эркюль Пуаро печально покачал головой. Некоторые люди, случайно став свидетелями разговора, не предназначенного для чужих ушей, тактично удаляются. Но только не Пуаро. У него не было никаких угрызений совести на этот счет.

— К тому же, — как он объяснил впоследствии своему другу Гастингсу, — речь шла об убийстве.

— Но ведь к тому моменту убийство еще не произошло, — удивленно посмотрел на него тот.

Эркюль Пуаро вздохнул:

— Однако, mon cher, все уже говорило о том, что оно произойдет.

"Then why didn't you stop it?"

And Hercule Poirot, with a sigh, said, as he had said once before in Egypt, that if a person is determined to commit murder it is not easy to prevent them. He does not blame himself for what happened. It was, according to him, inevitable.

Chapter 3

Rosamund Darnley and Kenneth Marshall sat on the short springy tuff of the cliff overlooking Gull Cove. This was on the east side of the island. People came here in the morning sometimes to bathe when they wanted to be peaceful.

Rosamund said: "It's nice to get away from people."

Marshall murmured inaudibly: "Mm, yes."

He rolled over sniffing at the short tuff.
"Smells good. Remember the downs at Shipley?"
"Rather."
"Pretty good, those days."
"Yes."
"You're not changed much, Rosamund."
"Yes, I have. I've changed enormously."
"You've been very successful and you're rich and all that, but you're the same old Rosamund."
Rosamund murmured: "I wish I were."

"What's that?"

— В таком случае почему вы его не предотвратили?

И Эркюль Пуаро со вздохом повторил то же самое, что уже однажды говорил в Египте: если какой-то человек решительно настроен совершить убийство, помешать ему нелегко. Он не винил себя в том, что произошло. По его мнению, это было неизбежно.

Глава 3

Розамунд Дарнли и Кеннет Маршалл сидели на траве на вершине скалы, нависающей над бухтой Чаек, расположенной на восточной стороне острова. Отдыхающие иногда приходили сюда утром, чтобы искупнуться в одиночестве.

— Хорошо быть подальше от людей, — произнесла Розамунд.

— Мм... да, — едва слышно пробормотал Маршалл.

Перекатившись на живот, он понюхал траву.

— Пахнет хорошо. Помнишь дюны в Шипли?

— А то как же.

— А хорошее тогда было время.

— Да.

— Ты почти не изменилась, Розамунд.

— Нет, изменилась. Бесконечно изменилась.

— Ты добилась успеха в жизни, ты богата, известна, но ты по-прежнему все та же Розамунд.

— Мне бы очень этого хотелось, — пробормотала мисс Дарнли.

— Что такое?

"Nothing. It's a pity, isn't it, Kenneth, that we can't keep the nice natures and high ideals that we had when we were young?"

"I don't know that your nature was ever particularly nice, my child. You used to get into the most frightful rages. You half choked me once when you flew at me in a temper."

Rosamund laughed.

She said: "Do you remember the day that we took Toby down to get water rats?"

They spent some minutes in recalling old adventures. Then there came a pause. Rosamund's fingers played with the clasp of her bag.

She said at last: "Kenneth?"

"Um." His reply was indistinct. He was still lying on his face on the tuff.

"If I say something to you that is probably outrageously impertinent, will you never speak to me again?"

He rolled over and sat up.

"I don't think," he said seriously, "that I would ever regard anything you said as impertinent. You see, you belong."

She nodded in acceptance of all that last phrase meant. She concealed only the pleasure it gave her.

"Kenneth, why don't you get a divorce from your wife?"

His face altered. It hardened — the happy expression died out of it. He took a pipe from his pocket and began filling it. Rosamund said:

— Так, ничего... Кеннет, а ты не жалеешь о том, что человек не может сохранить добрый характер и высокие идеалы, которыми обладал в молодости?

— Не могу сказать, что твой характер хоть когда-либо был милым. И тогда у тебя случались просто ужасные вспышки гнева. Однажды ты набросилась на меня и чуть не придушила.

Розамунд рассмеялась.

— Ты помнишь тот день, когда мы взяли Тоби и отправились охотиться на выдр?

Еще несколько минут они вспоминали былые похождения. Затем наступило молчание. Розамунд рассеянно теребила защелку сумочки.

— Кеннет! — наконец сказала она.

— Ммм... — Его ответ прозвучал невнятно. Он по-прежнему лежал, уткнувшись носом в траву.

— Если я скажу что-то такое, что, возможно, покажется тебе оскорбительно наглым, ты перестанешь со мной говорить?

Перевернувшись на спину, Маршалл сел.

— Не думаю, — серьезным тоном произнес он, — что какие-либо твои слова покажутся мне оскорбительными и наглыми. Понимаешь, ты своя.

Розамунд кивнула, услышав последнюю фразу. Она постаралась скрыть, какое ей это доставило удовольствие.

— Кеннет, почему ты не разведешься со своей женой?

Его лицо изменилось. Оно стало жестким — выражение счастья бесследно его покинуло. Достав из кармана трубку, Маршалл начал ее набивать.

"I'm sorry if I've offended you."

He said quietly: "You haven't offended me."
"Well, then, why don't you?"

"You don't understand, my dear girl."
"Are you so frightfully fond of her?"
"It's not just a question of that. You see, I married her."
"I know. But she's pretty notorious."
He considered that for a moment, ramming in the tobacco carefully.
"Is she? I suppose she is."
"You could divorce her, Ken."
"My dear girl, you've got no business to say a thing like that. Just because men lose their heads about her a bit isn't to say that she loses hers."

Rosamund bit off a rejoinder.
Then she said: "You could fix it so that she divorced you — if you prefer it that way."

"I daresay I could."
"You ought to, Ken. Really, I mean it. There's the child."
"Linda?"
"Yes, Linda."
"What's Linda got to do with it?"
"Arlena's not good for Linda. She isn't really. Linda, I think, feels things a good deal."

— Извини, если я обидела тебя, — сказала Розамунд.

— Ты меня не обидела, — тихо произнес он.

— В таком случае, почему ты с ней не разведешься?

— Ты ничего не понимаешь, дорогая моя девочка.

— Ты... ты так сильно ее любишь?

— Дело не только в этом. Понимаешь, я женился на ней.

— Знаю. Но о ней... о ней ходит дурная слава.

Кеннет задумался, старательно набивая трубку.

— Вот как?.. Пожалуй, ты права.

— Ты мог бы с ней развестись, Кен.

— Дорогая моя девочка, ты не вправе говорить подобные вещи. Только потому, что мужчины теряют из-за Арлены головы, нельзя утверждать, что она сама также потеряла голову.

Розамунд едва сдержала резкий ответ.

— Ты мог бы устроить так, чтобы она развелась с тобой, — помолчав, сказала она. — Если тебе так больше нравится.

— Ну да, смог бы.

— Ты должен с ней развестись, Кен. Честное слово. Нельзя забывать о дочери.

— О Линде?

— Да, о Линде.

— При чем тут Линда?

— От Арлены она не может ждать ничего хорошего. Тут нет никаких сомнений. А Линда, по-моему, очень тонко все чувствует.

Kenneth Marshall applied a match to his pipe.

Between puffs he said: "Yes — there's something in that. I suppose Arlena and Linda aren't very good for each other. Not the right thing for a girl perhaps. It's a bit worrying."

Rosamund said: "I like Linda — very much. There's something — fine about her."

Kenneth said: "She's like her mother. She takes things hard like Ruth did."

Rosamund said: "Then don't you think — really — that you ought to get rid of Arlena?"

"Fix up a divorce?"

"Yes. People are doing that all the time."

Kenneth Marshall said with sudden vehemence: "Yes, and that's just what I hate."

"Hate?" She was startled.

"Yes. Sort of attitude to life there is nowadays. If you take on a thing and don't like it, then you get yourself out of it as quick as possible! Dash it all, there's got to be such a thing as good faith. If you marry a woman and engage yourself to look after her, well, it's up to you to do it. It's your show. You've taken it on. I'm sick of quick marriage and easy divorce. Arlena's my wife, that's all there is to it."

Rosamund leaned forward.

She said in a low voice: "So it's like that with you? 'Till death do us part'?"

Маршалл поднес к трубке спичку.

— Да... в твоих словах кое-что есть, — попыхивая, сказал он. — Пожалуй, Арлена и Линда не ладят между собой. Возможно, для девочки это плохо. Меня это тревожит.

— Мне нравится Линда — очень нравится, — сказала Розамунд. — В ней есть что-то... хорошее.

— Она похожа на свою мать, — сказал Кеннет. — Принимает все близко к сердцу, как и Рут.

— В таком случае тебе не кажется, что ты действительно должен избавиться от Арлены? — спросила Розамунд.

— Договориться о разводе?

— Да. Такое происходит сплошь и рядом.

— Да, и именно это внушает мне отвращение! — с внезапным жаром воскликнул Маршалл.

— Отвращение? — удивилась мисс Дарнли.

— Да. Подобное отношение к жизни теперь стало повсеместным. Если возьмутся за какое-то дело и оно не нравится, то стремятся как можно быстрее бросить им заниматься! Черт возьми, должна же быть такая вещь, как честность. Если ты женился на женщине и взял на себя обязательство заботиться о ней, что ж, ты должен это делать. Это твой крест. Я терпеть не могу скороспелые браки и быстрые разводы. Арлена — моя жена, и этим все сказано.

Розамунд подалась вперед.

— Значит, вот как ты настроен? — тихо произнесла она. — «До тех пор, пока смерть нас не разлучит?»

Kenneth Marshall nodded his head.

He said: "That's just it."

Rosamund said: "I see."

Mr Horace Blatt, returning to Leathercombe Bay down a narrow twisting lane, nearly ran down Mrs Redfern at a corner. As she flattened herself into the hedge, Mr Blatt brought his Sunbeam to a halt by applying the brakes vigorously.

"Hullo-ullo-ullo," said Mr Blatt cheerfully.

He was a large man with a red face and a fringe of reddish hair round a shining bald spot. It was Mr Blatt's apparent ambition to be the life and soul of any place he happened to be in. The Jolly Roger Hotel, in his opinion, given somewhat loudly, needed brightening up. He was puzzled at the way people seemed to melt and disappear when he himself arrived on the scene.

"Nearly made you into strawberry jam, didn't I?" said Mr Blatt gaily.

Christine Redfern said: "Yes, you did."

"Jump in," said Mr Blatt.

"Oh, thanks I think I'll walk."

"Nonsense," said Mr Blatt. "What's a car for?"

Yielding to necessity Christine Redfern got in. Mr Blatt restarted the engine which had stopped owing to the suddenness with which he had previously pulled up. Mr Blatt inquired:

"And what are you doing walking about all alone? That's all wrong, a nice-looking girl like you."

Кеннет кивнул:

— Совершенно верно.

— Понятно, — протянула она.

Мистер Хорас Блатт, возвращаясь в Лезеркомбский залив по узкой петляющей дороге, на повороте едва не сбил миссис Редферн. Молодая женщина прижалась к живой изгороди, а мистер Блатт резко затормозил, останавливая свой «Санбим».

— При-и-иве-е-ет! — радостно воскликнул он.

Это был крупный мужчина с красным лицом и бахромой рыжеватых волос, окружающих сияющую лысину. Он стремился быть душой и жизнью всего происходящего вокруг. По его мнению, высказанному чересчур громко, «Весёлому Роджеру» следовало немного оживиться. Мистер Блатт был озадачен тем, как при его появлении люди словно растворялись и исчезали.

— Чуть было не превратил вас в клубничное повидло, да? — весело сказал мистер Блатт.

— Да, это точно, — подтвердила Кристина.

— Запрыгивайте в машину, — предложил Хорас.

— Нет, благодарю вас, я лучше прогуляюсь пешком.

— Вздор! — не унимался мистер Блатт. — Для чего еще нужна машина?

Уступив его настойчивости, миссис Редферн села в машину. Мистер Блатт завел двигатель, заглохший из-за слишком резкой остановки.

— И что вы здесь делаете, гуляя в полном одиночестве? — поинтересовался он. — Такой красивой девушке это совсем не к лицу.

Christine said hurriedly: "Oh! I like being alone."

Mr Blatt gave her a terrific dig with his elbow, nearly sending the car into the hedge at the same time.

"Girls always say that," he said. "They don't mean it. You know, that place, the Jolly Roger, wants a bit of livening up. Nothing jolly about it. No life in it. Of course there's a good amount of duds staying there. A lot of kids, to begin with, and a lot of old fogeys too. There's that old Anglo-Indian bore and that athletic parson and those yapping Americans and that foreigner with the moustache makes me laugh that moustache of his! I should say he's a hair-dresser, something of that sort."

Christine shook her head.

"Oh, no, he's a detective."

Mr Blatt nearly let the car go into the hedge again.

"A detective? D'you mean he's in disguise?"

Christine smiled faintly. She said: "Oh, no, he really is like that. He's Hercule Poirot. You must have heard of him."

Mr Blatt said: "Didn't catch his name properly. Oh, yes, I've heard of him. But I thought he was dead... Dash it, he ought to be dead. What's he after down here?"

"He's not after anything — he's just on a holiday."

"Well, I suppose that might be so." Mr Blatt seemed doubtful about it. "Looks a bit of a bounder, doesn't he?"

— О, мне нравится гулять одной! — поспешно заявила Кристина.

Мистер Блатт от души ткнул ее в плечо локтем, при этом едва не врезавшись в живую изгородь.

— Все девушки так говорят, — сказал он. — Знаете, это место, этот «Веселый Роджер», нужно немного встряхнуть. Веселого нет и в помине. Нет жизни. Полно совсем никчемных людей. Куча детей и стариков. Взять хотя бы этого зануду из Британской Индии, этого священника-спортсмена, этих болтающих без умолку американцев и этого усатого иностранца... его усы — один смех! Я так думаю, он парикмахер.

Кристина покачала головой.
— О нет, он детектив.

Мистер Блатт едва снова не направил машину в живую изгородь.
— Детектив? Вы хотите сказать, он здесь инкогнито?

— Нет, нет, — слабо улыбнулась Кристина. — Он всегда так выглядит. Это Эркюль Пуаро. Вы наверняка слышали о нем.

— Я не расслышал его имя, — сказал мистер Блатт. — О да, разумеется, я о нем слышал. Но я полагал, он уже умер. Черт возьми, он должен был давно умереть. И что он здесь вынюхивает?

— Ничего — он просто на отдыхе.

— Ну да, так я и думал, — с сомнением произнес мистер Блатт. — Какой-то он неестественный, вы не находите?

"Well," said Christine and hesitated. "Perhaps a little peculiar."

"What I say is," said Mr Blatt, "what's wrong with Scotland Yard? Buy British every time for me."

He reached the bottom of the hill and with a triumphant fanfare of the horn ran the car into the Jolly Roger's garage which was situated, for tidal reasons, on the mainland opposite the hotel.

Linda Marshall was in the small shop which catered to the wants of visitors to Leathercombe Bay. One side of it was devoted to shelves on which were books which could be borrowed for the sum of twopence. The newest of them was ten years old, some were twenty years old and others older still.

Linda took first one and then another doubtfully from the shelf and glanced into it. She decided she couldn't possibly read The Four Feathers or Vice Versa. She took out a small squat volume in brown calf. The time passed... With a start Linda shoved the book back in the shelf as Christine Redfern's voice said:

"What are you reading, Linda?"

Linda said hurriedly:

"Nothing. I'm looking for a book."

She pulled out The Marriage of William Ashe at random and advanced to the counter fumbling for twopence.

Christine said: "Mr Blatt just drove me home after nearly running over me first, I really felt I couldn't

— Ну... — запнулась Кристина. — Возможно, чуточку странноват.

— А я скажу вот что, — решительно заявил мистер Блатт. — Чем вам плох Скотленд-Ярд? По мне, всегда и везде нужно брать только английское.

Спустившись вниз, он под торжественные фанфары клаксона загнал машину в гараж пансионата, который из-за приливов располагался на большой земле.

Линда Маршалл зашла в магазинчик, торговавший всем тем, что могло понадобиться постояльцам пансионата. Вдоль одной из стен тянулись полки, заставленные книгами, которые можно было взять почитать за пару пенсов. Самым новым было лет десять; были и двадцатилетние, и еще более старые.

Линда неуверенно взяла с полки сначала одну книгу, затем другую. Мельком пролистав их, она пришла к выводу, что ни за что на свете не станет читать «Четыре пера» или «Шиворот-навыворот». Затем взяла еще один маленький толстый томик в кожаном переплете. Время шло...

— Линда, что ты читаешь?

Услышав голос Кристины Редферн, Линда вздрогнула и поставила книгу на полку.

— Ничего! — поспешно сказала она. — Я просто выбираю книгу.

Достав наугад книгу, оказавшуюся «Женитьбой Уильяма Эша», девушка направилась к кассе, ища двухпенсовую монету.

— Мистер Блатт подвез меня до дома — после того как сначала едва не задавил, — сказала Кри-

walk all across the causeway with him, so I said I had to buy some things."

Linda said: "He's awful, isn't he? Always saying how rich he is and making the most terrible jokes."

Christine said: "Poor man. One really feels rather sorry for him."

Linda didn't agree. She didn't see anything to be sorry for in Mr Blatt. She was young and ruthless. She walked with Christine Redfern out of the shop and down towards the causeway. She was busy with her own thoughts. She liked Christine Redfern. She and Rosamund Darnley were the only bearable people on the island in Linda's opinion. Neither of them talked much to her for one thing. Now, as they walked, Christine didn't say anything. That, Linda thought, was sensible. If you hadn't anything worth saying why go chattering all the time? She lost herself in her own perplexities.

She said suddenly: "Mrs Redfern, have you ever felt that everything's so awful — so terrible — that you'll, oh, burst..."

The words were almost comic, but Linda's face, drawn and anxious, was not. Christine Redfern, looking at her vaguely, with scarcely comprehending eyes, certainly saw nothing to laugh at... She caught her breath sharply.

стина. — Я поняла, что не смогу идти по дамбе вместе с ним, поэтому сослалась на то, что мне нужно кое-что купить.

— Он просто невыносим, правда? — сказала Линда. — Вечно хвалится, какой он богатый, и шутки у него все ужасные.

— Бедняга! — заметила Кристина. — Его можно только пожалеть.

Девушка была с этим категорически не согласна. Молодая и беспощадная, она не видела в мистере Блатте ничего, за что его следовало бы жалеть. Они с Кристиной вышли из магазина и направились по дамбе. Линда была поглощена собственными мыслями. Миссис Редферн ей нравилась. На ее взгляд, из всех, кто находился на острове, сносными были только Кристина и Розамунд Дарнли. Начнем с того, что ни та, ни другая почти не разговаривали с Линдой. Вот и сейчас миссис Редферн шла молча, что, по мнению Линды, было разумно. Если не можешь сказать ничего стоящего, к чему болтать без умолку? Девушка полностью погрузилась в размышления.

— Миссис Редферн! — внезапно сказала она. — У вас когда-нибудь возникало такое ощущение, будто все вокруг так ужасно, так отвратительно, что вы готовы... о... взорваться?..

Эти слова могли показаться комичными, но лицо Линды, осунувшееся и возбужденное, было серьезным. Кристина Редферн взглянула на девушку внимательно и определенно не увидела ничего смешного. У нее перехватило дыхание.

She said: "Yes — yes I have felt — just that..."

Mr Blatt said: "So you're the famous sleuth, eh?"

They were in the cocktail bar, a favorite haunt of Mr Blatt's.

Hercule Poirot acknowledged the remark with his usual lack of modesty. Mr Blatt went on.

"And what are you doing down here — on a job?"

"No, no. I repose myself. I take the holiday."

Mr Blatt winked. "You'd say that anyway, wouldn't you?"

Poirot replied: "Not necessarily."

Horace Blatt said: "Oh! come now. As a matter of fact you'd be safe enough with me. I don't repeat all I hear! Learnt to keep my mouth shut years ago. Shouldn't have got on the way I have if I hadn't known how to do that. But you know what most people are — yap, yap, yap, about everything they hear! Now you can't afford that in your trade! That's why you've got to keep it up that you're here holiday-making and nothing else."

Poirot asked: "And why should you suppose the contrary?"

Mr Blatt dosed one eye.

He said: "I'm a man of the world. I know the cut of a fellow's jib. A man like you would be at Deauville or Le Touquet or down at Juan les Pins. That's your — what's the phrase? — spiritual home."

— Да... да, — прошептала она. — У меня возникало... именно такое ощущение...

— Значит, вы знаменитый сыщик? — спросил мистер Блатт.

Они сидели в коктейль-баре, его излюбленном месте.

Эркюль Пуаро подтвердил справедливость этого замечания с присущим отсутствием скромности.

— И чем вы здесь занимаетесь, — продолжал расспрашивать Блатт, — работаете?

— Нет, нет. Я отдыхаю. У меня каникулы.

— Вы ответили бы так в любом случае, не так ли? — подмигнул Хорас.

— Необязательно, — ответил Пуаро.

— А, выкладывайте все начистоту! — сказал Блатт. — Скажу прямо: у меня ваша тайна будет в полной безопасности. Я не растрезвониваю все услышанное! Много лет назад научился держать язык за зубами. Я не добился бы того, чего добился, если б не умел это делать. Но вы ведь знаете, какие бывают люди: тра-та-та, тотчас же выкладывают все, что услышали! А с вашим ремеслом так нельзя... Поэтому вы стоите на своем: вы здесь отдыхаете — и точка.

— А с чего вы предположили, что это не так? — спросил Пуаро.

Мистер Блатт закрыл один глаз.

— Я повидал мир, — сказал он, — и разбираюсь в людях. Такой человек, как вы, должен был бы отправиться в Довиль, Ле-Туке или Жуан-ле-Пэн. Вот где ваш — как это правильно сказать? — духовный дом.

Poirot sighed. He looked out of the window. Rain was falling and mist encircled the island.

He said: "It is possible that you are right! There, at least, in wet weather there are the distractions."

"Good old Casino!" said Mr Blatt. "You know, I've had to work pretty hard most of my life. No time for holidays or kickshaws. I meant to make good and I have made good. Now I can do what I please. My money's as good as any man's. I've seen a bit of life in the last few years, I can tell you."

Poirot murmured: "Ah, yes?"

"Don't know why I came to this place," Mr Blatt continued.

Poirot observed: "I, too, wondered."

"Eh, what's that?"

Poirot waved an eloquent hand. "I, too, am not without observation. I should have expected you most certainly to choose Deauville or Biarritz."

"Instead of which, we're both here, eh?" Mr Blatt gave a hoarse chuckle. "Don't really know why I came here," he mused. "I think, you know, it sounded romantic. Jolly Roger Hotel, Smugglers' Island. That kind of address tickles you up, you know. Makes you think of when you were a boy. Pirates, smuggling, all that." He laughed rather self-consciously. "I used to sail quite a bit as a boy. Not this part of the world. Off the East coast. Funny how a taste for that sort of thing never leaves you. I could have a tiptop yacht

Вздохнув, Пуаро отвернулся к окну. Моросил дождь, остров был окутан туманом.

— Возможно, вы правы! — сказал детектив. — Там, по крайней мере, в плохую погоду можно найти развлечения.

— А, доброе старое казино! — воскликнул мистер Блатт. — Знаете, большую часть жизни мне пришлось вкалывать. Не было времени на отдых и всякие развлечения. Я решил стать успешным, и я им стал. И теперь могу делать все, что пожелаю. Мои деньги ничуть не хуже любых других денег. Смею вас заверить, за последние несколько лет я кое-что повидал.

— Вот как? — пробормотал Пуаро.

— Не знаю, зачем я приехал сюда, — продолжал мистер Блатт.

— И я тоже ломаю голову, — заметил бельгиец.

— Что?

— Я тоже не лишен умения наблюдать, — красноречиво махнул рукой Пуаро. — На мой взгляд, вы должны были бы выбрать Довиль или Биарриц.

— А вместо этого мы с вами торчим здесь, так? — издал резкий смешок мистер Блатт. — Ума не приложу, почему я здесь, — задумчиво произнес он затем. — Понимаете, наверное, все дело в том, что это звучало так романтично! Остров Контрабандистов, пансионат «Веселый Роджер»... Понимаете, такой адрес щекочет нервы. Воскрешает в памяти детство. Пираты, контрабандисты, приключения... — Мистер Блатт смущенно усмехнулся. — Мальчишкой мне довелось немало поплавать. Не в здешних кра-

if I liked, but somehow I don't really fancy it. I like mucking about in that little yawl of mine. Redfern's keen on sailing, too. He's been out with me once or twice. Can't get hold of him now — always hanging round that red-haired wife of Marshall's."

He paused, then lowering his voice, he went on.

"Mostly a dried-up lot of sticks in this hotel! Mrs Marshall's about the only lively spot! I should think Marshall's got his hands full looking after her. All sorts of stories about her in her stage days — and after! Men go crazy after her. You'll see, there'll be a spot of trouble one of these days."

Poirot said: "What kind of trouble?"

Horace Blatt replied: "That depends. I'd say, looking at Marshall, that he's a man with a funny kind of temper. As a matter of fact, I know he is. Heard something about him. I've met that quiet sort. Never know where you are with that kind. Redfern had better look out -"

He broke off, as the subject of his words came into the bar. He went on speaking loudly and self-consciously.

"And, as I say, sailing round this coast is good fun. Hullo, Redfern, have one with me? What'll you have? Dry Martini? Right. What about you, Mr Poirot?"

ях. На Востоке. Странно, но тяга к подобным вещам никогда не проходит. Если б я пожелал, у меня была бы самая навороченная яхта, но у меня почему-то не лежит к этому душа. Мне нравится бороздить волны в своем маленьком ялике. Редферн также заядлый яхтсмен, пару раз ходил со мною... Но теперь я его больше не вижу — он постоянно ошивается рядом с этой рыжей женой Маршалла.

Помолчав, он продолжал, понизив голос:

— В этом пансионате по большей части одни высушенные палки! Пожалуй, миссис Маршалл — единственное живое пятно. Можно было ожидать, что ее муженек будет занят только тем, чтобы присматривать за нею. Ходят самые разные слухи о том, какой она была, когда играла на сцене, — и после! Мужчины по ней с ума сходили... Вот увидите, здесь обязательно случится какая-нибудь беда.

— Какая беда? — спросил Пуаро.

— Всякое может быть, — ответил Хорас. — Глядя на Маршалла, я бы сказал, что у него странный темперамент. Вообще-то я слышал кое-что о нем. Мне уже приходилось видеть подобных тихонь. Имея с ними дело, никогда не знаешь, что от них ожидать. Так что Редферну лучше поостеречься...

Он умолк, поскольку в бар вошел предмет его слов. Опомнившись, мистер Блатт заговорил снова, громко, стараясь привлечь внимание:

— И, как я уже говорил, ходить под парусом вдоль этого побережья одно удовольствие... Привет, Редферн, выпьете со мной? Что будете? Сухое мартини? Отлично. Ну, а вы, месье Пуаро?

Poirot shook his head.

Patrick Redfern sat down and said:

"Sailing? It's the best fun in the world. Wish I could do more of it. Used to spend most of my time as a boy in a sailing dinghy round this coast."

Poirot said: "Then you know this part of the world well?"

"Rather! I knew this place before there was a hotel on it. There were just a few fishermen's cottages at Leathercombe Bay and a tumbledown old house, all shut up, on the island."

"There was a house here?"

"Oh, yes, but it hadn't been lived in for years. Was practically falling down. There used to be all sorts of stories of secret passages from the house to Pixy's Cave. We were always looking for that secret passage, I remember."

Horace Blatt spilt his drink. He cursed, mopped himself and asked:

"What is this Pixy's Cave?"

Patrick said: "Oh, don't you know it? It's on Pixy Cove. You can't find the entrance to it easily. It's among a lot of piled-up boulders at one end. Just a long thin crack. You can just squeeze through it. Inside it widens out into quite a big cave. You can imagine what fun it was to a boy! An old fisherman showed it to me. Nowadays, even the fishermen don't know about it. I asked one the other day why the place was called Pixy Cove and he couldn't tell me."

Детектив молча покачал головой.

Подсев за столик, Патрик Редферн сказал:

— Ходить под парусом? Это самое большое удовольствие в мире. Жаль, что мне редко удается этим заняться. В детстве я постоянно плавал в шлюпке вдоль этого побережья.

— Значит, вам хорошо известны эти края? — сказал Пуаро.

— А то как же! Я знал это место еще до того, как здесь открылся пансионат. Весь поселок Лезеркомб-Бэй состоял лишь из нескольких рыбацких лачуг, а на острове стоял только старый запущенный дом, весь заколоченный.

— Здесь был дом?

— О да, но в нем уже много лет никто не жил. Он буквально разваливался. Ходили легенды о том, что из него в пещеру Эльфов ведет потайной ход. Помню, мы постоянно искали этот потайной ход.

Блатт пролил коктейль. Выругавшись, он промокнул жидкость салфеткой и спросил:

— И что за пещера?

— О, разве вы не знаете? — сказал Патрик. — Она в бухте Эльфов. Вход в нее найти непросто. Он сбоку, за грудой валунов. Лишь длинная узкая расселина. В нее с трудом можно протиснуться. Затем расселина расширяется и становится просторной пещерой. Можете представить себе, с каким удовольствием мы лазили туда в детстве! Пещеру мне показал один старый рыбак. Сейчас даже местные жители о ней не знают. Я тут на днях спросил у од-

Hercule Poirot said: "But I still do not understand. What is this Pixy?"

Patrick Redfern said: "Oh! that's typically Devonshire. There's a Pixy's Cave on Sheepstor on the Moor. You're supposed to leave a pin, you know, as a present for the Pixy. A Pixy is a kind of moor spirit."

Hercule Poirot said: "Ah! but it is interesting, that."

Patrick Redfern went on. "There's a lot of pixy lore on Dartmoor still. There are Tors that are said to be pixy-ridden, and I expect that farmers coming home after a thick night still complain of being pixy-led."

Horace Blatt said: "You mean when they've had a Couple?"

Patrick Redfern said with a smile: "That's certainly the commonsense explanation!"

Blatt looked at his watch.

He said: "I'm going in to dinner. On the whole, Redfern, pirates are my favourites, not pixies."

Patrick Redfern said with a laugh as the other went out: "Faith, I'd like to see the old boy pixy-led himself!"

Poirot observed meditatively: "For a hard-bitten business man, M. Blatt seems to have a very romantic imagination."

ного, почему это место называется пещерой Эльфов, так он не смог мне ответить.

— Но я все равно ничего не понимаю, — сказал Эркюль Пуаро. — Что такое эльф?

— О, это чисто девонширские легенды. В Шипсторе-на-Болоте есть пещера эльфов. Понимаете, нужно оставить там булавку, в качестве подарка для эльфа. Эльф — это такой дух, обитающий на болоте.

— О, это крайне любопытно! — сказал Эркюль Пуаро.

— В Дартмуре по-прежнему бытует множество преданий, связанных с эльфами, — продолжал Патрик Редферн. — Здесь много скал, в которых якобы обитают эльфы, и, полагаю, многие фермеры, возвращаясь домой после бурной ночи, до сих пор жалуются на то, что эльфы сбивают их с пути.

— Вы хотите сказать, когда они перебрали? — спросил Хорас Блатт.

— Несомненно, это самое распространенное объяснение, — улыбнулся Патрик Редферн.

Блатт взглянул на часы.

— Я иду ужинать, — сказал он. — А в целом, Редферн, мне больше нравятся пираты, а не эльфы.

— Право, мне бы очень хотелось посмотреть, как эльфы будут сбивать с пути старину Блатта, — со смехом признался Патрик, когда Хорас ушел.

— Для прожженного дельца у мистера Блатта, по-моему, чересчур романтическое воображение, — задумчиво заметил Пуаро.

Patrick Redfern said: "That's because he's only half educated. Or so my wife says. Look at what he reads! Nothing but thrillers or Wild West stories."

Poirot said: "You mean that he has still the mentality of a boy?"

"Well, don't you think so, sir?"

"Me, I have not seen very much of him."

"I haven't really, either. I've been out sailing with him once or twice, but he doesn't really like having any one with him. He prefers to be on his own."

Hercule Poirot said: "That is indeed curious. It is singularly unlike his practice on land."

Redfern laughed.

He said: "I know. We all have a bit of trouble keeping out of his way. He'd like to turn this place into a cross between Margate and Le Touquet."

Poirot said nothing for a minute or two. He was studying the laughing face of his companion very attentively. He said suddenly and unexpectedly:

"I think, Mr Redfern, that you enjoy living."

Patrick stared at him, surprised.

"Indeed I do. Why not?"

"Why not indeed," agreed Poirot. "I make you my felicitation on the fact."

Smiling a little Patrick Redfern said: "Thank you, sir."

— Это все следствие недостатка образования, — сказал Редферн. — По крайней мере, так говорит моя жена. Вы только посмотрите, что он читает! Одни детективы и книги про Дикий Запад.

— Вы хотите сказать, что у него по-прежнему образ мышления подростка? — спросил Пуаро.

— Ну, а разве вам так не кажется, сэр?

— Что касается меня, я с ним почти незнаком.

— Да и я тоже мало его знаю. Раза два мы с Блаттом ходили на яхте, однако на самом деле ему не нравится, когда рядом кто-нибудь есть. Он предпочитает выходить в море в одиночестве.

— А вот это действительно странно, — заметил Пуаро. — И кардинально отличается от его поведения на суше.

Редферн рассмеялся.

— Знаю, — сказал он. — Всем нам приходится прилагать изрядные усилия, чтобы держаться от него подальше. Блатт готов превратить это место в нечто среднее между Маргитом и Ле-Туке.

Пуаро задумчиво молчал минуты две, внимательно изучая смеющееся лицо своего собеседника.

— По-моему, месье Редферн, вы получаете огромное наслаждение от жизни, — вдруг совершенно неожиданно сказал он.

Патрик удивленно уставился на него.

— Ну да, получаю. А почему бы и нет?

— Действительно, почему бы и нет? — согласился детектив. — Позвольте поздравить вас с этим.

— Благодарю вас, сэр, — усмехнувшись, сказал Редферн.

"That is why, as an older man, a very much older man, I venture to offer you a piece of advice."

"Yes, sir?"

"A very wise friend of mine in the Police Force said to me years ago: 'Hercule, my friend, if you would know tranquillity, avoid women.'"

Patrick Redfern said: "I'm afraid it's a bit late for that, sir. I'm married, you know."

"I do know. You wife is a very charming, a very accomplished woman. She is, I think, very fond of you."

Patrick Redfern said sharply: "I'm very fond of her."

"Ah," said Hercule Poirot, "I am delighted to hear it."

Patrick's brow was suddenly like thunder.

"Look here, M. Poirot, what are you getting at?"

"Les femmes." Poirot leaned back and closed his eyes. "I know something of them. They are capable of complicating life unbearably. And the English, they conduct their affairs indescribably. If it was necessary for you to come here, M. Redfern, why, in the name of Heaven, did you bring your wife?"

Patrick Redfern said angrily: "I don't know what you mean."

Hercule Poirot said calmly: "You know perfectly. I am not so foolish as to argue with an infatuated man. I utter only the word of caution."

"You've been listening to these damned scandalmongers. Mrs Gardener, the Brewster woman —

— Вот почему как человек, который старше вас, намного старше, я осмелюсь дать вам один совет.

— Да, сэр?

— Один мой очень мудрый друг, работавший в полиции, сказал мне много лет назад: «Эркюль, друг мой, если хотите познать спокойствие, избегайте женщин».

— Боюсь, сэр, этот совет несколько запоздал, — сказал Патрик. — Как вам известно, я уже женат.

— Да, знаю. Ваша жена — очаровательная, культурная женщина. Она вас очень любит.

— И я ее очень люблю, — резко произнес Редферн.

— А, — сказал Пуаро, — я рад это слышать.

Внезапно лицо Патрика затянулось грозовыми тучами.

— Послушайте, месье Пуаро, к чему вы клоните?

— Les femmes. — Откинувшись назад, Пуаро закрыл глаза. — Я кое-что о них знаю. Они способны невыносимо усложнить жизнь. А англичане — они ведут себя как дети... Мистер Редферн, уж если вам обязательно нужно было приехать сюда, зачем, во имя всего святого, вы привезли свою жену?

— Я не понимаю, о чем это вы! — гневно промолвил Патрик.

— Вы меня прекрасно понимаете, — спокойно возразил маленький бельгиец. — Я не настолько глуп, чтобы спорить с человеком, ослепленным любовью. Я лишь предостерегаю вас.

— Вы наслушались этих проклятых сплетниц! Миссис Гарднер, Брюстер — они только и делают,

nothing to do but to clack their tongues all day. Just because a woman's good-looking they're down on her like a sack of coals."

Hercule Poirot got up.

He murmured: "Are you really as young as all that?"

Shaking his head, he left the bar. Patrick Redfern stared angrily after him.

Hercule Poirot paused in the hall on his way from the dining-room. The doors were open a breath of soft night air came in. The rain had stopped and the mist had dispersed. It was a fine night again. Hercule Poirot found Mrs Redfern in her favourite seat on the cliff ledge. He stopped by her and said:

"This seat is damp. You should not sit here. You will catch the chill."

"No, I shan't. And what does it matter anyway."

"Tscha, tscha, you are not a child! You are an educated woman. You must look at things sensibly."

She said coldly: "I can assure you I never take cold."

Poirot said: "It has been a wet day. The wind blew, the rain came down, and the mist was everywhere so that one could not see through it. Eh bien, what is it like now? The mists have rolled away, the sky is clear and up above the stars shine. That is like life, Madame."

Christine said in a low fierce voice: "Do you know what I am most sick of in this place?"

что весь день напролет треплют языками. Только потому, что женщина привлекательна... они готовы обрушиться на нее, подобно мешку с углем!

Эркюль Пуаро встал.

— Не может быть, чтобы вы были настолько неискушенны, — пробормотал он.

Покачав головой, он направился к выходу. Разъяренный Редферн смотрел ему вслед.

По пути из обеденного зала детектив задержался в фойе. Двери были распахнуты — с улицы проникало дыхание теплого вечернего воздуха. Дождь прекратился, туман рассеялся. На чистом небе высыпали звезды. Эркюль Пуаро застал миссис Редферн на ее излюбленном месте на краю скалы. Остановившись рядом с нею, он сказал:

— Скамья мокрая. Напрасно вы здесь сидите. Вы можете простудиться.

— Нет, я не простужусь. К тому же это не имеет значения.

— Та-та-та, вы не ребенок! Вы образованная женщина. Вы должны смотреть на все разумно.

— Уверяю вас, у меня никогда не бывает простуды, — холодно сказала Кристина.

— Весь день сегодня было сыро, — настаивал Пуаро. — Дул ветер, шел дождь. Туман был такой густой, что ничего нельзя было разглядеть. Eh bien, что мы видим сейчас? Туман рассеялся, небо ясное, над головой сияют звезды. Так устроена жизнь, мадам.

— Знаете, от чего меня здесь просто тошнит? — со злостью прошептала Кристина.

"What, Madame?"

"Pity."

She brought the word out like a flick of a whip.

She went on: "Do you think I don't know? That I can't see? All the time people are saying: 'Poor Mrs Redfern — that poor little woman.' And anyway I'm not little, I'm tall. They say little because they are sorry for me. And I can't bear it!"

Cautiously Hercule Poirot spread his handkerchief on the seat and sat down. He said thoughtfully:

"There is something in that."

She said: "That woman -" and stopped.

Poirot said gravely: "Will you allow me to tell you something, Madame? Something that is as true as the stars above us? The Arlena Smarts or Arlena Marshalls of this world — do not count."

Christine Redfern said: "Nonsense."

"I assure you, it is true. Their Empire is of the moment and for the moment. To count, really and truly to count a woman must have goodness or brains."

Christine said scornfully: "Do you think men care for goodness or brains?"

Poirot said gravely: "Fundamentally, yes."

Christine laughed shortly.

She said: "I don't agree with you."

Poirot said: "Your husband loves you, Madame, I know it."

— От чего, мадам?
— От жалости!

Это слово прозвучало словно щелчок бича.

— Думаете, я ничего не знаю? — продолжала женщина. — Думаете, я ничего не вижу? Все вокруг говорят: «Бедная миссис Редферн, маленькая бедняжка!» Во всяком случае, я не маленькая — у меня достаточно большой рост. Про меня говорят «маленькая», потому что жалеют. Мне невыносимо это слышать!

Пуаро тщательно расстелил на скамье носовой платок и осторожно сел.

— В этом что-то есть, — задумчиво произнес он.

— Эта женщина... — начала было Кристина и умолкла.

— Вы позволите кое-что вам сказать, мадам? — мрачно произнес детектив. — Это такая же истина, как и звезды над нами. В этом мире арлены стюарт — или арлены маршалл — ничего не стоят.

— Вздор! — пробормотала миссис Редферн.

— Уверяю вас, это правда. Их притязания тщетны. По-настоящему женщина чего-нибудь стоит только тогда, когда она добродетельна или умна.

— Вы полагаете, мужчинам есть какое-либо дело до добродетели или мозгов? — презрительно бросила Кристина.

— В конечном счете да, — серьезно ответил Пуаро.

Она усмехнулась.

— Я с вами не согласна.

— Ваш муж вас любит, мадам, — сказал Пуаро. — Я это знаю.

"You can't know it."

"Yes, yes. I know it. I have seen him looking at you."

Suddenly she broke down. She wept stormily and bitterly against Poirot's accommodating shoulder.

She said: "I can't bear it... I can't bear it..."

Poirot patted her arm. He said soothingly:

"Patience — only patience."

She sat up and pressed her handkerchief to her eyes.

She said in a stifled voice: "It's all right. I'm better now. Leave me. I'd — I'd rather be alone."

He obeyed and left her sitting there while he himself followed the winding path down to the hotel. He was nearly there when he heard the murmur of voices. He turned a little aside from the path. There was a gap in the bushes. He saw Arlena Marshall and Patrick Redfern beside her. He heard the man's voice, with the throb in it of emotion.

"I'm crazy about you — crazy — you've driven me mad... You do care a little — you do care?"

He saw Arlena Marshall's face — it was, he thought, like a sleek happy cat — it was animal, not human. She said softly:

"Of course, Patrick darling, I adore you. You know that..."

For once Hercule Poirot cut his eavesdropping short. He went back to the path and on down to the hotel.

— Вы не можете это знать.

— Да, да, я это знаю. Я видел, как он на вас смотрит.

Внезапно миссис Редферн не выдержала. Упав Пуаро на плечо, она залилась горькими слезами.

— Я больше не могу... я больше не могу...

Потрепав ее по руке, бельгиец ласково сказал:

— Терпение, только терпение.

Выпрямившись, Кристина прижала к глазам платок.

— Все в порядке, — сдавленно промолвила она. — Мне уже лучше. Я... мне бы хотелось побыть одной.

Послушно встав, Пуаро направился по извилистой тропинке назад в пансионат. Он уже почти вернулся обратно, когда услышал приглушенные голоса. Детектив свернул с тропинки. В кустах был проход. Он увидел Арлену Маршалл, а рядом с нею — Патрика Редферна; услышал его голос, дрожащий от полноты чувств.

— Я от тебя без ума... без ума... ты лишила меня рассудка... Я тебе не безразличен? Ты меня хоть немного любишь?

Пуаро увидел лицо Арлены Маршалл — она показалась ему холеной довольной кошкой, в ней не было ничего человеческого.

— Ну конечно, милый Патрик! — сказала она. — Я тебя обожаю. Ты это знаешь...

В кои-то веки Пуаро не стал подслушивать дальше. Вернувшись на тропинку, он спустился к пансионату.

A figure joined him suddenly. It was Captain Marshall.

Marshall said: "Remarkable night, what? After that foul day." He looked up at the sky. "Looks as though we should have fine weather tomorrow."

Chapter 4

The morning of the 25th of August dawned bright and cloudless. It was a morning to tempt even an inveterate sluggard to rise early. Several people rose early that morning at the Jolly Roger.

It was eight o'clock when Linda, sitting at her dressing-table, turned a little thick calf-bound volume face downwards, sprawling it open, and looked at her own face in the mirror. Her lips were set tight together and the pupils of her eyes contracted. She said below her breath:

"I'll do it..."

She slipped out of her pyjamas and into her bathing dress. Over it she flung on a bath-robe and laced espadrilles on her feet. She went out of her room and along the passage. At the end of it a door on to the balcony led to an outside staircase leading directly down to the rocks below the hotel. There was a small iron ladder clamped onto the rocks leading down into the water which was used by many of the hotel guests for a before breakfast dip as taking up less time than going down to the main bathing beach. As Linda

Ему навстречу шагнула фигура. Это был капитан Маршалл.

— Чудесный вечер, вы не находите? — сказал он. — И это после столь отвратительного дня... — Кеннет посмотрел на небо. — Похоже, завтра нас ждет погожий день.

Глава 4

Утро 25 августа выдалось ясным и безоблачным. В такой день даже неисправимый лежебока не может долго валяться в постели. В это утро в «Веселом Роджере» несколько человек встали рано.

Было восемь часов, когда Линда, сидевшая за туалетным столиком, перевернула толстый томик кожаным переплетом вверх, провела по нему рукой и посмотрела на свое лицо в зеркале: губы поджаты, зрачки сужены.

— Я сделаю это... — выдохнула она.

Сняв пижаму, Линда переоделась в купальник, поверх него накинула халат, а на ноги надела сандалии. Выйдя из номера, девушка направилась по коридору. В дальнем конце находилась дверь, ведущая на балкон, откуда к скалам внизу спускалась наружная лестница. К скале была прикручена железная лесенка, ведущая к самой воде, которой многие постояльцы пансионата пользовались для того, чтобы быстро окунуться до завтрака, поскольку это отнимало меньше времени, чем спуск к основному

started down from the balcony she met her father coming up. He said:

"You're up early. Going to have a dip?"

Linda nodded. They passed each other. Instead of going on down the rocks, however, Linda skirted round the hotel to the left until she came to the path down to the causeway connecting the hotel with the mainland. The tide was high and the causeway under water, but the boat that took hotel guests across was tied to a little jetty. The man in charge of it was absent at the moment. Linda got in, untied it and rowed herself across. She tied up the boat on the other side, walked up the slope past the hotel garage and along until she reached the general shop. The woman had just taken down the shutters and was engaged in sweeping the floor. She looked amazed at the sight of Linda.

"Well, Miss, you are up early."

Linda put her hand in the pocket of her bath-wrap and brought out some money. She proceeded to make her purchases.

Christine Redfern was standing in Linda's room when the girl returned. "Oh, there you are," Christine exclaimed.

"I thought you couldn't be really up yet."

Linda said: "No, I've been bathing."

Noticing the parcel in her hand, Christine said with surprise:

"The post has come early today."

пляжу. Спускаясь по лестнице вниз, Линда встретила своего отца, который поднимался навстречу.

— Рановато ты сегодня, — сказал тот. — Хочешь искупаться?

Линда молча кивнула. Они разошлись. Однако вместо того, чтобы спуститься к скалам, девушка повернула налево в обход пансионата. Она вышла на дорожку, которая вела к дамбе, соединяющей остров с большой землей. Был прилив, и дамба скрылась под водой, однако у маленькой пристани качалась лодка, на которой переправлялись постояльцы пансионата. Лодочник куда-то отлучился. Линда спрыгнула в лодку, отвязала ее и взялась за весла. Хозяйка магазина только что сняла ставни и подметала пол. Увидев Линду, она удивилась.

— Вот так дела, мисс, вы сегодня рано!

Сунув руку в карман халата, девушка достала деньги и приступила к покупкам.

Когда Линда вернулась в пансионат, перед дверью ее номера стояла Кристина Редферн.

— А, вот ты где! — воскликнула Кристина. — А я-то думала, что ты еще не вставала!

— Нет, я уже сходила искупалась, — ответила Линда.

Заметив у нее в руках сверток, Кристина удивленно сказала:

— Как рано сегодня доставили почту...

Linda flushed. With her habitual nervous clumsiness the parcel slipped from her hand. The flimsy string broke and some of the contents rolled over the floor.

Christine exclaimed: "What have you been buying candles for?"

But to Linda's relief she did not wait for an answer, but went on, as she helped to pick the things up from the floor:

"I came in to ask whether you would like to come with me to Gull Cove this morning. I want to sketch there."

Linda accepted with alacrity. In the last few days she had accompanied Christine Redfern more than once on sketching expeditions. Christine was a most indifferent artist but it was possible that she found the excuse of painting a help to her pride since her husband now spent most of his time with Arlena Marshall.

Linda Marshall had been increasingly morose and bad-tempered. She liked being with Christine who, intent on her work, spoke very little. It was, Linda felt, nearly as good as being by oneself, and in a curious way she craved for company of some kind. There was a subtle kind of sympathy between her and the elder woman, probably based on the fact of their mutual dislike of the same person.

Christine said: "I'm playing tennis at twelve, so we'd better start fairly early. Half past ten?"

Линда залилась краской и, смутившись, неловко выронила сверток. Тонкая бечевка лопнула, и содержимое раскатилось по полу.

— Зачем ты накупила свечей? — воскликнула Кристина.

Но, к счастью для Линды, она не стала дожидаться ответа, а продолжила, помогая собрать покупки:

— Я пришла, чтобы спросить, не пойдешь ли ты сегодня утром со мной в бухту Чаек. Я хочу сделать там несколько набросков.

Линда с готовностью согласилась. За последние несколько дней она уже не раз сопровождала Кристину. К живописи та была равнодушна, но, возможно, нашла в ней предлог успокоить свое самолюбие, поскольку ее муж теперь уже почти все свое время проводил с Арленой Маршалл.

Сама Линда становилась все более угрюмой и раздражительной. Ей нравилось проводить время вместе с Кристиной, которая, поглощенная работой, почти не говорила. Для девушки это было все равно что находиться в полном одиночестве и в то же время иметь хоть какое-нибудь общество. Между ней и Кристиной установилась симпатия, вероятно, основанная на обоюдной неприязни по отношению к одному и тому же человеку.

— В двенадцать у меня теннис, так что нам лучше выйти пораньше, — сказала Кристина. — Как насчет половины одиннадцатого?

"Right. I'll be ready. Meet you in the hall."

Rosamund Darnley, strolling out of the dining-room after a very late breakfast, was cannoned into by Linda as the latter came tearing down the stairs.

"Oh! Sorry, Miss Darnley."

Rosamund said: "Lovely morning, isn't it? One can hardly believe it after yesterday."

"I know. I'm going with Mrs Redfern to Gull Cove. I said I'd meet her at half past ten. I thought I was late."

"No, it's only twenty-five past."

"Oh! good."

She was panting a little and Rosamund looked at her curiously.

"You're not feverish, are you, Linda?"

The girl's eyes were very bright and she had a vivid patch of colour in each cheek.

"Oh! no. I'm never feverish."

Rosamund smiled and said: "It's such a lovely day I got up for breakfast. Usually I have it in bed. But today I came down and faced eggs and bacon like a man."

"I know — it's heavenly after yesterday. Gull Cove is nice in the morning. I shall put a lot of oil on and get really brown."

Rosamund said: "Yes, Gull Cove is nice in the morning. And it's more peaceful than the beach here."

— Хорошо. Буду готова. Встречаемся в фойе.

Сбегая вниз по лестнице, Линда налетела на Розамунд Дарнли, выходящую из обеденного зала после позднего завтрака.

— Ой! Простите, мисс Дарнли!

— Чудесное утро, не правда ли? — приветливо сказала та. — После вчерашнего трудно в это поверить.

— Согласна. Мы с миссис Редферн идем в бухту Чаек. Я обещала встретиться с ней в половине одиннадцатого. Кажется, я опаздываю...

— Нет, еще только двадцать пять минут одиннадцатого.

— О! Отлично!

Девушка запыхалась, и Розамунд с любопытством посмотрела на нее.

— Линда, ты, часом, не заболела?

У той светились глаза, щеки горели румянцем.

— Нет, нет! Всё в порядке!

— Сегодня такой чудесный день, что я решила сходить на завтрак. Обыкновенно я завтракаю в постели. Но сегодня спустилась вниз и встретилась лицом к лицу с яичницей с ветчиной, как поступают лишь настоящие мужчины.

— Да — после того, что было вчера, погода просто райская. По утрам в бухте Чаек очень хорошо. Я намажусь маслом для загара и стану совсем черной.

— Да, по утрам в бухте Чаек восхитительно, — согласилась Розамунд. — И там гораздо спокойнее, чем здесь, на пляже.

Linda said, rather shyly: "Come too."

Rosamund shook her head.
She said: "Not this morning. I've other fish to fry."
Christine Redfern came down the stairs. She was wearing beach pyjamas of a loose floppy pattern with long sleeves and wide legs. They were made of some green material with a yellow design. Rosamund's tongue itched to tell her that yellow and green were the most unbecoming colours possible for her fair, slightly anaemic complexion. It always annoyed Rosamund when people had no clothes sense.

She thought: "If I dressed that girl, I'd soon make her husband sit up and take notice. However much of a fool Arlena is, she does know how to dress. This wretched girl looks just like a wilting lettuce."

Aloud she said: "Have a nice time. I'm going to Sunny Ledge with a book."

Hercule Poirot breakfasted in his room as usual of coffee and rolls. The beauty of the morning, however, tempted him to leave the hotel earlier than usual. It was ten o'clock, at least half an hour before his usual appearance, when he descended to the bathing beach. The beach itself was empty save for one person.

That person was Arlena Marshall. Clad in her white bathing-dress, the green Chinese hat on her head, she was trying to launch a white wooden float. Poirot came gallantly to the rescue, completely im-

— Идемте с нами, — застенчиво предложила Линда.

Мисс Дарнли покачала головой.

— Только не сегодня. У меня есть другие дела.

На лестнице появилась Кристина Редферн. На ней были свободное кимоно с длинными рукавами и широкие брюки из зеленой ткани с желтым рисунком. У Розамунд зачесался язык сказать, что для светлых волос и анемичной белой кожи зеленый с желтым — самые неподходящие цвета. Ее неизменно раздражало, когда люди не чувствовали цвет.

«Если б я одевала эту девочку, ее муж быстренько бы обратил на нее внимание, — подумала она. — Какой бы ни была Арлена, одеваться она определенно умеет. А эта бедная девочка похожа на увядший салат-латук...»

— Желаю вам приятно провести время, — сказала Розамунд вслух. — А я отправляюсь на Солнечную террасу с книгой.

Эркюль Пуаро позавтракал у себя в номере — как обычно, кофе и булочки. Однако красота утра заставила его покинуть пансионат раньше обыкновенного. Было всего десять часов, когда он спускался на пляж, по крайней мере, на полчаса раньше обыкновенного. Да и на самом пляже в это время был всего один человек.

Арлена Маршалл. Облаченная в белый купальник, с зеленой китайской шляпой на голове, она пыталась спустить на воду белый деревянный плот. Пуаро галантно поспешил на помощь, при этом

mersing a pair of white suède shoes in doing so. She thanked him with one of those sideways glances of hers. Just as she was pushing off, she called him.

"M. Poirot?"

Poirot leaped to the water's edge.

"Madame?"

Arlena Marshall said: "Do something for me, will you?"

"Anything."

She smiled at him.

She murmured: "Don't tell any one where I am." She made her glance appealing. "Every one will follow me about so. I just want for once to be alone."

She paddled off vigorously.

Poirot walked up the beach.

He murmured to himself: "Ah за, jamais! That, par exemple, I do not believe."

He doubted if Arlena Smart, to give her stage name, had ever wanted to be alone in her life. Hercule Poirot, that man of the world, knew better. Arlena Marshall was doubtless keeping a rendezvous, and Poirot had a very good idea with whom. Or thought he had, but there he found himself proved wrong. For just as the float rounded the point of the bay and disappeared out of sight Patrick Redfern closely followed by Kenneth Marshall came striding down the beach from the hotel.

Marshall nodded to Poirot. "Morning, Poirot. Seen my wife anywhere about?"

промочив насквозь свои белые замшевые штиблеты. Арлена Маршалл поблагодарила его. Она уже была готова отчалить, но затем окликнула маленького бельгийца:

— Месье Пуаро!

Тот поспешил к кромке воды.

— Мадам?

— Сделайте для меня одно одолжение, хорошо? — сказала Арлена Маршалл.

— Все что пожелаете.

Она улыбнулась.

— Никому не говорите, где я. — Ее взгляд наполнился мольбой. — Все непременно последуют за мной. А мне очень хочется побыть одной.

Она налегла на весла.

Пуаро вернулся на пляж.

— Ah, ça, jamais! — пробормотал он. — В это, par exemple, я не верю.

Он сомневался в том, что Арлене Стюарт, если называть ее тем именем, под которым она играла на сцене, когда-либо в жизни хотелось одиночества. У Эркюля Пуаро, повидавшего мир, были другие соображения на этот счет. Вне всякого сомнения, миссис Маршалл условилась о встрече с кем-то, и Пуаро прекрасно знал, с кем именно. Точнее, думал, что знает, но, как выяснилось, он ошибался. Ибо как только плот вышел из бухты и скрылся из виду, из пансионата на пляж спустился Патрик Редферн, за которым следовал Кеннет Маршалл.

— Доброе утро, Пуаро, — кивнул детективу Маршалл. — Нигде не видели мою жену?

Poirot's answer was diplomatic. "Has Madame then risen so early?"

Marshall said: "She's not in her room." He looked up at the sky. "Lovely day. I shall have a bathe right away. Got a lot of typing to do this morning."

Patrick Redfern, less openly, was looking up and down the beach. He sat down near Poirot and prepared to wait for the arrival of his lady.

Poirot said: "And Madame Redfern? Has she too risen early?"

Patrick Redfern said: "Christine? Oh, she's going off sketching. She's rather keen on art just now."

He spoke impatiently, his mind clearly elsewhere. As time passed he displayed his impatience for Arlena's arrival only too crudely. At every footstep he turned an eager head to see who it was coming down from the hotel.

Disappointment followed disappointment. First Mr and Mrs Gardener complete with knitting and book and then Miss Brewster arrived. Mrs Gardener, industrious as ever, settled herself in her chair, and began to knit vigorously and talk at the same time.

"Well, M. Poirot. The beach seems very deserted this morning. Where is everybody?"

Poirot replied that the Mastermans and the Cowans, two families with young people in them, had gone off on an all-day sailing excursion.

— Разве миссис Маршалл уже встала? — дипломатично ответил бельгиец.

— В номере ее нет, — сказал Кеннет и посмотрел на небо. — Чудесная погода. Я искупаюсь прямо сейчас. Сегодня утром мне предстоит много печатать на машинке.

Патрик осмотрел берег не так открыто. Подсев к Пуаро, он приготовился ждать свою даму сердца.

— Ну, а мадам Редферн? — спросил Пуаро. — Она также встала рано?

— Кристина? О, она отправилась делать зарисовки, — сказал Патрик. — В последнее время она очень увлеклась живописью.

В его голосе сквозило нетерпение. Было очевидно, что мыслями он в другом месте. Время шло, и Редферн все более откровенно демонстрировал свое недовольство тем, что Арлена задерживается. Всякий раз, заслышав шаги, он тотчас же оборачивался, чтобы узнать, кто спускается из пансионата.

Одно разочарование следовало за другим. Сначала появились мистер и миссис Гарднер, с непременными вязанием и книгой. Затем на пляж спустилась мисс Брюстер. Миссис Гарднер, как всегда деятельная, уселась и принялась за вязание, одновременно работая языком.

— Ну, месье Пуаро, сегодня утром пляж что-то пустой. Где все?

Пуаро объяснил, что Мастерманы и Коуэны, две семьи с детьми, отправились на весь день на экскурсию на яхте.

"Why, that certainly does make all the difference, not having them around laughing and calling out. And only one person bathing, Captain Marshall."

Marshall had just finished his swim. He came up the beach swinging his towel.

"Pretty good in the sea this morning," he said. "Unfortunately I've got a lot of work to do. Must go and get on with it."

"Why, if that isn't too bad, Captain Marshall. On a beautiful day like this, too. My, wasn't yesterday too terrible? I said to Mr Gardener that if the weather was going to continue like that, we'd just have to leave. It's so melancholy, you know, with the mist right up around the island. Gives you a kind of ghostly feeling, but then I've always been very susceptible to atmosphere ever since I was a child. Sometimes, you know, I'd feel I just had to scream and scream. And that, of course, was very trying to my parents. But my mother was a lovely woman and she said to my father, 'Sinclair, if the child feels like that, we must let her do it. Screaming is her way of expressing herself.' And of course my father agreed. He was devoted to my mother and just did everything she said. They were a perfectly lovely couple, as I'm sure Mr Gardener will agree. They were a very remarkable couple, weren't they, Odell?"

"Yes, darling," said Mr Gardener.

"And where's your girl this morning, Captain Marshall?"

"Linda? I don't know. I expect she's mooning round the island somewhere."

— Да, определенно, это сразу чувствуется. Никто не смеется и не кричит. И купается только один человек — капитан Маршалл.

Последний только что вышел на берег. Размахивая полотенцем, он подошел к солярию и сказал:

— Море сегодня просто великолепное. К сожалению, у меня полно работы. Уже должен идти.

— О, как жаль, капитан Маршалл! Работать в такой чудный день... Господи, вчера погода была просто ужасная, правда? Я сказала мистеру Гарднеру, что, если она и дальше будет плохой, нам придется отсюда уехать. Понимаете, когда весь остров окутан туманом, это навевает меланхолию. Возникает какое-то неприятное чувство... впрочем, я с детства очень реагирую на погоду. Понимаете, порой мне ни с того ни с сего просто хочется плакать и кричать. И, разумеется, моим родителям приходилось со мною нелегко. Но моя мать была прекрасная женщина, и она сказала моему отцу: «Синклер, если ребенку это хочется, мы не должны ему мешать. Крик для нее является самовыражением». И, конечно, отец согласился. Он был очень привязан к моей матери и делал все так, как она скажет. Они были замечательной парой, и, уверена, мистер Гарднер это подтвердит. Они ведь были выдающейся парой, не так ли, Оделл?

— Да, дорогая, — сказал мистер Гарднер.

— Капитан Маршалл, а где сегодня ваша девочка?

— Линда? Не знаю. Полагаю, бродит по острову.

"You know, Captain Marshall, that girl looks kind of peaky to me. She needs feeding up and very, very sympathetic treatment."

Kenneth Marshall said curtly: "Linda's all right."

He went up to the hotel. Patrick Redfern did not go into the water. He sat about, frankly looking up towards the hotel. He was beginning to look a shade sulky. Miss Brewster was brisk and cheerful when she arrived.

The conversation was much as it had been on a previous morning. Gentle yapping from Mrs Gardener and short staccato barks from Miss Brewster.

She remarked at last: "Beach seems a bit empty. Every one off on excursions?"

Mrs Gardener said: "I was saying to Mr Gardener only this morning that we simply must make an excursion to Dartmoor. It's quite near and the associations are all so romantic. And I'd like to see that convict prison — Princetown, isn't it? I think we'd better fix up right away and go there tomorrow, Odell."

Mr Gardener said: "Yes, darling."

Hercule Poirot said to Miss Brewster: "You are going to bathe, Mademoiselle?"

"Oh, I've had my morning dip before breakfast. Somebody nearly brained me with a bottle, too. Chucked it out of one of the hotel windows."

"Now that's a very dangerous thing to do," said Mrs Gardener. "I had a very dear friend who got concussion by a toothpaste tin falling on him in the

— Знаете, капитан Маршалл, девочка кажется мне какой-то осунувшейся. Ей нужно усиленное питание и очень-очень сочувственное обращение.

— С Линдой всё в порядке, — отрезал Кеннет.

Он встал и направился в пансионат. Патрик Редферн не стал заходить в воду. Он сидел на берегу, открыто уставившись на пансионат. Настроение у него постепенно ухудшалось. Появилась мисс Брюстер, веселая и жизнерадостная.

Разговор пошел такой же, как и накануне: мягкое тявканье миссис Гарднер и резкий отрывистый лай мисс Брюстер.

— Пляж какой-то пустой, — наконец отметила последняя. — Где все, на экскурсии?

— Я не далее как сегодня утром говорила мистеру Гарднеру, что мы просто обязательно должны совершить экскурсию в Дартмур, — сказала миссис Гарднер. — Это совсем недалеко, и обстановка такая романтичная... И еще мне хотелось бы посмотреть на тюрьму — Принстаун, не так ли? Оделл, полагаю, нам нужно прямо сейчас обо всем договориться и завтра отправиться туда.

— Да, дорогая, — согласился мистер Гарднер.

— Вы пойдете купаться, мадемуазель? — спросил Пуаро у мисс Брюстер.

— О, я уже окунулась перед завтраком. И кто-то едва не размозжил мне голову бутылкой... Выбросил ее в окно.

— Это же очень опасно! — всполошилась миссис Гарднер. — Один мой очень хороший знакомый получил сотрясение мозга, когда ему на голову упа-

street — thrown out of a thirty-fifth storey window it was. A most dangerous thing to do. He got very substantial damages." She began to hunt among her skeins of wool. "Why, Odell, I don't believe I've got that second shade of purple wool. It's in the second drawer of the bureau in our bedroom or it might be the third."

"Yes, darling."

Mr Gardener rose obediently and departed on his search. Mrs Gardener went on:

"Sometimes, you know, I do think that maybe we're going a little too far nowadays. What with all our great discoveries and all the electrical waves there must be in the atmosphere, I do think it leads to a great deal of mental unrest and I just feel that maybe the time has come for a new message to humanity. I don't know, M. Poirot, if you've ever interested yourself in the prophecies from the Pyramids."

"I have not," said Poirot.

"Well, I do assure you that they're very, very interesting. What with Moscow being exactly a thousand miles due North of — now what was it? — Would it be Nineveh? — but anyway you take a circle and it just shows the most surprising things and one can just see that there must have been special guidance, and that those ancient Egyptians couldn't have thought of what they did all by themselves. And when you've gone into the theory of the numbers and their repetition, why, it's all just so clear that I can't see how any one can doubt the truth of it for a moment."

ла банка из-под зубного порошка — как оказалось, ее выбросили в окно с тридцать пятого этажа. Это страшно опасно. Он получил серьезную травму. — Она перебрала клубки шерсти. — Ой, Оделл, кажется, у меня нет нужного оттенка бордовой шерсти. Она в комоде у нас в спальне, во втором ящике сверху, а может быть, в третьем.

— Да, дорогая.

Мистер Гарднер послушно встал и отправился на поиски.

— Знаете, иногда мне действительно кажется, что мы зашли слишком далеко, — продолжала миссис Гарднер. — Все эти великие открытия и электрические волны в атмосфере — я думаю, это ведет к умственному расстройству, и я считаю, что, возможно, пришло время для нового обращения к человечеству. Не знаю, месье Пуаро, вы когда-нибудь интересовались пророчествами пирамид?

— Не интересовался, — признался детектив.

— Так вот, уверяю вас, это очень-очень интересно. Возьмем, к примеру, то, что Москва расположена ровно в тысяче миль севернее... так, чего?.. наверное, Ниневии?.. в общем, если провести воображаемую окружность вокруг пирамиды, можно получить самые поразительные вещи... и сразу станет очевидно, что были какие-то особые знания, что древние египтяне не смогли бы сами додуматься до того, что они делали. А если обратиться к теории чисел и их повторов, все будет совсем очевидно, и я просто ума не приложу, как кто-то может в этом сомневаться.

Mrs Gardener paused triumphantly but neither Poirot nor Miss Emily Brewster felt moved to argue the point.

Poirot studied his white suede shoes ruefully.

Emily Brewster said: "You been paddling with your shoes on, M. Poirot?"

Poirot murmured: "Alas! I was precipitate."

Emily Brewster lowered her voice. She said: "Where's our Vamp this morning? She's late."

Mrs Gardener, raising her eyes from her knitting to study Patrick Redfern, murmured:

"He looks just like a thundercloud. Oh! Dear, I do feel the whole thing is such a pity. I wonder what Captain Marshall thinks about it all. He's such a nice quiet man — very British and unassuming. You just never know what he's thinking about things."

Patrick Redfern rose and began to pace up and down the beach. Mrs Gardener murmured:

"Just like a tiger."

Three pairs of eyes watched his pacing. Their scrutiny seemed to make Patrick Redfern uncomfortable. He looked more than sulky now. He looked in a flaming temper. In the stillness a faint chime from the mainland came to their ears. Emily Brewster murmured:

"Wind's from the East again. That's a good sign when you can hear the church clock strike."

Миссис Гарднер торжествующе остановилась, однако ни у Пуаро, ни у мисс Брюстер не было желания с ней спорить.

Детектив сокрушенно изучал свои белые замшевые штиблеты.

— Месье Пуаро, вы гуляли по воде в обуви? — спросила Эмили Брюстер.

— Увы! — пробормотал Пуаро. — Я был неосмотрителен.

— А где наша вампирша? — понизив голос, спросила Эмили Брюстер. — Что-то она запаздывает.

Оторвавшись от вязания, миссис Гарднер посмотрела на Патрика Редферна.

— Он выглядит совсем как грозовая туча, — пробормотала она. — О боже, все это так грустно! Интересно, а что думает капитан Маршалл? Он такой милый — спокойный и вежливый, истинный англичанин, и притом скромный... Невозможно понять, какие у него в голове мысли.

Встав, Патрик принялся расхаживать по берегу.

— Прямо как тигр в клетке, — пробормотала миссис Гарднер.

Три пары глаз наблюдали за расхаживающим Редферном. От такого пристального внимания тому стало неуютно. Теперь он выглядел уже не просто угрюмым — в нем разгорался гнев. В полной тишине со стороны большой земли донесся слабый звон.

— Ветер опять восточный, — пробормотала Эмили Брюстер. — Это хороший знак, когда слышен звон колоколов церкви.

Nobody said any more until Mr Gardener returned with a skein of brilliant magenta wool.

"Why, Odell, what a long time you have been!"
"Sorry, darling, but you see it wasn't in your bureau at all. I found it on your wardrobe shelf."

"Why, isn't that too extraordinary? I could have declared I put it in that bureau drawer. I do think it's fortunate that I've never had to give evidence in a court case. I'd just worry myself to death in case I wasn't remembering a thing just right."

Mr Gardener said: "Mrs Gardener is very conscientious."

It was some five minutes later that Patrick Redfern said:

"Going for your row this morning, Miss Brewster? Mind if I come with you?"

Miss Brewster said heartily: "Delighted."

"Let's row right round the island," proposed Redfern.

Miss Brewster consulted her watch.

"Shall we have time? Oh, yes, it's not half past eleven yet. Come on then, let's start."

They went down the beach together. Patrick Redfern took first turn at the oars. He rowed with a powerful stroke. The boat leapt forward. Emily Brewster said approvingly:

"Good. We'll see if you can keep that up."

He laughed into her eyes. His spirits had improved.

Никто не сказал больше ни слова до тех пор, пока не вернулся мистер Гарднер с клубком ярко-пурпурной шерсти.

— Оделл, ну почему так долго?

— Извини, дорогая, но, видишь ли, шерсть лежала вовсе не в комоде. Я нашел ее на полке в гардеробе.

— Подумать только! А я готова была поклясться, что убрала ее в ящик комода... Полагаю, просто замечательно, что мне никогда не приходилось давать показания в суде. Я бы волновалась до смерти, гадая, правильно ли все помню.

— Миссис Гарднер очень дотошная, — изрек мистер Гарднер.

Минут через пять Патрик Редферн сказал:

— Мисс Брюстер, вы сегодня собираетесь грести? Ничего не имеете против, если я пойду с вами?

— Я буду только рада, — охотно согласилась та.

— Тогда давайте обойдем на веслах вокруг острова, — предложил Редферн.

Мисс Брюстер взглянула на часы:

— А мы успеем?.. О да, еще нет и половины двенадцатого. В таком случае идем.

Они вместе двинулись вдоль берега. Патрик первый сел за весла. Он греб мощно. Лодка понеслась вперед.

— Отлично! — одобрительно заметила Эмили. — Посмотрим, надолго ли вас хватит.

Редферн рассмеялся. Его настроение заметно улучшилось.

139

"I shall probably have a fine crop of blisters by the time we get back." He threw up his head tossing back his black hair. "God, it's a marvellous day! If you do get a real summer's day in England there's nothing to beat it."

Emily Brewster said gruffly: "Can't beat England anyway in my opinion. Only place in the world to live in."

"I'm with you."

They rounded the point of the bay to the west and rowed under the cliffs. Patrick Redfern looked up.

"Any one on Sunny Ledge this morning? Yes, there's a sunshade. Who is it, I wonder?"

Emily Brewster said: "It's Miss Darnley, I think. She's got one of those Japanese affairs."

They rowed up the coast. On their left was the open sea. Emily Brewster said:

"We ought to have gone the other way round. This way we've got the current against us."

"There's very little current. I've swum out here and not noticed it. Anyway we couldn't go the other way. The causeway wouldn't be covered."

"Depends on the tide, of course. But they always say that bathing from Pixy Cove is dangerous if you swim out too far."

Patrick was rowing vigorously still. At the same time he was scanning the cliffs attentively. Emily Brewster thought suddenly:

"He's looking for the Marshall woman. That's why he wanted to come with me. She hadn't shown up

— Пожалуй, когда мы вернемся, у меня все ладони будут в мозолях. — Он тряхнул головой, закидывая назад черные волосы. — Господи, какой же сегодня чудесный день! С погожим летним днем в Англии ничто не сравнится.

— На мой взгляд, с Англией вообще ничто не сравнится, — довольно резко заметила мисс Брюстер. — Это единственное место в мире, где можно жить.

— Тут я полностью с вами согласен.

Выйдя из бухты, они повернули на запад и направились вдоль скал. Патрик поднял взгляд вверх.

— Сегодня на Солнечной террасе кто-нибудь есть?.. Да, я вижу зонтик. Интересно, кто это?

— Полагаю, мисс Дарнли, — сказала Эмили. — Это у нее такие японские зонтики.

Они поплыли вдоль берега. Слева простиралось открытое море.

— Нам нужно было повернуть в другую сторону, — заметила мисс Брюстер. — Так нам придется бороться с течением.

— Течение здесь слабое. Я тут плавал и едва его чувствовал. В любом случае в противоположную сторону плыть нельзя, дамба не закрыта водой.

— Конечно, все зависит от приливов и отливов. Но, говорят, купаться в бухте Эльфов опасно, если заплыть слишком далеко.

Патрик по-прежнему усиленно греб, и в то же время он пристально всматривался в скалы.

«Он ведь ищет эту Маршалл, — вдруг сообразила Эмили. — Вот почему он отправился со мной! Она

this morning and he's wondering what she's up to. Probably she's done it on purpose. Just a move in the game — to make him keener."

They rounded the jutting point of rock to the south of the little bay named Pixy's Cove. It was quite a small cove, with rocks dotted fantastically about the beach. It faced nearly northwest and the cliff overhung it a good deal. It was a favourite place for picnic teas. In the morning, when the sun was off it, it was not popular and there was seldom any one there. On this occasion, however, there was a figure on the beach. Patrick Redfern's stroke checked and recovered. He said in a would-be casual tone:

"Hullo, who's that?"

Miss Brewster said drily: "It looks like Mrs Marshall."

Patrick Redfern said as though struck by the idea: "So it does."

He altered his course, rowing inshore. Emily Brewster protested. "We don't want to land here, do we?"

Patrick Redfern said quickly: "Oh, plenty of time."

His eyes looked into hers — something in them, a naпve pleading look rather like that of an importunate dog, silenced Emily Brewster. She thought to herself:

"Poor boy, he's got it badly. Oh, well, it can't be helped. He'll get over it in time."

так и не показалась сегодня, и он гадает, в чем дело. Возможно, она сделала это умышленно. Лишь ход в игре — чтобы раздразнить беднягу Редферна».

Они обогнули выступающий скалистый мыс, обрамляющий с юга маленькую бухточку под названием бухта Эльфов. Здесь вдоль берега были разбросаны живописные камни. Бухта смотрела на северо-запад, и над ней нависала высокая скала. Здесь было излюбленное место для пикников, однако по утрам, когда солнце сюда еще не заглядывало, здесь мало кто появлялся. Однако сейчас на берегу виднелась фигура. Редферн сбился с размеренного ритма, но тотчас же восстановился.

— Ого, а это кто там? — как можно небрежнее сказал он.

— Похоже, это миссис Маршалл, — сухо ответила мисс Брюстер.

— Точно, она самая, — подтвердил Патрик, словно осененный какой-то мыслью, и повернул к берегу.

— Мы же не собираемся высаживаться на берег, ведь так? — запротестовала Эмили.

— О, времени у нас предостаточно, — быстро сказал Редферн.

Он посмотрел мисс Брюстер прямо в глаза, и что-то в его взгляде — скорее наивное умоляющее выражение маленького щенка, а не докучливое упрямство взрослой собаки — заставило ее промолчать.

«Бедный мальчик, его это серьезно задело, — мысленно отметила она. — Ну да ладно, тут ничего не поделаешь. Со временем он сам излечится».

The boat was fast approaching the beach. Arlena Marshall was lying face downwards on the shingle her arms outstretched. The white float was drawn up near by. Something was puzzling to Emily Brewster. It was as though she was looking at something she knew quite well but which was in one respect quite wrong. It was a minute or two before it came to her. Arlena Marshall's attitude was the attitude of a sun-bather. So had she lain many a time on the beach by the hotel, her bronzed body outstretched and the green cardboard hat protecting her head and neck.

But there was no sun on Pixy's Beach and there would be none for some hours yet. The overhanging cliff protected the beach from the sun in the morning. A vague feeling of apprehension came over Emily Brewster.

The boat grounded on the shingle.

Patrick Redfern called: "Hullo, Arlena."

And then Emily Brewster's foreboding took definite shape. For the recumbent figure did not move or answer.

Emily saw Patrick Redfern's face change. He jumped out of the boat and she followed him. They dragged the boat ashore, then set off up the beach to where that white figure lay so still and unresponsive near the bottom of the cliff. Patrick Redfern got there first but Emily Brewster was close behind him.

She saw, as one sees in a dream, the bronzed limbs, the white backless bathing dress — the red curl of

Лодка быстро приближалась к берегу. Арлена Маршалл лежала на гальке ничком, раскинув руки. Рядом покоился вытащенный на берег плот. Эмили Брюстер была чем-то озадачена. Она видела перед собой нечто хорошо знакомое, однако что-то было не так. Ей потребовалась минута-другая, чтобы сообразить, в чем дело. Поза миссис Маршалл говорила о том, что она загорает. Уже много раз Арлена лежала так на пляже перед пансионатом, вытянув бронзовое от загара тело и прикрыв голову и шею зеленой картонной шляпой.

Однако сейчас на берегу бухты Эльфов солнца не было, и оно не появится здесь еще несколько часов. Утром нависающая скала отбрасывает на бухту тень. Эмили почувствовала смутную тревогу.

Лодка проскребла днищем по гальке.
— Привет, Арлена! — окликнул Редферн.
И тут тревога мисс Брюстер приняла четкие очертания. Ибо распростертая фигура не пошевелилась и ничего не ответила.
На глазах у Эмили Патрик переменился в лице. Он выпрыгнул из лодки, женщина последовала за ним. Вытащив лодку на берег, они поспешили к фигуре, лежащей совершенно неподвижно у подножия скалы. Редферн добежал туда первым, но мисс Брюстер не отставала от него.

Словно во сне, она увидела бронзовые от загара конечности, белый купальник с открытой спи-

hair escaping under the jade-green hat — saw something else too — the curious unnatural angle of the outspread arms. Felt, in that minute, that this body had not lain down but had been thrown... She heard Patrick's voice — a mere frightened whisper. He knelt down beside that still form — touched the hand — the arm... He said in a low shuddering whisper:

"My God, she's dead..."

And then, as he lifted the hat a little, peered at the neck:

"Oh, God, she's been strangled... murdered."

It was one of those moments when time stands still. With an odd feeling of unreality Emily Brewster heard herself saying:

"We mustn't touch anything... Not until the police come."

Redfern's answer came mechanically: "No — no — of course not." And then in a deep agonized whisper: "Who? Who? Who could have done that to Arlena. She can't have — have been murdered. It can't be true!"

Emily Brewster shook her head, not knowing quite what to answer.

She heard him draw in his breath — heard the low controlled rage in his voice as he said:

"My God, if I get my hands on the foul fiend who did this."

ной, рыжие локоны, выбившиеся из-под зеленой шляпы. Увидела и кое-что другое — неестественное положение раскинутых рук. И поняла, что эта женщина не улеглась здесь сама — ее сюда бросили... Эмили услышала голос Патрика — едва различимый испуганный шепот. Опустившись на корточки перед неподвижным телом, он прикоснулся к руке Арлены и прошелестел дрогнувшим голосом:

— Господи, она мертва...

А затем, после того как чуть сдвинул шляпу, открывая шею:

— Господи, она убита... задушена!

В такие мгновения время словно замирает на месте. Мисс Брюстер будто со стороны услышала свой голос:

— Нельзя ничего трогать... до прибытия полиции.

— Да, да, конечно, — последовал механический ответ Редферна. И затем проникнутый болью шепот: — Кто? Кто? Кто поступил так с Арленой? Почему ее убили? Этого не может быть!

Эмили покачала головой, не зная, что ответить.

Она услышала, как Патрик Редферн шумно вздохнул, затем его голос наполнился плохо сдерживаемой яростью:

— Господи, если б этот гнусный изверг попался ко мне в руки!..

Emily Brewster shivered. Her imagination pictured a lurking murderer behind one of the boulders. Then she heard her voice saying:

"Whoever did it wouldn't be hanging about. We must get the police. Perhaps -" she hesitated — "one of us ought to stay with — with the body."

Patrick Redfern said: "I'll stay."

Emily Brewster drew a little sigh of relief. She was not the kind of woman who would ever admit to feeling fear, but she was secretly thankful not to have to remain on the beach alone with the faint possibility of a homicidal maniac lingering close at hand. She said:

"Good. I'll be as quick as I can. I'll go in the boat. Can't face that ladder. There's a constable at Leathercombe Bay."

Patrick Redfern murmured mechanically: "Yes — yes, whatever you think best."

As she rowed vigorously away from the shore, Emily Brewster saw Patrick drop down beside the dead woman and bury his head in his hands. There was something so forlorn about his attitude that she felt an unwilling sympathy. He looked like a dog watching by its dead master. Nevertheless her robust common sense was saying to her: "Best thing that could have happened for him and his wife — and for Marshall and the child — but I don't suppose he can see it that way, poor devil."

Emily Brewster was a woman who could always rise to an emergency.

Мисс Брюстер поежилась. Воображение нарисовало убийцу, притаившегося за скалой. Затем она, опять словно со стороны, услышала собственный голос:

— Тот, кто это сделал, вряд ли стал здесь задерживаться. Мы должны вызвать полицию. Наверное... — она заколебалась, — наверное, одному из нас следует остаться с... с телом.

— Я останусь, — вызвался Патрик.

Эмили облегченно вздохнула. Она была не из тех, кто признается в собственном страхе, и все же втайне порадовалась тому, что ей не придется остаться здесь одной, где поблизости, возможно, разгуливает кровожадный маньяк.

— Хорошо, — сказала она. — Я обернусь как можно быстрее. Возьму лодку, от лестницы у меня голова кружится. В Лезеркомб-Бэй есть констебль.

— Да, да, как вы считаете нужным, — механически пробормотал Редферн.

Усиленно гребя от берега, Эмили увидела, как Патрик упал на колени перед мертвой женщиной и закрыл лицо руками. В его поведении было что-то такое жалкое, что она помимо воли прониклась сочувствием к нему. Он был похож на преданную собаку, стерегущую своего мертвого хозяина. И все же здравый смысл подсказывал ей: «Для него самого и его жены это лучшее, что только могло произойти, — как и для Маршалла и девочки. Но он вряд ли способен увидеть все в таком свете, бедняга!»

Эмили Брюстер была из тех, кто не теряет голову в любой ситуации.

Chapter 5

Inspector Colgate stood back by the cliff waiting for the police surgeon to finish with Arlena's body. Patrick Redfern and Emily Brewster stood a little to one side.

Dr Neasdon rose from his knees with a quick deft movement. He said:

"Strangled — and by a pretty powerful pair of hands. She doesn't seem to have put up much of a struggle. Taken by surprise. H'm — well — nasty business."

Emily Brewster had taken one look and then quickly averted her eyes from the dead woman's face. That horrible purple convulsed countenance. Inspector Colgate asked:

"What about time of death?"

Neasdon said irritably: "Can't say definitely without knowing more about her. Lots of factors to take into account. Let's see, it's quarter to one now. What time was it when you found her?"

Patrick Redfern, to whom the question was addressed, said vaguely:

"Some time before twelve. I don't know exactly."

Emily Brewster said: "It was exactly a quarter to twelve when we found she was dead."

"Ah, and you came here in the boat. What time was it when you caught sight of her lying here?"

Глава 5

Инспектор Колгейт стоял спиной к скале, дожидаясь, когда полицейский врач закончит осмотр тела Арлены. Патрик Редферн и Эмили Брюстер находились несколько поодаль.

Наконец доктор Нисден одним быстрым движением поднялся на ноги.

— Задушена — и весьма сильными руками, — сказал он. — Похоже, сопротивления она не оказала. Ее застигли врасплох. Гм... да... отвратительная история.

Быстро взглянув на мертвую женщину, Эмили Брюстер тотчас же отвернулась. Жуткое багровое лицо, искаженное гримасой.

— Когда наступила смерть? — спросил инспектор Колгейт.

— Не могу сказать ничего определенного, пока не узнаю больше, — раздраженно ответил Нисден. — Необходимо учитывать множество разных факторов. Так, сейчас без четверти час... Когда вы ее обнаружили?

Редферн, к которому был обращен этот вопрос, ответил неопределенно:

— Где-то около двенадцати. Точно не знаю.

— Было ровно без четверти двенадцать, когда мы установили, что она мертва, — уверенно заявила мисс Брюстер.

— А, и вы приплыли сюда на лодке... Когда вы увидели ее лежащей на берегу?

Emily Brewster considered.

"I should say we rounded the point about five or six minutes earlier." She turned to Redfern. "Do you agree?"

He said vaguely: "Yes — yes — about that, I should think."

Neasdon asked the Inspector in a low voice: "This the husband? Oh! I see, my mistake. Thought it might be. He seems rather done in over it." He raised his voice officially. "Let's put it at twenty minutes to twelve. She cannot have been killed very long before that. Say between then and eleven — quarter to eleven at the earliest outside limit."

The Inspector shut his notebook with a snap.

"Thanks," he said. "That ought to help us considerably. Puts it within very narrow limits — less than an hour all told."

He turned to Miss Brewster.

"Now then, I think it's all clear so far. You're Miss Emily Brewster and this is Mr Patrick Redfern, both staying at the Jolly Roger Hotel. You identify this lady as a fellow guest of yours at the hotel — the wife of Captain Marshall?"

Emily Brewster nodded.

"Then, I think," said Inspector Colgate, "that we'll adjourn to the hotel." He beckoned to a constable. "Hawkes, you stay here and don't allow any one onto this cove. I'll be sending Phillips along later."

"Upon my soul!" said Colonel Weston. "This is a surprise finding you here!"

Эмили задумалась.

— Полагаю, мы обогнули мыс минут за пять или шесть до того. — Она повернулась к Редферну: — Вы согласны?

— Да... да... приблизительно, — неопределенно ответил тот.

— Это муж? — вполголоса спросил у инспектора Нисден. — О, понимаю... Ошибся. Просто я подумал, что это муж. Похоже, случившееся сразило его наповал... — Его голос стал официальным. — То есть это было без двадцати двенадцать. Убийство произошло незадолго до того. А именно между одиннадцатью часами и без двадцати двенадцать. Без четверти одиннадцать — самое раннее.

Инспектор захлопнул блокнот.

— Благодарю, — сказал он. — Это должно нам существенно помочь. Промежуток получается очень небольшой — меньше часа.

Он повернулся к мисс Брюстер:

— Так, кажется, пока все ясно. Вы мисс Эмили Брюстер, а это мистер Патрик Редферн, вы оба остановились в пансионате «Веселый Роджер». Эту женщину вы опознали как еще одну отдыхающую пансионата — жену капитана Маршалла?

Эмили кивнула.

— В таком случае, полагаю, — сказал инспектор Колгейт, — мы можем вернуться в пансионат. — Он подозвал констебля: — Хоукс, вы остаетесь здесь и не пускаете никого в бухту. Я пришлю вам на смену сержанта Филлипса.

— Глазам своим не верю! — воскликнул полковник Уэстон. — Какой сюрприз, и вы здесь!

Hercule Poirot replied to the Chief Constable's greeting in a suitable manner. He murmured:

"Ah, yes, many years have passed since that affair at St Loo."

"I haven't forgotten it, though," said Weston. "Biggest surprise of my life. The thing I've never got over, though, is the way you got round me about that funeral business. Absolutely unorthodox, the whole thing. Fantastic!"

"Tout de même, mon Colonel," said Poirot. "It produced the goods, did it not?"

"Er — well, possibly. I daresay we should have got there by more orthodox methods."

"It is possible," agreed Poirot diplomatically.

"And here you are in the thick of another murder," said the Chief Constable. "Any ideas about this one?"

Poirot said slowly: "Nothing definite — but it is interesting."

"Going to give us a hand?"

"You would permit it, yes?"

"My dear fellow, delighted to have you. Don't know enough yet to decide whether it's a case for Scotland Yard or not. Offhand it looks as though our murderer must be pretty well within a limited radius. On the other hand, all these people are strangers down here. To find out about them and their motives you've got to go to London."

Эркюль Пуаро ответил на приветствие главного констебля подобающим образом.

— О да, много лет прошло с того памятного происшествия в Сент-Лу.

— Да, я ничего не забыл, — сказал Уэстон. — Это стало для меня величайшей неожиданностью. Вот только я никак не могу смириться с тем, что вы обвели меня вокруг пальца с этими похоронами... Совершенно нетрадиционный подход. Фантастика!

— Tout de même, mon colonel, — сказал Пуаро, — это дало результат, разве не так?

— Э... ну, возможно. Смею заметить, что мы пришли бы к тому же результату более традиционными методами.

— Возможно, — дипломатично согласился детектив.

— И сейчас вы здесь, в самой гуще нового убийства, — сказал главный констебль. — Есть какие-нибудь мысли?

— Ничего определенного, — медленно произнес Пуаро. — Но это весьма интересно.

— Вы нам поможете?

— А вы позволите?

— Дорогой мой друг, я счастлив, что вы с нами. Пока что у меня недостаточно информации, чтобы определить, передавать ли дело в Скотленд-Ярд. На первый взгляд кажется, что наш убийца должен находиться где-то совсем рядом. С другой стороны, все эти люди здесь чужие. Для того чтобы узнать их и разобраться в их мотивах, нужно отправиться в Лондон.

Poirot said: "Yes, that is true."

"First of all," said Weston, "we've got to find out who last saw the dead woman alive. Chambermaid took her breakfast at nine. Girl in the bureau downstairs saw her pass through the lounge and go out about ten."

"My friend," said Poirot, "I suspect that I am the man you want."

"You saw her this morning? What time?"

"At five minutes past ten. I assisted her to launch her float from the bathing beach."

"And she went off on it?"

"Yes."

"Alone?"

"Yes."

"Did you see which direction she took?"

"She paddled round that point there to the right."

"In the direction of Pixy's Cove, that is?"

"Yes."

"And the time then was -"

"I should say she actually left the beach at a quarter past ten."

Weston considered.

"That fits in well enough. How long should you say that it would take her to paddle round to the Cove?"

"Ah, me, I am not an expert. I do not go in boats or expose myself on floats. Perhaps half an hour?"

— Да, совершенно верно, — подтвердил Пуаро.

— Первым делом, — продолжал Уэстон, — нам необходимо установить, кто последним видел эту женщину в живых. Горничная принесла ей завтрак в девять часов. Девушка внизу за стойкой видела, как она спустилась в фойе и вышла на улицу около десяти.

— Друг мой, — сказал Пуаро, — подозреваю, я тот, кто вам нужен.

— Вы видели ее сегодня утром? В котором часу?

— В пять минут одиннадцатого. Я помог ей спустить плот с причала.

— И она отплыла на нем?

— Да.

— Одна?

— Да.

— Вы видели, куда она направилась?

— Она погребла к выходу из бухты и дальше направо.

— То есть в сторону бухты Эльфов?

— Да.

— И это было...

— Я бы сказал, что от берега она отошла в четверть одиннадцатого.

Уэстон задумался.

— Все сходится. Как вы думаете, сколько времени ей потребовалось, чтобы доплыть до бухты Эльфов?

— Увольте, я в этом не знаток. Я не сажусь в лодки и не плаваю на плотах. Возможно, полчаса?

"That's about what I think," said the Colonel. "She wouldn't be hurrying, I presume. Well, if she arrived there at a quarter to eleven, that fits in well enough."

"At what time does your doctor suggest she died?"

"Oh, Neasdon doesn't commit himself. He's a cautious chap. A quarter to eleven is his earliest outside limit."

Poirot nodded.

He said: "There is one other point that I must mention. As she left Mrs Marshall asked me not to say I had seen her."

Weston stared. He said:

"H'm, that's rather suggestive, isn't it?"

Poirot murmured: "Yes, I thought so myself."

Weston tugged at his moustache. He said:

"Look here, Poirot. You're a man of the world. What sort of a woman was Mrs Marshall?"

A faint smile came to Poirot's lips.

He asked: "Have you not already heard?"

The Chief Constable said drily:

"I know what the women say of her. They would. How much truth is there in it? Was she having an affair with this fellow Redfern?"

"I should say undoubtedly yes."

"He followed her down here, eh?"

"There is reason to suppose so."

— Я и сам так подумал, — согласился полковник. — Смею предположить, миссис Маршалл не очень торопилась. Что ж, если она добралась до бухты Эльфов без четверти одиннадцать, все сходится.

— Когда, по мнению вашего доктора, наступила смерть?

— О, Нисден выразился очень расплывчато. Как всегда, осторожничает. По его предположениям, самое раннее — без четверти одиннадцать.

Пуаро кивнул.

— Есть еще один момент, о котором я должен упомянуть, — сказал он. — Отплывая, миссис Маршалл попросила меня никому не говорить, что я ее видел.

Уэстон удивленно уставился на него.

— Гм, это наводит на мысли, вы не согласны?

— Да, — пробормотал детектив. — Я сам подумал то же самое.

Уэстон подергал себя за кончик уса.

— Послушайте, Пуаро, — сказал он. — Вы человек искушенный. Что за женщина была миссис Маршалл?

Легкая усмешка тронула губы Пуаро.

— А вы еще ничего не слышали? — спросил он.

— Я знаю, что о ней говорят женщины. Тут все понятно. Но сколько в этом правды? У нее действительно был роман с этим Редферном?

— Я без колебаний говорю: был.

— Он приехал сюда ради нее, правильно?

— Есть основания так думать.

"And the husband? Did he know about it? What did he feel?"

Poirot said slowly: "It is not easy to know what Captain Marshall feels or thinks. He is a man who does not display his emotions."

Weston said sharply: "But he might have 'em, all the same."

Poirot nodded. He said:

"Oh, yes, he might have them."

The Chief Constable was being as tactful as it was in his nature to be with Mrs Castle.

Mrs Castle was the owner and proprietress of the Jolly Roger Hotel. She was a woman of forty odd with a large bust, rather violent henna-red hair, and an almost offensively refined manner of speech. She was saying:

"That such a thing should happen in my Hotel! Ay am sure it has always been the quayettest place imaginable! The people who come here are such nice people. No rowdiness — if you know what Ay mean. Not like the big hotels in St Loo."

"Quite so, Mrs Castle," said Colonel Weston. "But accidents happen in the best-regulated — er — households."

"Ay'm sure Inspector Colgate will bear me out," said Mrs Castle, sending an appealing glance towards the Inspector who was sitting looking very official.

— Ну, а муж? Он знал обо всем? Что он чувствовал?

— Весьма непросто понять, что чувствует и думает капитан Маршалл, — медленно произнес Пуаро. — Этот человек не выставляет напоказ свои эмоции.

— И все-таки они у него, наверное, есть, — резко заметил Уэстон.

Пуаро кивнул:

— О да, несомненно, есть.

В разговоре с миссис Касл главный констебль, как всегда, был предельно тактичен.

Миссис Касл являлась владелицей и хозяйкой пансионата «Веселый Роджер». Эта женщина сорока с лишним лет обладала внушительным бюстом, огненно-рыжими волосами, выкрашенными хной, и чуть ли не оскорбительно утонченной манерой речи.

— Подумать только, и такое произошло в моем пансионате! — сказала она. — А ведь это было самое тихое место на свете. Сюда приезжают такие милые люди... Никакой вульгарности — надеюсь, вы понимаете, что я имею в виду. Не так, как в больших отелях в Сент-Лу.

— Совершенно верно, миссис Касл, — подтвердил полковник Уэстон. — Но происшествия случаются и в самых порядочных... э... заведениях.

— Не сомневаюсь, инспектор Колгейт меня поддержит, — сказала миссис Касл, бросая умоляющий взгляд на сидящего с официальным видом по-

"As to the laycensing laws. Ay am most particular. There has never been any irregularity!"

"Quite, quite," said Weston. "We're not blaming you in any way, Mrs Castle."

"But it does so reflect upon an establishment," said Mrs Castle, her large bust heaving. "When Ay think of the noisy gaping crowds. Of course no one but hotel guests are allowed upon the island — but all the same they will no doubt come and point from the shore."

She shuddered.

Inspector Colgate saw his chance to turn the conversation to good account. He said:

"In regard to that point you've just raised. Access to the island. How do you keep people off?"

"Ay am most particular about it."

"Yes, but what measures do you take? What keeps 'em off? Holiday crowds in summer-time swarm everywhere like flies."

Mrs Castle shuddered slightly again. She said:

"That is the fault of the charabancs. Ay have seen eighteen at one time parked by the quay at Leathercombe Bay. Eighteen!"

"Just so. How do you stop them coming here?"

лицейского. — Что касается лицензий, у меня всё в полном порядке. Ни разу не было никаких нарушений!

— Успокойтесь, успокойтесь, — сказал Уэстон. — Мы вас ни в чем не виним, миссис Касл.

— Но ведь это отразится на заведении, — сказала хозяйка, и ее внушительный бюст заколыхался от волнения. — Как только я представлю себе шумные толпы зевак... Разумеется, на остров имеют право прибывать только постояльцы пансионата, — но ведь они могут стоять на том берегу и показывать пальцем!

Она поежилась.

Инспектор Колгейт не упустил возможности перевести разговор в нужное русло.

— Кстати, вы только что упомянули об одном важном моменте, — сказал он. — Доступ на остров. Каким образом вы не пускаете сюда посторонних?

— В этом отношении у меня очень строгие правила.

— Да, но какие меры вы предпринимаете? Что сдерживает посторонних? Летом туристы роятся повсюду, словно мухи.

Миссис Касл передернуло.

— Это все из-за экскурсионных автобусов, — сказала она. — Однажды я видела их на стоянке у пристани в Лезеркомб-Бэй сразу восемнадцать. Восемнадцать!

— Вы правы. Так как же вы не пускаете сюда посторонних?

"There are notices. And then, of course, at high tide, we are cut off."

"Yes, but at low tide?"

Mrs Castle explained. At the island end of the causeway there was a gate. This said, "Jolly Roger Hotel. Private. No entry except to Hotel." The rocks rose sheer out of the sea on either side there and could not be climbed.

"Any one could take a boat, though, I suppose, and row round and land on one of the coves? You couldn't stop them doing that. There's a right of access to the foreshore. You can't stop people being on the between low and high watermark."

But this, it seemed, very seldom happened. Boats could be obtained at Leathercombe Bay harbour but from there it was a long row to the island and there was also a strong current just outside Leathercombe Bay harbour. There were notices, too, on both Gull Cove and Pixy Cove by the ladder. She added that George or William was always on the lookout at the bathing beach proper which was the nearest to the mainland.

"Who are George and William?"

"George attends to the bathing beach. He sees to the costumes and the floats. William is the gardener. He keeps the paths and marks the tennis courts and all that."

— Везде висят таблички с предупреждениями. И потом, разумеется, в прилив мы отрезаны от большой земли.

— Да, но в отлив?

Миссис Касл все подробно объяснила. В конце дамбы у входа на остров есть ворота. На них написано: «Пансионат "Веселый Роджер". Частная собственность. Проход воспрещен. Только для отдыхающих пансионата». По обеим сторонам от ворот из моря поднимаются отвесные скалы, перелезть через которые нельзя.

— Но ведь любой может взять лодку, обогнуть остров и высадиться в одной из бухт, не так ли? Этому вы не можете помешать. На береговую полосу доступ свободен. Вы не имеете права никому помешать находиться в полосе, затопляемой приливом.

Однако, похоже, подобное случалось крайне редко. Лодку можно взять на пристани в Лезеркомб-Бэй, но оттуда идти на веслах до острова далеко, к тому же у самой пристани сильное течение. Кроме того, предупреждающие таблички есть на лестницах, ведущих наверх от бухты Чаек и бухты Эльфов. Миссис Касл добавила, что Джордж и Уильям постоянно наблюдают за пляжем, расположенным рядом с пансионатом.

— Кто такие Джордж и Уильям?

— Джордж обслуживает пляж. Он следит за раздевалками и плотами. Уильям — садовник; он содержит в порядке дорожки, теннисный корт и тому подобное.

Colonel Weston said impatiently: "Well, that seems clear enough. That's not to say that nobody could have come from outside, but anyone who did so took a risk — the risk of being noticed. We'll have a word with George and William presently."

Mrs Castle said: "Ay do not care for trippers — a very noisy crowd and they frequently leave orange peel and cigarette boxes on the causeway and down by the rocks, but all the same Ay never thought one of them would turn out to be a murderer. Oh, dear! It really is too terrible for words. A lady like Mrs Marshall murdered and what's so horrible, actually — er — strangled..."

Mrs Castle could hardly bring herself to say the word. She brought it out with the utmost reluctance.

Inspector Colgate said soothingly: "Yes, it's a nasty business."

"And the newspapers. My hotel in the newspapers!"

Colgate said, with a faint grin: "Oh, well, it's advertisement, in a way."

Mrs Castle drew herself up. Her bust heaved and whale-bone creaked. She said icily:

"That is not the kind of advertisement Ay care about, Mr Colgate."

Colonel Weston broke in. He said:

"Now then, Mrs Castle, you've got a list of the guests staying here, as I asked you?"

"Yes, sir."

— Ну, по-моему, тут все достаточно ясно, — нетерпеливо сказал полковник Уэстон. — Конечно, нельзя утверждать, что сюда не проник посторонний с большой земли, но этот человек сильно рисковал бы, что его заметят. Как только мы закончим здесь, мы обязательно поговорим с Джорджем и Уильямом.

— Я не переношу туристов, — заявила миссис Касл. — Очень шумные и нередко бросают апельсиновую кожуру и пачки из-под сигарет на дамбе и в скалах... И все же я не думаю, что кто-то из них оказался убийцей. О боже! Это слишком ужасно, я не нахожу слов. Такая дама, как миссис Маршалл, убита, и, что самое страшное... э... задушена...

Миссис Касл с трудом заставила себя произнести это слово. Она выдавила его с огромной неохотой.

— Да, отвратительное дело, — сочувственно произнес инспектор Колгейт.

— И газеты... Ужасно! Мой пансионат в газетах!

— Ну, в определенном смысле это можно считать рекламой, — усмехнулся Колгейт.

Миссис Касл негодующе выпрямилась. Ее бюст взметнулся вверх, корсет заскрипел.

— Это не та реклама, мистер Колгейт, которая мне нужна, — ледяным тоном промолвила она.

Полковник Уэстон поспешил вмешаться:

— Итак, миссис Касл, вы приготовили список гостей, отдыхающих здесь, как я просил?

— Разумеется, сэр.

Colonel Weston pored over the hotel register. He looked over to Poirot who made the forth member of the group assembled in the Manageress's office.

"This is where you'll probably be able to help us presently." He read down the names. "What about servants?"

Mrs Castle produced a second list.

"There are four chambermaids, the head waiter and three under him and Henry in the bar. William does the boots and shoes. Then there's the cook and two under her."

"What about the waiters?"

"Well, sir, Albert, the Mater Dotel, came to me from the Vincent at Plymouth. He was there for some years. The three under him have been here for three years — one of them four. They are very nice lads and most respectable. Henry has been here since the hotel opened. He is quite an institution."

Weston nodded.

He said to Colgate: "Seems all right. You'll check up on them, of course. Thank you, Mrs Castle."

"That will be all you require?"

"For the moment, yes."

Mrs Castle creaked out of the room.

Weston said: "First thing to do is to talk with Captain Marshall."

Kenneth Marshall sat quietly answering the questions put to him. Apart from a slight hardening of his features he was quite calm. Seen here, with the sun-

Пробежав взглядом список, главный констебль взглянул на Пуаро, четвертого человека из тех, кто находился в кабинете управляющей.

— Полагаю, тут вы сможете нам помочь. — Уэстон зачитал вслух фамилии. — А перечень ваших слуг?

Мисс Касл предоставила второй список.

— У нас четыре горничных, метрдотель и три официанта, а также бармен Генри. Уильям чистит обувь. Еще есть кухарка и две ее помощницы.

— Вы их давно знаете?

— Ну, Альберт, метрдотель, работал несколько лет в «Винсенте», в Плимуте. Пришел сюда вместе со мной. Двое его помощников работают здесь уже три года, один — четыре. Очень милые ребята, очень воспитанные. Что касается Генри, то он здесь с открытия пансионата. Уже стал неотъемлемой частью заведения.

Уэстон кивнул.

— Похоже, тут всё в порядке, — обратился он к Колгейту. — Разумеется, мы их проверим. Благодарю вас, миссис Касл.

— Это все, что вам требовалось?

— Пока что все.

Миссис Касл проскрипела из комнаты.

— Первым делом нужно поговорить с капитаном Маршаллом, — сказал Уэстон.

Кеннет Маршалл ровным голосом отвечал на задаваемые ему вопросы. Если не считать слегка осунувшегося лица, он оставался совершенно спокоен.

light falling on him from the window, you realized that he was a handsome man. Those straight features, the steady blue eyes, the firm mouth. His voice was low and pleasant. Colonel Weston was saying:

"I quite understand, Captain Marshall, what a terrible shock this must be to you. But you realize that I am anxious to get the fullest information as soon as possible."

Marshall nodded.
He said: "I quite understand. Carry on."
"Mrs Marshall was your second wife?"
"Yes."
"And you have been married, how long?"
"Just over four years."
"And her name before she was married?"
"Helen Stuart. Her acting name was Arlena Stuart."
"She was an actress?"
"She appeared in Revue and musical shows."

"Did she give up the stage on her marriage?"
"No. She continued to appear. She actually retired only about a year and a half ago."

"Was there any special reason for her retirement?"
Kenneth Marshall appeared to consider.
"No," he said. "She simply said that she was tired of it all."

Падающие из окна лучи солнца освещали его лицо, и можно было увидеть, какой же он красивый мужчина: правильные черты лица, внимательные голубые глаза, твердая линия рта, негромкий и приятный голос...

— Я прекрасно понимаю, капитан Маршалл, каким ужасным потрясением это для вас явилось, — говорил полковник Уэстон. — Но, я думаю, вы также понимаете, что мне необходимо как можно быстрее получить самую полную информацию.

Маршалл кивнул:

— Я вас понимаю. Спрашивайте.

— Миссис Маршалл была вашей второй женой?

— Да.

— Как долго вы с нею были женаты?

— Чуть больше четырех лет.

— Какое у нее было имя до брака?

— Хелен Стюарт. А сценическое ее имя было Арлена Стюарт.

— Она была актрисой?

— Она выступала в варьете и музыкальных представлениях.

— После замужества ваша жена оставила сцену?

— Нет. Арлена продолжала время от времени выступать. Окончательно она оставила сцену около полутора лет назад.

— У нее была на то какая-то особенная причина?

Похоже, Кеннет задумался.

— Нет, — наконец сказал он. — Она просто сказала, что устала от всего этого.

"It was not — er — in obedience to your special wish?"

Marshall raised his eyebrows.

"Oh, no."

"You were quite content for her to continue acting after your marriage?"

Marshall smiled very faintly.

"I should have preferred her to give it up — that, yes. But I made no fuss about it."

"It caused no point of dissension between you?"

"Certainly not. My wife was free to please herself."

"And — the marriage was a happy one?"

Kenneth Marshall said coldly: "Certainly."

Colonel Weston paused a minute.

Then he said: "Captain Marshall, have you any idea who could possibly have killed your wife?"

The answer came without the least hesitation.

"None whatsoever."

"Had she any enemies?"

"Possibly."

"Ah?"

The other went on quickly. He said: "Don't misunderstand me, sir. My wife was an actress. She was also a very good-looking woman. In both capacities she aroused a certain amount of envy and jealousy. There were fusses over parts — there was rivalry from other women — there was a good deal, shall we say, of general envy, hatred, malice, and all uncharitableness! But that is not to say that there

— Это не было сделано... э... в соответствии с вашим пожеланием?

Маршалл удивленно поднял брови:

— Нет, что вы!

— Вас нисколько не смущало то, что ваша жена и в замужестве продолжала выходить на сцену?

Кеннет слабо улыбнулся.

— Да, я бы предпочел, чтобы она оставила сцену, — это верно. Но я не настаивал на этом.

— Вы не ссорились по этому поводу?

— Конечно же, нет! Моя жена была вольна поступать так, как пожелает.

— И... и ваш брак был счастливым?

— Разумеется, — холодно подтвердил Кеннет.

Полковник Уэстон помолчал.

— Капитан Маршалл, — сказал он, — у вас есть какие-нибудь мысли на тот счет, кто мог убить вашу жену?

Ответ последовал без каких-либо колебаний:

— Абсолютно никаких.

— У нее были враги?

— Возможно.

— Так...

— Не поймите меня превратно, сэр, — тотчас же развил свою мысль Маршалл. — Моя жена была актрисой. Кроме того, она была очень привлекательной женщиной. Она вызывала определенную долю ревности и зависти. Были столкновения по поводу ролей — было соперничество с другими женщинами — было много, скажем так, общей зависти, ненависти, злобы и жестокости. Однако из

was any one who was capable of deliberately murdering her."

Hercule Poirot spoke for the first time. He said:

"What you really mean. Monsieur, is that her enemies were mostly, or entirely, women?"

Kenneth Marshall looked across at him.

"Yes," he said. "That is so."

The Chief Constable said: "You know of no man who had a grudge against her?"

"No."

"Was she previously acquainted with anyone in this hotel?"

"I believe she had met Mr Redfern before — at some cocktail party. Nobody else to my knowledge."

Weston paused. He seemed to deliberate as to whether to pursue the subject. Then he decided against that course. He said:

"We now come to this morning. When was the last time you saw your wife?"

Marshall paused a minute, then he said:
"I looked in on my way down to breakfast -"

"Excuse me, you occupied separate rooms?"

"Yes."

"And what time was that?"

"It must have been about nine o'clock."

"What was she doing?"

"She was opening her letters."

этого не следует, что нашелся человек, способный ее убить.

Впервые нарушил молчание Эркюль Пуаро:

— На самом деле вы хотите сказать, месье, что ее врагами были исключительно одни женщины?

Кеннет посмотрел на него.

— Да, — подтвердил он. — Именно так.

— Вы не знаете, чтобы кто-либо из мужчин затаил на нее злобу? — спросил главный констебль.

— Нет.

— Ваша жена встречалась раньше с кем-либо из отдыхающих пансионата?

— Кажется, она уже была знакома с мистером Редферном — они встретились на какой-то коктейль-вечеринке. Насколько мне известно, больше ни с кем.

Уэстон помолчал. Похоже, он задумался над тем, стоит ли развивать эту тему. В конце концов главный констебль решил воздержаться.

— Теперь перейдем к сегодняшнему утру, — сказал он. — Когда вы в последний раз видели свою жену?

Задумавшись на мгновение, Маршалл сказал:

— Я заглянул к ней, когда спускался на завтрак...

— Прошу прощения, вы занимали отдельные комнаты?

— Да.

— И когда это случилось?

— Где-то около девяти.

— Чем она была занята?

— Вскрывала почту.

"Did she say anything?"

"Nothing of any particular interest. Just good-morning — and that it was a nice day — that sort of thing."

"What was her manner? Unusual at all?"

"No, perfectly normal."

"She did not seem excited, or depressed, or upset in any way?"

"I certainly didn't notice it."

Hercule Poirot said: "Did she mention at all what were the contents of her letters?"

Again a faint smile appeared on Marshall's lips. He said:

"As far as I can remember, she said they were all bills."

"Your wife breakfasted in bed?"

"Yes."

"Did she always do that?"

"Invariably."

Hercule Poirot said: "What time did she usually come downstairs?"

"Oh! between ten and eleven — usually nearer eleven."

Poirot went on: "If she were to descend at ten o'clock exactly, that would be rather surprising?"

"Yes. She wasn't often down as early as that."

"But she was this morning. Why do you think that was, Captain Marshall?"

— Она ничего не сказала?

— Ничего заслуживающего внимания. «Доброе утро... какая сегодня хорошая погода...» — нечто в таком духе.

— Как она себя вела? Вы не заметили ничего необычного?

— Нет, все было совершенно нормально.

— Ваша жена не была возбуждена, встревожена, взволнована?

— Я определенно ничего не заметил.

— Она ничего не сказала про содержание почты? — спросил Пуаро.

И снова губы Маршалла изогнулись в легкой усмешке.

— Насколько я помню, она сказала, что это одни счета.

— Ваша жена позавтракала в постели?

— Да.

— Она всегда так поступала?

— Абсолютно всегда.

— Когда она обыкновенно спускалась вниз? — спросил Эркюль Пуаро.

— О, от десяти до одиннадцати — как правило, ближе к одиннадцати.

— Если б она спустилась ровно в десять, вас бы это удивило? — продолжал Пуаро.

— Конечно. Обыкновенно так рано она не спускалась.

— Однако сегодня утром она сделала именно так. Как вы думаете, капитан Маршалл, почему?

Marshall said unemotionally: "Haven't the least idea. Might have been the weather — extra fine day and all that."

"You missed her?"

Kenneth Marshall shifted a little in his chair. He said:

"Looked in on her again after breakfast. Room was empty. I was a bit surprised."

"And then you came down on the beach and asked me if I had seen her?"

"Er — yes." He added with a faint emphasis in his voice: "And you said you hadn't..."

The innocent eyes of Hercule Poirot did not falter. Gently, he caressed his large and flamboyant moustache.

Weston said: "Had you any special reason for wanting to find your wife this morning?"

Marshall shifted his glance amiably to the Chief Constable. He said:

"No, just wondered where she was, that's all."

Weston paused. He moved his chair slightly. His voice fell into a different key. He said:

"Just now, Captain Marshall, you mentioned that your wife had a previous acquaintance with Mr Patrick Redfern. How well did your wife know Mr Redfern?"

Kenneth Marshall said:

— Не имею ни малейшего понятия, — равнодушно произнес Кеннет. — Возможно, все дело в погоде — был замечательный день.

— Вы ждали, когда она придет?

Маршалл сел поудобнее.

— Я еще раз заглянул к ней после завтрака. В комнате никого не было. Я был несколько удивлен.

— После чего вы спустились на пляж и спросили у меня, не видел ли я ее.

— Э... да. — Помолчав, он с легким укором добавил: — И вы ответили, что не видели...

Невинные глаза Эркюля Пуаро не дрогнули. Он нежно погладил свои пышные усы.

— У вас сегодня утром были какие-либо определенные основания искать свою жену? — спросил Уэстон.

Маршалл вежливо перевел взгляд на главного констебля.

— Нет, — сказал он, — я просто хотел узнать, где она, только и всего.

Уэстон умолк и чуть передвинул свой стул. Когда же он заговорил снова, его голос приобрел новые интонации.

— Только что, капитан Маршалл, — сказал полковник, — вы сказали, что ваша жена уже была знакома с мистером Патриком Редферном. Насколько хорошо они знали друг друга?

Кеннет произнес:

"Mind if I smoke?" He felt through his pockets. "Dash! I've mislaid my pipe somewhere."

Poirot offered him a cigarette which he accepted. Lighting it, he said:

"You were asking about Redfern. My wife told me she had come across him at some cocktail party or other."

"He was, then, just a casual acquaintance?"

"I believe so."

"Since then -" the Chief Constable paused. "I understand that that acquaintanceship has ripened into something rather closer."

Marshall said sharply: "You understand that, do you? Who told you so?"

"It is the common gossip of the hotel."

For a moment Marshall's eyes went to Hercule Poirot. They dwelt on him with a kind of cold anger.

He said: "Hotel gossip is usually a tissue of lies!"

"Possibly. But I gather that Mr Redfern and your wife gave some grounds for the gossip."

"What grounds?"
"They were constantly in each other's company."
"Is that all?"
"You do not deny that that was so?"

"May have been. I really didn't notice."

— Не возражаете, если я закурю? — Он похлопал себя по карманам. — Черт! Я где-то оставил свою трубку.

Пуаро предложил ему сигарету. Закурив, Маршалл сказал:

— Вы спрашивали меня насчет Редферна. Жена говорила, что познакомилась с ним на какой-то коктейль-вечеринке.

— Следовательно, это было просто случайное знакомство?

— Я так думаю.

— Но с тех пор... — Главный констебль сделал паузу. — Насколько я понимаю, это знакомство переросло в гораздо более тесные отношения.

— Вы так считаете, да? — резко произнес Маршалл. — Кто вам это сказал?

— В пансионате все говорят об этом.

Маршалл бросил на Пуаро взгляд, полный холодной ярости.

— Курортные пересуды — это, как правило, неприкрытая ложь!

— Возможно. Но, насколько я понимаю, мистер Редферн и ваша жена дали определенные основания для подобных разговоров.

— Какие основания?

— Они постоянно находились вместе.

— И это всё?

— Вы не отрицаете, что дело обстояло именно так?

— Возможно. На самом деле я не обращал на это внимания.

"You did not — excuse me, Captain Marshall — object to your wife's friendship with Mr Redfern?"

"I wasn't in the habit of criticizing my wife's conduct."

"You did not protest or object in any way?"

"Certainly not."

"Not even though it was becoming a subject of scandal and an estrangement was growing up between Mr Redfern and his wife?"

Kenneth Marshall said coldly: "I mind my own business and I expect other people to mind theirs. I don't listen to gossip and tittle tattle."

"You won't deny that Mr Redfern admired your wife?"

"He probably did. Most men did. She was a very beautiful woman."

"But you yourself were persuaded that there was nothing serious in the affair?"

"I never thought about it, I tell you."

"And suppose we have a witness who can testify that they were on terms of the greatest intimacy?"

Again those blue eyes went to Hercule Poirot. Again an expression of dislike showed on that usually impassive face. Marshall said:

"If you want to listen to tales, listen to 'em. My wife's dead and can't defend herself."

— Вы не... прошу прощения, капитан Маршалл, — вы не возражали против дружбы вашей жены с мистером Редферном?

— Не в моих обычаях обсуждать поведение своей жены.

— Вы не возражали, не возмущались?

— Разумеется, нет.

— Даже несмотря на то, что это стало причиной скандала и растущего напряжения между мистером Редферном и его женой?

— Я не лезу в чужие дела и жду от других, что и они не будут лезть в мои дела, — холодно сказал Кеннет. — Я не слушаю сплетни и досужую болтовню.

— Вы не отрицаете, что мистер Редферн восхищался вашей женой?

— Вероятно, восхищался. Арленой восхищались многие мужчины. Она была очень красивой женщиной.

— Но лично вы были убеждены в том, что между ними нет ничего серьезного?

— Я уже говорил вам, что никогда не задумывался над этим.

— Предположим, что у нас есть свидетель, готовый показать, что отношения вашей жены и мистера Редферна были очень близкими...

И снова взгляд голубых глаз метнулся на Эркюля Пуаро. И снова на обыкновенно бесстрастном лице мелькнуло выражение неприязни.

— Если у вас есть желание слушать эти сказки, слушайте их, — сказал Маршалл. — Моей жены

"You mean that you, personally, don't believe them?"

For the first time a faint dew of sweat was observable on Marshall's brow. He said:

"I don't propose to believe anything of the kind." He went on: "Aren't you getting a good way from the essentials of this business? What I believe or don't believe is surely not relevant to the plain fact of murder?"

Hercule Poirot answered before either of the others could speak. He said:

"You do not comprehend, Captain Marshall. There is no such thing as a plain fact of murder. Murder springs, nine times out of ten, out of the character and circumstances of the murdered person. Because the victim was the kind of person he or she was, therefore was he or she murdered! Until we can understand fully and completely exactly what kind of person Arlena Marshall was, we shall not be able to see clearly exactly the kind of person who murdered her. From that springs the necessity of our questions."

Marshall turned to the Chief Constable. He said:

"That your view, too?"

Weston boggled a little. He said: "Well, up to a point — that is to say -"

Marshall gave a short laugh. He said:

"Thought you wouldn't agree. This character stuff is M. Poirot's specialty, I believe."

больше нет в живых, и она не сможет себя защитить.

— Вы хотите сказать, что лично вы в это не верите?

Впервые на лбу у Маршалла выступили крошечные бисеринки пота.

— Я не собираюсь верить в подобные измышления. — Помолчав, он продолжал: — Вам не кажется, что вы изрядно отклоняетесь в сторону? Определенно, то, во что я верю и во что не верю, не имеет отношения к чистому факту убийства, разве не так?

Прежде чем кто-либо успел сказать хоть слово, ему ответил Пуаро:

— Капитан Маршалл, вы не понимаете: нет такой вещи, как чистый факт убийства. В девяти случаях из десяти убийство порождается характером и образом жизни жертвы. Поскольку убитый был именно таким, каким был, он и был убит! До тех пор пока мы не сможем полностью и досконально понять, каким именно человеком была Арлена Маршалл, мы не сможем определить, какой именно человек ее убил. Из чего вытекает необходимость наших вопросов.

Маршалл повернулся к главному констеблю.

— Такова и ваша точка зрения? — спросил он.

— Ну, в какой-то степени... то есть... — неуверенно произнес Уэстон.

Кеннет издал короткий смешок.

— Так и думал, что вы не согласитесь. Насколько я понимаю, все рассуждения о личностях — это удел месье Пуаро.

Poirot said, smiling: "You can at least congratulate yourself on having done nothing to assist me!"

"What do you mean?"

"What have you told us about your wife? Exactly nothing at all. You have told us only what everyone could see for themselves. That she was beautiful and admired. Nothing more."

Kenneth Marshall shrugged his shoulders. He said simply:

"You're crazy." He looked towards the Chief Constable and said with emphasis: "Anything else, sir, that you'd like me to tell you?"

"Yes, Captain Marshall, your own movements this morning, please."

Kenneth Marshall nodded. He had clearly expected this. He said:

"I breakfasted downstairs about nine o'clock as usual and read the paper. As I told you I went up to my wife's room afterwards and found she had gone out. I came down to the beach, saw M. Poirot and asked if he had seen her. Then I had a quick bathe and went up to the hotel again. It was then, let me see, about twenty to to eleven — yes, just about that. I saw the clock in the lounge. It was just after twenty minutes to. I went up to my room, but the chambermaid hadn't quite finished it. I asked her to finish as quickly as she could. I had some letters to type which I wanted to get off by the post. I went downstairs again and had a word or two with Henry in the bar. I went up again to my room at ten minutes to eleven.

— По крайней мере, вы можете поздравить себя с тем, что ничем не помогли мне, — усмехнулся детектив.

— Что вы хотите сказать?

— Что вы нам рассказали о своей жене? Ровным счетом ничего. Вы рассказали нам только то, что все и так сами видели. То, что она была красивая и ею восхищались. И больше ничего.

Маршалл пожал плечами.

— Вы с ума сошли. — Повернувшись к главному констеблю, он подчеркнуто спросил: — Сэр, у вас ко мне больше нет никаких вопросов?

— Есть, капитан Маршалл. Будьте любезны, расскажите о том, что вы делали сегодня утром.

Кеннет кивнул. Очевидно, он ожидал это.

— Я позавтракал внизу около девяти часов, после чего читал газету. Как уже говорилось, затем я поднялся к жене и обнаружил, что она уже ушла. Я спустился на пляж, увидел месье Пуаро и спросил у него, не видел ли он ее. После чего я быстро искупнулся и снова поднялся в пансионат. Это было... дайте-ка сообразить... где-то без двадцати одиннадцать — да, совершенно точно. Я взглянул на часы в фойе. Было ровно без двадцати. Я поднялся к себе в номер, но горничная еще не закончила уборку. Я попросил ее поторопиться — мне нужно было напечатать несколько писем, которые я хотел отправить почтой. Затем снова спустился вниз и обменялся парой слов с Генри, барменом. Без десяти

There I typed my letters. I typed until ten minutes to twelve. I then changed into tennis kit as I had a date to play tennis at twelve. We'd booked the court the day before."

"Who was we?"

"Mrs Redfern, Miss Darnley, Mr Gardener and myself. I came down at twelve o'clock and went up to the court. Miss Darnley was there and Mr Gardener. Mrs Redfern arrived a few minutes later. We played tennis for an hour. Just as we came into the hotel afterwards I — I — got the news."

"Thank you. Captain Marshall. Just as a matter of form, is there any one who can corroborate the fact that you were typing in your room between — er — ten minutes to eleven and ten minutes to twelve?"

Kenneth Marshall said with a faint smile: "Have you got some idea that I killed my own wife? Let me see now. The chambermaid was about doing the rooms. She must have heard the typewriter going. And then there are the letters themselves. With all this upset I haven't posted them. I should imagine they are as good evidence as anything."

He took three letters from his pocket. They were addressed, but not stamped. He said:

"Their contents, by the way, are strictly confidential. But when it's a case of murder, one is forced to trust in the discretion of the police. They contain lists of figures and various financial statements. I think

одиннадцать опять поднялся к себе. Там я сел печатать письма и печатал до без десяти двенадцать. После чего переоделся в костюм для тенниса, поскольку в двенадцать я договорился играть в теннис. Мы еще вчера попросили не занимать корт.

— Кого вы имеете в виду?

— Миссис Редферн, мисс Дарнли, мистера Гарднера и себя. Я спустился вниз ровно в двенадцать часов и прошел на корт. Мисс Дарнли и мистер Гарднер уже были там. Миссис Редферн подошла через несколько минут. Мы играли в теннис около часа. Как раз после этого мне... мне... сообщили эту новость.

— Благодарю вас, капитан Маршалл. Чистая формальность: кто-нибудь может подтвердить, что вы находились у себя в номере и печатали письма в промежуток времени... скажем, от без десяти одиннадцать до без десяти двенадцать?

— Неужели вы думаете, что я убил свою жену? — слабо усмехнулся Кеннет Маршалл. — Так, дайте-ка подумать... Горничная убирала в номерах и должна была слышать стук пишущей машинки. И есть еще сами письма — из-за всех этих событий я так и не отправил их. Смею предположить, они станут достаточно весомым доказательством.

Он достал из кармана три письма. Конверты были подписаны, но без марок.

— Кстати, содержимое этих писем является строго конфиденциальным, — продолжал Маршалл. — Однако, когда речь идет об убийстве, приходится полагаться на то, что полиция умеет

you will find that if you put one of your men on to type them out, he won't do it in much under an hour." He paused. "Satisfied, I hope?"

Weston said smoothly: "It is no question of suspicion. Everyone on the island will be asked to account for his or her movements between a quarter to eleven and twenty minutes to twelve this morning."

Kenneth Marshall said: "Quite."
Weston said: "One more thing, Captain Marshall. Do you know anything about the way your wife was likely to have disposed of any property she had?"

"You mean a will? I don't think she ever made a will."

"Her solicitors are Barkett, Markett & Applegood, Bedford Square. They saw to all her contracts, etc. But I'm fairly certain she never made a will. She said once that doing a thing like that would give her the shivers."

"In that case, if she has died intestate, you, as her husband, succeed to her property."

"Yes, I suppose I do."
"Had she any near relatives?"
"I don't think so. If she had, she never mentioned them. I know that her father and mother died when she was a child and she had no brothers or sisters."

хранить тайны. В письмах содержатся различные цифры, а также финансовые отчеты. Полагаю, если вы посадите перепечатывать их одного из своих людей, у него уйдет на это никак не меньше часа. — Он помолчал. — Надеюсь, вы удовлетворены?

— Ни о каких подозрениях нет и речи, — спокойно произнес Уэстон. — Всем, кто находился на острове, придется дать отчет о своих действиях сегодня утром в промежуток времени с десяти сорока пяти до одиннадцати сорока.

— Я понимаю, — сказал Кеннет.

— И еще, капитан Маршалл, — продолжал Уэстон. — Вам ничего не известно о том, как ваша жена собиралась распорядиться своим имуществом?

— Вы имеете в виду завещание? Не думаю, что она когда-либо составляла его.

— Ее интересы представляет контора «Баркетт, Маркетт и Эпплгуд», Бедфорд-сквер. Она занималась всеми контрактами Арлены. Но я почти абсолютно уверен, что завещания моя жена не составляла. Как-то раз она сказала, что при мысли о подобном у нее по коже мурашки бегают.

— В таком случае, если она умерла, не выразив свою последнюю волю, все ее имущество переходит к вам как к ее супругу.

— Да, наверное, так.

— У нее были близкие родственники?

— Не думаю. Если и были, она о них никогда не упоминала. Насколько мне известно, родители ее умерли, когда она была еще маленькой, а братьев и сестер у нее не имелось.

"In any case, I suppose, she had nothing very much to leave?"

Kenneth Marshall said coolly: "On the contrary. Only two years ago, Sir Robert Erskine, who was an old friend of hers, died and left her a good deal of his fortune. It amounted, I think, to about fifty thousand pounds."

Inspector Colgate looked up. An alertness came into his glance. Up to now he had been silent. Now he asked:

"Then actually. Captain Marshall, your wife was a rich woman?"

Kenneth Marshall shrugged his shoulders. "I suppose she was really."

"And you still say she did not make a will?"

"You can ask the solicitors. But I'm pretty certain she didn't. As I tell you, she thought it unlucky."

There was a pause, then Marshall added:

"Is there anything further?"

Weston shook his head.

"Don't think so — eh, Colgate? No. Once more, Captain Marshall, let me offer you all my sympathy in your loss."

Marshall blinked. He said jerkily:

"Oh — thanks." He went out.

The three men looked at each other. Weston said:

— Полагаю, в любом случае завещать ей было особенно нечего.

— Напротив, — холодно возразил Кеннет Маршалл. — Не далее как два года назад сэр Роджер Эрскин, давний друг Арлены, умер и оставил ей почти все свое состояние. Всего, кажется, порядка пятидесяти тысяч фунтов.

Инспектор Колгейт встрепенулся, его взгляд оживился. До сих пор он молчал, теперь же спросил:

— То есть, капитан Маршалл, ваша жена была богатой женщиной?

— Наверное, можно сказать и так, — пожал плечами Кеннет.

— И вы по-прежнему утверждаете, что завещания она не составляла?

— Вы можете спросить у ее поверенных. Но я убежден в том, что не оставляла. Как я уже говорил вам, Арлена считала, что это принесет несчастье.

Последовало молчание, после чего Маршалл добавил:

— Что-нибудь еще?

Уэстон покачал головой:

— Не думаю. Колгейт, у вас есть вопросы? Нет?.. Капитан Маршалл, позвольте еще раз выразить вам соболезнование в связи с постигшей вас утратой.

Кеннет часто заморгал.

— О... спасибо, — дрогнувшим голосом произнес он и вышел.

Трое оставшихся в кабинете переглянулись.

"Cool customer. Not giving anything away, is he? What do you make of him, Colgate?"

The Inspector shook his head.
"It's difficult to tell. He's not the kind that shows anything. That sort makes a bad impression in the witness box, and yet it's a bit unfair on them really. Sometimes they're as cut up as anything and yet can't show it. That kind of manner made the jury bring in a verdict of Guilty against Wallace. It wasn't the evidence. They just couldn't believe that a man could lose his wife and talk and act so coolly about it."

Weston turned to Poirot.
"What do you think, Poirot?"
Hercule Poirot raised his hands. He said:
"What can one say? He is the closed box — the fastened oyster. He has chosen his role. He has heard nothing, he has seen nothing, he knows nothing!"

"We've got a choice of motives," said Colgate. "There's jealousy and there's the money motive. Of course, in a way, a husband's the obvious suspect. One naturally thinks of him first. If he knew his missus was carrying on with the other chap -"

Poirot interrupted. He said:
"I think he knew that."
"Why do you say so?"

— Непробиваемый человек, — заметил Уэстон. — Ничего нам не сказал. Колгейт, вы что о нем думаете?

Инспектор покачал головой.

— Трудно сказать. Он не из тех, кто раскрывает душу. Люди такого типа производят плохое впечатление, когда дают показания в суде, и все же это несправедливо. Бывает, они сильно переживают случившееся, но только не показывают этого. Именно такое поведение подтолкнуло присяжных в деле Уоллеса вынести вердикт «виновен». Улики тут были ни при чем. Просто присяжные не смогли поверить в то, что человек, потерявший жену, способен так спокойно и невозмутимо говорить об этом.

Уэстон повернулся к маленькому бельгийцу:

— А вы что думаете, Пуаро?

Тот поднял руки вверх.

— Что тут можно сказать? Этот человек — запертый ящик, закрытая устрица. Он выбрал для себя такое поведение: ничего не видел, ничего не слышал, ничего не знает!

— Мотивы могут быть самые разные, — сказал Колгейт. — Это может быть ревность, это может быть вопрос денег. Разумеется, в определенном смысле очевидным подозреваемым является муж. Естественно, в первую очередь думаешь о нем. Если он знал, что его благоверная гуляет с другим типом...

Пуаро не дал ему закончить свою мысль:

— Полагаю, Маршалл все знал.

— Почему вы так думаете?

"Listen, my friend. Last night I had been talking with Mrs Redfern on Sunny Ledge. I came down from there to the hotel and on my way I saw those two together — Mrs Marshall and Patrick Redfern. And a moment or two after I met Captain Marshall. His face was very stiff. It says nothing — but nothing at all! It is almost too blank, if you understand me. Oh! He knew all right."

Colgate grunted doubtfully. He said:

"Oh, well, if you think so -"
"I am sure of it! But even then, what does that tell us? What did Kenneth Marshall feel about his wife?"

Colonel Weston said: "Takes her death coolly enough."

Poirot shook his head in a dissatisfied manner. Inspector Colgate said:

"Sometimes these quiet ones are the most violent underneath, so to speak. It's all bottled up. He may have been madly fond of her — and madly jealous. But he's not the kind to show it."

Poirot said slowly: "That is possible — yes. He is a very interesting character, this Captain Marshall. I interest myself in him greatly. And in his alibi."

— А вот почему. Вчера вечером я беседовал с миссис Редферн на Солнечной террасе. Затем, возвращаясь в пансионат, я по пути увидел этих двоих вместе — миссис Маршалл и Патрика Редферна. После чего я практически сразу же наткнулся на капитана Маршалла. У него было очень натянутое лицо. Оно ничего не выражало — ну абсолютно ничего! Можно сказать, оно было чересчур бесстрастное, если вы меня понимаете. О, Маршалл все знал, это точно!

Колгейт с сомнением проворчал что-то себе под нос.

— Ну хорошо, если вы считаете...

— Я в этом уверен! Но даже если это действительно так, о чем это нам говорит? Какие чувства испытывал капитан Маршалл к своей жене?

— К ее смерти он отнесся весьма прохладно, — заметил полковник Уэстон.

Пуаро расстроенно покачал головой.

— Порой вот такие тихони на поверку и оказываются самыми горячими натурами, — сказал инспектор Колгейт. — Все его чувства наглухо закупорены. Вполне возможно, Маршалл безумно любил свою жену — и безумно ее ревновал. Но он не из тех, кто это показывает.

— Да, вполне возможно, — медленно произнес Пуаро. — Он очень любопытная личность, этот капитан Маршалл. Меня он весьма интересует. Как и его алиби.

"Alibi by typewriter," said Weston with a short bark of a laugh. "What have you got to say about that, Colgate?"

Inspector Colgate screwed up his eyes. He said:

"Well, you know, sir, I rather fancy that alibi. It's not too good, if you know what I mean. It's — well, it's natural. And if we find the chambermaid was about, and did hear the typewriter going, well then, it seems to me that it's all right and that we'll have to look elsewhere."

"H'm," said Colonel Weston. "Where are you going to look?"

For a minute or two the three men pondered the question. Inspector Colgate spoke first. He said:

"It boils down to this — was it an outsider, or a guest at the hotel? I'm not eliminating the servants entirely, mind, but I don't expect for a minute that we'll find any of them had a hand in it. No, it's a hotel guest, or it's someone from right outside. We've got to look at it this way. First of all — motive. There's gain. The only person to gain by her death was the lady's husband it seems. What other motives are there? First and foremost — jealousy. It seems to me — just looking at it — that if ever you've got a crime passionnel (he bowed to Poirot) this is one."

Poirot murmured as he looked up at the ceiling: "There are so many passions."

— Алиби, подтвержденное пишущей машинкой, — усмехнулся Уэстон. — Что вы можете на это сказать, Колгейт?

Инспектор потер глаза.

— Ну, знаете, сэр, мне это алиби нравится. Оно не слишком уж хорошее, если вы понимаете, что я хочу сказать. Оно... ну, оно естественное. И если выяснится, что горничная находилась поблизости, что она слышала стук машинки, тогда, по-моему, всё в порядке и нужно искать где-нибудь в другом месте.

— Гм, — произнес полковник Уэстон, — и где же вы собираетесь искать?

Минуту-другую собравшиеся в кабинете обдумывали этот вопрос. Первым нарушил молчание инспектор Колгейт:

— Все сводится к следующему: кто это сделал — кто-то посторонний или один из отдыхающих в пансионате? Поймите меня правильно, я не сбрасываю со счетов прислугу и все же не могу поверить в то, что кто-либо из них причастен к убийству. Нет, это дело рук отдыхающих или кого-то совершенно постороннего. Нужно рассматривать все именно в таком ключе. Первый вопрос — мотив. Есть финансовая выгода. Похоже, единственный, кто выигрывает от смерти Арлены Маршалл, это ее супруг. Какие еще есть мотивы? Первый и главный — ревность. Лично мне кажется, что налицо самое что ни на есть типичное crime passionel. — Он поклонился в сторону Пуаро.

— Страсть бывает самой разной, — уставившись в потолок, пробормотал тот.

Inspector Colgate went on: "Her husband wouldn't allow that she had any enemies — real enemies, that is, but I don't believe for a minute that that's so! I should say that a lady like her would — well, would make some pretty bad enemies — eh, sir, what do you say?"

Poirot responded. He said: "Mais oui, that is so. Arlena Marshall would make enemies. But in my opinion, the enemy theory is not tenable, for you see, Inspector, Arlena Marshall's enemies would, I think, as I said just now, always be women."

Colonel Weston grunted and said: "Something in that. It's the women who've got their knife into her here all right."

Poirot went on: "It seems to be hardly possible that the crime was committed by a woman. What does the medical evidence say?"

Weston grunted again. He said: "Neasdon's pretty confident that she was strangled by a man. Big hands — powerful grip. It's just possible, of course, that an unusually athletic woman might have done it — but it's damned unlikely."

Poirot nodded.

"Exactly. Arsenic in a cup of tea — a box of poisoned chocolates — a knife — even a pistol — but strangulation — no! It is a man we have to look for. And immediately," he went on, "it becomes more difficult. There are two people here in this hotel who have a motive for wishing Arlena Marshall out of the way — but both of them are women."

— Муж категорически заявил, что врагов у нее не было, — продолжал Колгейт. — Имеется в виду, настоящих врагов, но я ни капельки в это не верю! На мой взгляд, у такой женщины непременно должны были быть враги — заклятые враги. Что вы хотите сказать, сэр?

— Mais oui, — вмешался Пуаро. — Арлена Маршалл наверняка нажила себе немало врагов. И все же, на мой взгляд, теория о врагах не выдерживает никакой критики, поскольку, инспектор, на мой взгляд, все враги Арлены Маршалл, как я уже говорил, — женщины.

— В этом что-то есть, — согласился полковник Уэстон. — У здешних женщин имелись причины вонзить в нее нож.

— С другой стороны, — продолжал Пуаро, — едва ли возможно, что преступление осуществила женщина. Что говорит медицинский осмотр?

— Нисден практически стопроцентно убежден в том, что Арлену Маршалл задушил мужчина, — проворчал Уэстон. — Большие руки, мощная хватка. Конечно, не исключено, что это сделала необычайно сильная женщина, но все-таки это крайне маловероятно, черт побери.

Пуаро кивнул.

— Вот именно. Мышьяк в чашке чая, коробка отравленного шоколада, нож, даже пистолет; но задушить — нет! Мы должны искать мужчину. И тут сразу же, — продолжал он, — все становится гораздо сложнее. В этом пансионате у двух людей имелся сильный мотив устранить Арлену Маршалл — но в обоих случаях речь идет о женщинах.

Colonel Weston asked: "Redfern's wife is one of them, I suppose?"

"Yes. Mrs Redfern might have made up her mind to kill Arlena Stuart. She had, let us say, ample cause. I think, too, that it would be possible for Mrs Redfern to commit a murder. But not this kind of murder. For all her unhappiness and jealousy, she is not, I should say, a woman of strong passions. In love, she would be devoted and loyal — not passionate. As I said just now — arsenic in the teacup — possibly — strangulation, no. I am sure, also, that she is physically incapable of committing this crime and her hands and feet are small below the average."

Weston nodded.

He said: "This isn't a woman's crime. No, a man did this."

Inspector Colgate coughed.

"Let me put forward a solution, sir. Say that prior to meeting this Mr Redfern the lady had had another affair with some one — call him X. She turns down X for Mr Redfern. X is mad with rage and jealousy. He follows her down here, stays somewhere in the neighborhood, comes over to the island and does her in. It's a possibility!"

Weston said: "It's possible, all right. And if it's true, it ought to be easy to prove. Did he come on foot or in a boat? The latter seems more likely. If so, he must have hired a boat somewhere. You'd better make

— Насколько я понимаю, одна из них жена Редферна, так? — спросил полковник Уэстон.

— Да. У миссис Редферн могло возникнуть желание убить Арлену Стюарт. Скажем прямо, на то у нее были достаточные основания. И еще я думаю, что миссис Редферн способна совершить убийство. Но не такое убийство. Несмотря на страдания и ревность, она, я бы сказал, не подвержена сильной страсти. В любви она преданная и верная — но не страстная. Как я только что говорил, возможно, подсыпать мышьяк в чай, но только не задушить. К тому же я убежден в том, что миссис Редферн физически не способна совершить это преступление, у нее слишком маленькие и слабые руки и ноги.

Уэстон кивнул.

— Это преступление совершила не женщина, — согласился он. — Нет, это дело рук мужчины.

Инспектор Колгейт кашлянул.

— Позвольте предложить возможное решение, сэр. Скажем, до знакомства с этим мистером Редферном наша дама крутила роман с другим мужчиной — назовем его Икс. Она дает Иксу от ворот поворот ради мистера Редферна. Икс без ума от ревности и ярости. Он следует за ней сюда, держится где-то поблизости, пробирается на остров и расправляется с ней. Такое возможно!

— Да, такое возможно, — сказал Уэстон. — И если все произошло именно так, доказать это будет нетрудно. Этот Икс пришел на остров пешком или приплыл на лодке? По-моему, второе более

inquiries." He looked across at Poirot. "What do you think of Colgate's suggestion?"

Poirot said slowly: "It leaves, somehow, too much to chance. And besides — somewhere the picture is not true. I cannot, you see, imagine this man... the man who is mad with rage and jealousy."

Colgate said: "People did go potty about her, though, sir. Look at Redfern."

"Yes, yes... But all the same -"
Colgate looked at him questioningly. Poirot shook his head.
He said frowning: "Somewhere, there is something we have missed..."

Chapter 6

Colonel Weston was poring over the hotel register. He read aloud.

"Major and Mrs Cowan, Miss Pamela Cowan, Master Robert Cowan, Master Evan Cowan. Rydal's Mount, Leatherhead.

"Mr and Mrs Masterman, Mr Edward Masterman, Miss Jennifer Masterman, Mr Roy Masterman, Master Frederick Masterman. 5 Malborough Avenue, London, N.W.

"Mr and Mrs Gardener. New York.

"Mr and Mrs Redfern. Crossgates, Seldon, Princes Risborough.

вероятно. Если так, он должен был где-то достать лодку. Можно навести справки... — Он посмотрел на Пуаро: — А вы что думаете насчет предположения Колгейта?

— Слишком уж много тут зависит от случая, — задумчиво произнес тот. — К тому же что-то в этой картинке не так. Понимаете, я не могу представить себе мужчину... обезумевшего от ярости и ревности.

— Сэр, но ведь мужчины действительно теряли голову из-за этой женщины, — сказал Колгейт. — Взгляните на Редферна.

— Да, да... Но все-таки...

Колгейт вопросительно посмотрел на него. Пуаро покачал головой.

— Есть в этом деле что-то, что мы упускаем... — нахмурившись, произнес он.

Глава 6

Полковник Уэстон изучал список отдыхающих. Он зачитал вслух:

Майор и миссис Коуэн, мисс Памела Коуэн, мастер Роберт Коуэн, мастер Ивен Коуэн. Место жительства: Райделс-Маунт, Лезерхэд.

Мистер и миссис Мастерман, мистер Эдвард Мастерман, мисс Дженнифер Мастерман, мастер Фредерик Мастерман. Место жительства: Лондон, СЗ, Мальборо-авеню, 5.

Мистер и миссис Гарднер. Место жительства: Нью-Йорк.

Мистер и миссис Редферн. Место жительства: Кроссгейтс, Селдон, Принсес-Рисборо.

"Major Barry. 18 Cardon Street, St James, London, S.W.1.

"Mr Horace Blatt. 5 Pickersgill Street, London, E.C.2.

"Mr Hercule Poirot. Whitehaven Mansions, London, W.1.

"Miss Rosamund Darnley. 8 Cardigan Court, W.1.

"Miss Emily Brewster. Southgates, Sunbury-on-Thames.

"Rev. Stephen Lane. London.

"Captain and Mrs Marshall. 73 Upscott Mansions.

"Miss Linda Marshall. London, S.W.7."

He stopped. Inspector Colgate said:
"I think, sir, that we can wash out the first two entries. Mrs Castle tells me that the Mastermans and the Cowans come here regularly every summer with their children. This morning they went off on an all-day excursion sailing, taking lunch with them. They left just after nine o'clock. A man called Andrew Baston took them. We can check up for him, but I think we can put them right out of it."

Weston nodded.
"I agree. Let's eliminate every one we can. Can you give us a pointer on any of the rest of them, Poirot?"

Майор Барри. Место жительства: Лондон, Ю-З-1, Сент-Джеймс, Кардон-стрит, 18.

Мистер Хорас Блатт. Место жительства: Лондон, В-Ц-2, Пикерсгилл-стрит, 5.

Месье Эркюль Пуаро. Место жительства: Лондон, З-1. Уайтхэвен-Меншнс.

Мисс Розамунд Дарнли. Место жительства: Лондон, З-1, Кардиган-Корт, 8.

Мисс Эмили Брюстер. Место жительства: Сайт-гейтс, Санберион-Темз.

Преподобный Стивен Лейн. Место жительства: Лондон.

Капитан и миссис Маршаллы. Место жительства: Апкот-Меншнс, 73.

Мисс Линда Маршалл. Место жительства: Лондон, Ю-З-7.

Он умолк. Инспектор Колгейт сказал:

— Сэр, полагаю, мы можем исключить первые два семейства. Миссис Касл объяснила, что Мастерманы и Коуэны уже несколько лет подряд отдыхают у нее вместе с детьми. Сегодня утром они отправились на целый день на морскую экскурсию, захватив с собой обед. Они отплыли вскоре после девяти часов. Их забрал человек по имени Эндрю Бастон. Можно будет проверить у него, но, думаю, этих людей нужно вычеркнуть.

Уэстон кивнул:

— Согласен. Давайте исключим всех, кого можно. Пуаро, вы можете вкратце рассказать нам про остальных?

Poirot said: "Superficially, that is easy. The Gardeners are a middle-aged married couple, pleasant, travelled. All the talking is done by the lady. The husband is acquiescent. He plays tennis and golf and has a form of dry humour that is attractive when one gets him to oneself."

"Sounds quite O.K."

"Next — the Redferns. Mr Redfern is young, attractive to women, a magnificent swimmer, a good tennis player and accomplished dancer. His wife I have already spoken of to you. She is quiet, pretty in a washed-out way. She is, I think, devoted to her husband. She has something that Arlena Marshall did not have."

"What is that?"

"Brains."

Inspector Colgate sighed.

He said: "Brains don't count for much when it comes to an infatuation, sir."

"Perhaps not. And yet I do truly believe that in spite of his infatuation for Mrs Marshall, Patrick Redfern really cares for his wife."

"That may be, sir. It wouldn't be the first time that's happened."

Poirot murmured: "That is the pity of it! It is always the thing women find it hardest to believe."

He went on:

"Major Barry, Retired Indian Army. An admirer of women. A teller of long and boring stories."

— На первый взгляд это вроде бы очень легко, — сказал Пуаро. — Гарднеры — супружеская пара средних лет, вежливые, любят путешествовать. Говорит одна только миссис Гарднер, муж лишь поддакивает. Он играет в теннис и гольф и обладает тонким юмором, почувствовать который можно, если завоевать расположение мистера Гарднера.

— Похоже, тут всё в порядке.

— Далее — Редферны. Мистер Редферн — молодой, нравится женщинам, великолепный пловец, хорошо играет в теннис, неплохо танцует. О его жене я вам уже говорил. Она тихая, миловидная, из тех, что не бросаются в глаза. На мой взгляд, она очень привязана к своему мужу. И у нее есть то, чего не было у Арлены Маршалл.

— Что именно?

— Ум.

Инспектор Колгейт вздохнул.

— Когда речь идет о безрассудной страсти, — сказал он, — ум особого значения не имеет.

— Возможно, так оно и есть. И все же я искренне убежден в том, что, несмотря на свое увлечение миссис Маршалл, Патрик Редферн любит свою жену.

— Быть может, сэр, так оно и есть. Не он первый, не он последний.

— Вот что достойно сожаления! — пробормотал Пуаро. — Женщины почему-то верят в это с большим трудом.

Он продолжил:

— Майор Барри. Служил в Индии, теперь в отставке. Поклонник женщин. Любитель рассказывать длинные нудные истории.

Inspector Colgate sighed.

"You needn't go on. I've met a few, sir."

"Mr Horace Blatt. He is, apparently, a rich man. He talks a good deal — about Mr Blatt. He wants to be everybody's friend. It is sad. For nobody likes him very much. And there is something else. Mr Blatt last night asked me a good many questions. Mr Blatt was uneasy. Yes, there is something not quite right about Mr Blatt."

He paused and went on with a change of voice:

"Next comes Miss Rosamund Darnley. Her business name is Rose Mond, Ltd. She is a celebrated dressmaker. What can I say of her? She has brains and charm and chic. She is very pleasing to look at." He paused and added: "And she is a very old friend of Captain Marshall's."

Weston sat up in his chair.

"Oh, she is, is she?"

"Yes. They had not met for some years."

Weston asked: "Did she know he was going to be down here?"

"She says not."

Poirot paused and then went on:

"Who comes next? Miss Brewster. I find her just a little alarming." He shook his head. "She has a voice like a man's. She is gruff and what you call hearty. She rows boats and has a handicap of four at golf." He paused. "I think, though, that she has a good heart."

Инспектор Колгейт вздохнул.

— Можете не продолжать, сэр. Мне довелось встречать таких.

— Мистер Хорас Блатт. Он, судя по всему, человек богатый. Говорит много — о мистере Блатте. Хочет быть другом всем и каждому. Это печально, ибо никто его особо не жалует. И есть кое-что еще. Вчера вечером мистер Блатт задал мне множество вопросов. Он был чем-то встревожен. Да, определенно, мистера Блатта что-то беспокоило.

Помолчав, Пуаро продолжал уже другим тоном:

— Далее идет мисс Розамунд Дарнли. В деловом мире она известна как фирма «Роз монд». Мисс Дарнли — знаменитый модельер. Что я могу о ней сказать? У нее есть ум, есть обаяние, есть шик. Она очень привлекательна. — Он помолчал, затем добавил: — И еще она очень давняя знакомая капитана Маршалла.

Уэстон выпрямился.

— О, вот как?

— Да. Они не встречались много лет.

— Мисс Дарнли знала, что Маршалл будет здесь? — спросил Уэстон.

— Она говорит, что нет.

Сделав паузу, Пуаро продолжал:

— Кто у нас следующий? Мисс Брюстер. Этой женщины я несколько побаиваюсь. — Он покачал головой. — У нее мужской голос. Она грубоватая. Таких называют «мужчина в юбке». Мисс Брюстер занимается греблей, а своим партнерам по гольфу дает фору в четыре лунки. — Он помолчал. — И все же мне кажется, что у нее доброе сердце.

Weston said: "That leaves only the Reverend Stephen Lane. Who's the Reverend Stephen Lane?"

"I can only tell you one thing. He is a man who is in a condition of great nervous tension. Also he is, I think, a fanatic."

Inspector Colgate said: "Oh, that kind of person."

Weston said: "And that's the lot!" He looked at Poirot. "You seem very lost in thought, my friend."

Poirot said: "Yes. Because, you see, when Mrs Marshall went off this morning and asked me not to tell any one I had seen her, I jumped at once in my own mind to a certain conclusion. I thought that her friendship with Patrick Redfern had made trouble between her and her husband. I thought that she was going to meet Patrick Redfern somewhere and that she did not want her husband to know where she was."

He paused.

"But that, you see, was where I was wrong. Because, although her husband appeared almost immediately on the beach and asked if I had seen her, Patrick Redfern arrived also — and was most patently and obviously looking for her! And therefore, my friends, I am asking myself. Who was it that Arlena Marshall went off to meet?"

Inspector Colgate said: "That fits in with my idea. A man from London or somewhere."

— Остается преподобный Стивен Лейн, — сказал Уэстон. — Кто такой этот преподобный Стивен Лейн?

— Я могу сказать только одно. Это очень нервный человек. И еще он, по-моему, фанатик.

— Еще один известный тип людей, — заметил инспектор Колгейт.

— И это всё, — подытожил Уэстон. Он вопросительно посмотрел на Пуаро: — Друг мой, похоже, вы чем-то озабочены?

— Да, — подтвердил детектив. — Видите ли, когда сегодня утром миссис Маршалл куда-то отправилась и попросила меня никому не говорить о том, что я ее видел, я поторопился сделать определенное заключение. Я решил, что дружба с Патриком Редферном вызвала напряженность в ее отношениях с мужем. Я предположил, что она собирается встретиться с мистером Редферном в каком-то укромном месте и не хочет, чтобы муж знал, где она.

Он помолчал.

— Но, как вы сами понимаете, тут я ошибся. Потому что, хотя муж практически сразу же появился на пляже и спросил, не видел ли я ее, Патрик Редферн также спустился на пляж — и сидел там, терпеливо поджидая ее! Следовательно, друзья мои, я спрашиваю себя: «Кто тот человек, с кем собиралась встретиться Арлена Маршалл?»

— Это подтверждает мою теорию, — сказал инспектор Колгейт. — Мужчина из Лондона или откуда-то еще.

Hercule Poirot shook his head.

He said: "But, my friend, according to your theory, Arlena Marshall had broken with this mythical man. Why, then, should she take such trouble and pains to meet him?"

Inspector Colgate shook his head.

He said: "Who do you think it was?"

"That is just what I cannot imagine. We have just read through the list of hotel guests. They are all middle-aged — dull. Which of them would Arlena Marshall prefer to Patrick Redfern? No, that is impossible. And yet, all the same, she did go to meet someone — and that someone was not Patrick Redfern."

Weston murmured: "You don't think she just went off by herself?"

Poirot shook his head.

"Mon cher," he said. "It is very evident that you never met the dead woman. Somebody once wrote a learned treatise on the difference that solitary confinement would mean to Beau Brummell or a man like Newton. Arlena Marshall, my dear friend, would practically not exist in solitude. She only lived in the light of a man's admiration. No, Arlena Marshall went to meet some one this morning. Who was it?"

Colonel Weston sighed, shook his head and said:

"Well, we can go into theories later. Got to get through these interviews now. Got to get it down in

Пуаро покачал головой.

— Но, друг мой, — сказал он, — согласно вашей теории, Арлена Маршалл порвала с этим мифическим мужчиной. В таком случае почему она приложила столько усилий, чтобы с ним встретиться?

Инспектор Колгейт покачал головой.

— Ну, а вы как думаете, кто это был? — спросил он.

— Вот как раз у меня нет никаких мыслей на этот счет. Мы только что изучили список отдыхающих. Все уже в годах — скучные. Кого из них Арлена Маршалл предпочла бы Патрику Редферну? Нет, это невозможно. Но в то же время она действительно отправилась на встречу с кем-то — и этим «кем-то» был не Патрик Редферн.

— Вы не думаете, что она просто хотела побыть одна? — пробормотал Уэстон.

Пуаро покачал головой.

— Mon cher, — сказал он, — не вызывает сомнений, что вы ни разу не встречались с убитой женщиной. Какой-то ученый написал работу о том, насколько различно сказалось бы одиночное заключение на Красавчике Браммеле и на таком человеке, как Ньютон. Арлена Маршалл, дорогой мой друг, практически не могла существовать в одиночестве. Она могла жить только в окружении восхищенных мужчин... Нет, сегодня утром Арлена Маршалл отправилась на встречу с кем-то. Но кто это был?

Вздохнув, полковник Уэстон покачал головой.

— Что ж, к теориям мы сможем вернуться потом. А сейчас нужно закончить опрос свидетелей.

black and white where everyone was. I suppose we'd better see the Marshall girl now. She might be able to tell us something useful."

Linda Marshall came into the room clumsily, knocking against the doorpost. She was breathing quickly and the pupils of her eyes were dilated. She looked like a startled young colt. Colonel Weston felt a kindly impulse towards her.

He thought: "Poor kid — she's nothing but a kid after all. This must have been a pretty bad shock to her."

He drew up a chair and said in a reassuring voice:

"Sorry to put you through this. Miss — Linda, isn't it?"

"Yes, Linda."

Her voice had that indrawn breathy quality that is often characteristic of schoolgirls, Her hands rested helplessly on the table in front of him — pathetic hands, big and red, with large bones and long wrists.

Weston thought: "A kid oughtn't to be mixed up in this sort of thing."

He said reassuringly: "There's nothing very alarming about all this. We just want you to tell us anything you know that might be useful, that's all."

Linda said: "You mean — about Arlena?"

"Yes. Did you see her this morning at all?"

The girl shook her head.

"No. Arlena always gets down rather late. She has breakfast in bed."

Hercule Poirot said: "And you, Mademoiselle?"

Четко и ясно установить, где кто находился. Думаю, нам надо встретиться с дочерью Маршалла. Возможно, она сообщит что-то полезное.

Линда Маршалл неуклюже прошла в кабинет, наткнувшись на дверной косяк. Она учащенно дышала, зрачки у нее были расширены. Девушка была похожа на перепуганного жеребенка. Полковник Уэстон тотчас же проникся к ней сочувствием.

«Бедный ребенок — а она всего лишь ребенок! — подумал он. — Должно быть, ужасное происшествие явилось для нее сильным потрясением».

Пододвинув стул, он ласково произнес:

— Сожалею о том, что приходится подвергать вас всему этому, мисс... Линда, не так ли?

— Да, Линда.

Голос у нее был глухой, с придыханием, как это нередко бывает у школьниц. Девушка беспомощно положила на стол руки — некрасивые, большие и красные, с длинными пальцами.

«Ребенка нельзя втягивать в такие вещи», — подумал Уэстон.

— Ничего страшного не будет, — постарался он успокоить Линду. — Мы просто хотим, чтобы вы рассказали нам все, что вам известно, только и всего.

— Вы имеете в виду... про Арлену? — спросила Линда.

— Да. Вы видели ее сегодня утром?

Девушка покачала головой:

— Нет. Арлена всегда встает поздно. Она завтракает в постели.

— Ну, а вы, мадемуазель? — спросил Пуаро.

"Oh, I get up. Breakfast in bed's so stuffy."

Weston said: "Will you tell us just what you did this morning?"

"Well, I had a bathe first and then breakfast and then I went with Mrs Redfern to Gull Cove."

Weston said: "What time did you and Mrs Redfern start?"

"She said she'd be waiting for me in the hall at half past ten. I was afraid I was going to be late, but it was all right. We started off at about three minutes to the half hour."

Poirot said: "And what did you do at Gull Cove?"

"Oh, I oiled myself and sunbathed and Mrs Redfern sketched. Then, later, I went into the sea and Christine went back to the hotel to get changed for tennis."

Weston said, keeping his voice quite casual: "Do you remember what time that was?"

"When Mrs Redfern went back to the hotel? Quarter to twelve."

"Sure of that time — quarter to twelve?"

Linda, opening her eyes wide, said:
"Oh, yes. I locked at my watch."
"The watch you have on now?"
Linda glanced down at her wrist.
"Yes."
Weston said: "Mind if I see?"

— О, я всегда спускаюсь вниз. Завтракать в постели так скучно!

— Вы не расскажете, чем занимались сегодня утром? — попросил Уэстон.

— Ну, сначала я искупалась, затем позавтракала, а после отправилась вместе с миссис Редферн в бухту Чаек.

— В котором часу вы с миссис Редферн вышли из пансионата?

— Она сказала, что будет ждать меня в фойе в половине одиннадцатого. Я боялась опоздать и поэтому пришла немного раньше. Мы вышли за две или три минуты до назначенного срока.

— И чем вы занимались в бухте Чаек? — спросил Пуаро.

— О, я намазалась маслом и загорала, а миссис Редферн рисовала. Затем я залезла в море, а Кристина вернулась в пансионат и переоделась для тенниса.

— Вы помните, сколько было времени? — как можно более непринужденно произнес Уэстон.

— Когда миссис Редферн отправилась обратно в пансионат? Без четверти двенадцать.

— Вы в этом уверены — точно без четверти двенадцать?

Линда широко раскрыла глаза.

— О да! Я посмотрела на часы.

— На те часы, которые сейчас на вас?

Линда бросила взгляд на запястье.

— Да.

— Ничего не имеете против, если я на них взгляну? — спросил Уэстон.

She held out her wrist. He compared the watch with his own and with the hotel clock on the wall. He said, smiling:

"Correct to a second. And after that you had a bathe?"

"Yes."

"And you got back to the hotel — when?"

"Just about one o'clock. And — and then — I heard — about Arlena..." Her voice changed.

Colonel Weston said: "Did you — er — get on with your stepmother all right?"

She looked at him for a minute without replying. Then she said:

"Oh, yes."

Poirot asked: "Did you like her, Mademoiselle?"

Linda said again: "Oh, yes." She added: "Arlena was quite kind to me."

Weston said with rather uneasy facetiousness: "Not the cruel stepmother, eh?"

Linda shook her head without smiling.

Weston said: "That's good. That's good. Sometimes, you know, there's a bit of difficulty in families — jealousy — all that. Girl and her father great pals and then she resents it a bit when he's all wrapped up in the new wife. You didn't feel like that, eh?"

Linda stared at him. She said with obvious sincerity:

"Oh, no."

Weston said: "I suppose your father was — er — very wrapped up in her?"

Линда протянула ему свою руку. Главный констебль сверил ее часы со своими и с часами на стене.

— Точны до секунды, — улыбнулся он. — Ну, а после этого вы отправились купаться?
— Да.
— И когда вы вернулись в пансионат?
— Около часа. И тогда... тогда я услышала... услышала про Арлену... — Ее голос изменился.
— Вы с мачехой... у вас были хорошие отношения? — задал новый вопрос полковник Уэстон.

Девушка с минуту молча смотрела на него. Наконец она сказала:
— Да. Да.
— Вы ее любили, мадемуазель? — спросил Пуаро.
— Да. — Помолчав, Линда добавила: — Арлена была добра ко мне.
— Она не была жестокой мачехой из сказок? — с напускным весельем сказал Уэстон.

Линда без улыбки покачала головой.
— Очень хорошо, — сказал Уэстон. — Очень хорошо. Знаете, иногда в семьях появляется напряженность — трения, ревность... Отец был лучшим другом дочери, а потом появляется другая женщина, и он все свое внимание начинает уделять ей. У вас ничего подобного не было?

Глядя ему прямо в лицо, девушка совершенно искренне сказала:
— Нет, что вы!
— Полагаю, ваш отец был... э... очень увлечен своей женой? — продолжал Уэстон.

Linda said simply: "I don't know."

Weston went on: "All sorts of difficulties, as I say, arise in families. Quarrels — rows — that sort of thing. If husband and wife get ratty with each other, that's a bit awkward for a daughter, too. Anything of that sort?"

Linda said clearly: "Do you mean, did Father and Arlena quarrel?"

"Well — yes."

Weston thought to himself: "Rotten business — questioning a child about her father. Why is one a policeman? Damn it all, it's got to be done, though."

Linda said positively: "Oh, no." She added: "Father doesn't quarrel with people. He's not like that at all."

Weston said: "Now, Miss Linda, I want you to think very carefully. Have you any idea at all who might have killed your stepmother? Is there anything you've ever heard or anything you know that could help us on that point?"

Linda was silent a minute. She seemed to be giving the question a serious unhurried consideration. She said at last:

"No, I don't know who could have wanted to kill Arlena." She added: "Except, of course, Mrs Redfern."

Weston said: "You think Mrs Redfern wanted to kill her? Why?"

Linda said: "Because her husband was in love with Arlena. But I don't think she would really want to kill

— Не знаю, — коротко ответила Линда.

— Как я уже говорил, в семьях возникают самые разные проблемы. Ссоры, непонимание... И если муж и жена начинают скандалить, дочери также приходится несладко. А как было в вашей семье?

— Вы хотите знать, ссорились ли отец и Арлена?

— Ну... да.

«Грязное это дело — расспрашивать ребенка про собственного отца, — подумал Уэстон. — Ну почему я полицейский? Черт побери, придется продолжать, это мой долг — продолжать задавать вопросы».

— Нет, что вы, — решительно заявила Линда. — Отец никогда ни с кем не ссорится, — добавила она. — Он не такой человек.

— Ну, а теперь, мисс Линда, я хочу, чтобы вы очень хорошо подумали, — сказал Уэстон. — У вас есть какие-нибудь мысли насчет того, кто мог убить вашу мачеху? Вы не слышали, не знаете ничего такого, что могло бы нам помочь?

Линда помолчала, судя по всему, серьезно, не спеша обдумывая этот вопрос. Наконец она сказала:

— Нет, я не знаю, кто мог бы хотеть убить Арлену. — Помолчав, она добавила: — Конечно, кроме миссис Редферн.

— Вы полагаете, миссис Редферн хотела ее убить? — спросил Уэстон. — Почему?

— Потому что ее муж влюбился в Арлену. И все же я не думаю, что она действительно хотела ее

her. I mean she'd just feel that she wished she was dead — and that isn't the same thing at all, is it?"

Poirot said gently: "No, it is not at all the same."

Linda nodded. A queer sort of spasm passed across her face. She said:

"And anyway, Mrs Redfern could never do a thing like that — kill anybody. She isn't — she isn't violent, if you know what I mean."

Weston and Poirot nodded. The latter said:

"I know exactly what you mean, my child, and I agree with you. Mrs Redfern is not of those who, as your saying goes, 'sees red.' She would not be -" He leaned back half closing his eyes, picking his words with care — "shaken by a storm of feeling — seeing life narrowing in front of her — seeing a hated face — a hated white neck — feeling her hands clench — longing to feel them press into flesh -"

He stopped.

Linda moved jerkily back from the table.

She said in a trembling voice: "Can I go now? Is that all?"

Colonel Weston said: "Yes, yes, that's all. Thank you. Miss Linda."

He got up to open the door for her. Then came back to the table and lit a cigarette.

"Phew," he said. "Not a nice job, ours. I can tell you I felt a bit of a cad questioning that child about

убить. Я хочу сказать, ей просто хотелось ее смерти — а это ведь не одно и то же, правда?

— Да, это не одно и то же, — мягко подтвердил Пуаро.

Линда кивнула, напрягшись, и произнесла:

— И в любом случае миссис Редферн никогда не сделает ничего подобного — никого не убьет. Она... она не жестокая, если вы понимаете, что я хочу сказать.

Уэстон и Пуаро кивнули.

— Я прекрасно понимаю, что вы хотите сказать, дитя мое, — сказал бельгиец, — и я с вами согласен. Миссис Редферн не из тех, кто, как у вас говорится, «впадает в ярость». Ее... — Откинувшись назад, он полуприкрыл глаза, старательно подбирая слова: — Ее не захлестнет буря эмоций... когда весь мир перевернется... перед глазами встанет ненавистное лицо... ненавистная белая шея... и так захочется ее стиснуть... ощутить под пальцами живую плоть...

Он умолк.

Линда отпрянула от стола.

— Я могу идти? — дрожащим голосом спросила она. — Это всё?

— Да, да, это всё, — поспешно произнес полковник Уэстон. — Благодарю вас, мисс Линда.

Он встал и открыл перед ней дверь. Затем вернулся за стол и, закурив, пробормотал:

— Фу! Незавидная у нас работа. Признаюсь, я чувствовал себя подонком, расспрашивая этого

the relations between her father and her stepmother. More or less inviting a daughter to put a rope around her father's neck. All the same, it had to be done. Murder is murder. And she's the person most likely to know the truth of things. I'm rather thankful, though, that she'd nothing to tell us in that line."

Poirot said: "Yes, I thought you were."

Weston said with an embarrassed cough:

"By the way, Poirot, you went a bit far, I thought, at the end. All that hands-sinking-into-flesh business! Not quite the sort of idea to put into a kid's head."

Hercule Poirot looked at him with thoughtful eyes. He said:

"So you thought I put ideas into her head?"

"Well, didn't you? Come now."

Poirot shook his head.

Weston sheered away from the point. He said: "On the whole we got very little useful stuff out of her. Except a more or less complete alibi for the Redfern woman. If they were together from half past ten to a quarter to twelve that lets Christine Redfern out of it. Exit the jealous wife suspect."

Poirot said: "There are better reasons than that for leaving Mrs Redfern out of it. It would, I am convinced, be physically impossible and mentally impossible for her to strangle any one. She is cold rather than warm blooded, capable of deep devotion and unanswering constancy, but not of hot-blooded passion

ребенка об отношениях ее отца и мачехи. По сути дела, я предлагал девочке затянуть веревку у отца на шее. И тем не менее сделать это было нужно. Речь идет об убийстве. И Линда — тот человек, кто, скорее всего, знает, как все обстояло. Если честно, я отчасти рад, что ей нечего нам рассказать.

— Да, я так и подумал, — сказал Пуаро.

Уэстон смущенно кашлянул.

— Кстати, Пуаро, мне показалось, что под конец вы зашли чересчур далеко. Весь этот разговор про руки, стискивающие шею... По-моему, незачем внушать ребенку подобные мысли.

Детектив задумчиво посмотрел на него.

— Значит, вы полагаете, я внушал подобные мысли?

— А разве не так? Признайтесь.

Пуаро молча покачал головой.

— В целом мы не узнали от нее почти ничего ценного, — переменил тему Уэстон. — Если не считать более или менее полного алиби для миссис Редферн. Если они были вместе от половины одиннадцатого до без четверти двенадцать, Кристина Редферн исключается. Ревнивая жена выходит из-под подозрений.

— Есть гораздо более веские основания исключить миссис Редферн, — сказал Пуаро. — Я убежден, что для нее физически и психически невозможно задушить человека. Кровь у нее скорее холодная, чем горячая; она способна на глубокую привязанность и безответное постоянство, но никак

or rage. Moreover, her hands are far too small and delicate."

Colgate said: "I agree with Mr Poirot. She's out of it. Dr Neasdon says it was a full-sized pair of hands throttled that dame."

Weston said: "Well, I suppose we'd better see the Redferns next. I expect he's recovered a bit from the shock now."

Patrick Redfern had recovered full composure by now. He looked pale and haggard and suddenly very young, but his manner was quite composed.

"You are Mr Patrick Redfern of Crossgates, Seldon, Princes Risborough?"

"Yes."

"How long had you known Mrs Marshall?"

Patrick Redfern hesitated, then said:

"Three months."

Weston went on: "Captain Marshall had told as that you and she met casually at a cocktail party. Is that right?"

"Yes, that's how it came about."

Weston said: "Captain Marshall has implied that until you both met down here you did not know each other well. Is that the truth, Mr Redfern?"

Again Patrick Redfern hesitated a minute. Then he said:

"Well — not exactly. As a matter of fact I saw a fair amount of her one way and another."

не на вспышку ярости. К тому же у нее слишком маленькие и нежные руки.

— Я согласен с месье Пуаро, — сказал Колгейт. — Миссис Редферн тут ни при чем. Как установил доктор Нисден, эту дамочку придушили порядочные ручищи.

— Что ж, полагаю, теперь нам следует поговорить с Редфернами. Надеюсь, мистер Редферн уже оправился от потрясения.

Патрик уже полностью пришел в себя. Бледный и осунувшийся, он неожиданно стал выглядеть очень молодо.

— Вы мистер Патрик Редферн, проживающий по адресу: Кроссгейтс, Селдон, Принсес-Ризборо?
— Да.
— Как давно вы были знакомы с миссис Маршалл?

Поколебавшись, Редферн сказал:
— Три месяца.
— Капитан Маршалл сообщил нам, что вы познакомились на коктейль-вечеринке, — продолжал Уэстон. — Это так?
— Да, все так и произошло.
— Капитан Маршалл дал понять, что, до тех пор пока вы не встретились здесь, вы не были близко знакомы, — сказал Уэстон. — Мистер Редферн, это действительно так?

И снова Патрик заколебался. Наконец он сказал:

— Ну... не совсем. Если честно, мы встречались довольно часто, тут и там.

"Without Captain Marshall's knowledge?"

Redfern flushed slightly. He said: "
I don't know whether he knew about it or not."

Hercule Poirot spoke. He murmured:

"And was it also without your wife's knowledge, Mr Redfern?"

"I believe I mentioned to my wife that I had met the famous Arlena Stuart."

Poirot persisted. "But she did not know how often you were seeing her?"

"Well, perhaps not."

Weston said: "Did you and Mrs Marshall arrange to meet down here?"

Redfern was silent a minute or two. Then he shrugged his shoulders.

"Oh, well," he said. "I suppose it's bound to come out now. It's no good my fencing with you. I was crazy about the woman — mad — infatuated — anything you like. She wanted me to come down here. I demurred a bit and then I agreed. I — I — well, I would have agreed to do any mortal thing she liked. She had that kind of effect on people."

Hercule Poirot murmured: "You paint a very clear picture of her. She was the eternal Circe. Just that!"

Patrick Redfern said bitterly: "She turned men into swine all right!" He went on: "I'm being frank with you, gentlemen. I'm not going to hide anything. What's the use? As I say, I was infatuated with her. Whether she cared for me or not, I don't know. She

— Без ведома капитана Маршалла?

Редферн залился краской.

— Не могу сказать, знал ли он об этом.

Заговорил Эркюль Пуаро:

— И все ваши встречи происходили также без ведома вашей жены, мистер Редферн?

— Кажется, я как-то упомянул жене, что познакомился со знаменитой Арленой Стюарт.

— Однако она не знала, как часто вы с ней встречаетесь? — настаивал Пуаро.

— Ну, наверное, не знала.

— Вы с миссис Маршалл договорились встретиться здесь? — спросил Уэстон.

Помолчав немного, Редферн пожал плечами.

— Ну хорошо, — сказал он, — наверное, теперь это уже нельзя скрывать. И мне нет смысла вас обманывать. Я был без ума от этой женщины — одержим, страстно влюблен, как вам угодно. Это она хотела, чтобы я приехал сюда. Я сначала отказывался, но затем согласился. Я... я... ну, наверное, ради нее я пошел бы на самое тяжкое преступление. Вот такое действие она производила на мужчин.

— Вы нарисовали очень точный портрет этой женщины, — пробормотал Пуаро. — Она была Цирцеей. Это верно!

— Вот именно, она превращала мужчин в рабов! — с горечью пробормотал Патрик Редферн. — Господа, буду с вами откровенен. Я не собираюсь ничего скрывать. Какой смысл? Как я уже говорил, я был страстно влюблен в нее. Как она относилась

pretended to, but I think she was one of those women who lose interest in a man once they've got him body and soul. She knew she'd got me all right. This morning, when I found her there on the beach, dead, it was as though -" he paused — "as though something had hit me straight between the eyes. I was dazed — knocked out!"

Poirot leaned forward. "And now?"

Patrick Redfern met his eyes squarely. He said:

"I've told you the truth. What I want to ask is this — how much of it has got to be made public? It's not as though it could have any bearing on her death. And if it all comes out, it's going to be pretty rough on my wife. Oh, I know," he went on quickly. "You think I haven't thought much about her up to now? Perhaps that's true. But, though I may sound the worst kind of hypocrite, the real truth is that I care for my wife — I care for her very deeply. The other -" he twitched his shoulders — "it was a madness — the kind of idiotic fool thing men do — but Christine is different. She's real. Badly as I've treated her, I've known all along, deep down, that she was the person who really counted." He paused — sighed and said rather pathetically: "I wish I could make you believe that."

Hercule Poirot leant forward. He said: "But I do believe it. Yes, yes, I do believe it!"

Patrick Redfern looked at him gratefully. He said: "Thank you."

Colonel Weston cleared his throat. He said:

ко мне, я не знаю. Притворялась, будто любит меня, но, думаю, она была из тех женщин, кто теряет интерес к мужчине, как только завоюет его. Она знала, что я принадлежу ей душой и телом. Когда я сегодня обнаружил ее на пляже, мертвую, меня словно... — Он помолчал. — Меня словно ударило меж глаз. Я был оглушен... сражен наповал!

— Ну, а сейчас? — подался вперед Пуаро.

Патрик спокойно выдержал его взгляд.

— Я сказал вам правду. Я хочу знать только одно: как много из нашего разговора будет предано огласке? По-моему, к ее смерти это не имеет никакого отношения. А если все всплывет, моей жене придется несладко. О, понимаю, — продолжал он. — Вы полагаете, что я до сих пор совсем не думал о ней? Пожалуй, действительно так. Но хотя это может показаться верхом лицемерия, я люблю свою жену — горячо люблю. Та, другая... — Он передернул плечами. — Это было безумие, бессмысленная глупость, какую порой совершают мужчины. Но Кристина — это совершенно другое дело. Тут все настоящее. Как бы плохо я с ней ни поступал, где-то в глубине души я сознавал, что в конечном счете важна только она одна. — Помолчав, Редферн вздохнул и произнес искренним тоном: — Я хочу, чтобы вы мне поверили.

— Но я вам верю, — произнес Пуаро. — Да, да, я вам верю!

Патрик с признательностью посмотрел на него.

— Спасибо.

Полковник Уэстон кашлянул.

"You may take it, Mr Redfern, that we shall not go into irrelevancies. If your infatuation for Mrs Marshall played no part in the murder, then there will be no point in dragging it into the case. But what you don't seem to realize is that that — er — intimacy — may have a very direct bearing on the murder. It might establish, you understand, a motive for the crime."

Patrick Redfern said: "Motive?"

Weston said: "Yes, Mr Redfern, motive! Captain Marshall, perhaps, was unaware of the affair. Suppose that he suddenly found out."

Redfern said: "Oh, God! You mean he got wise and — and killed her?"

The Chief Constable said rather drily: "That solution had not occurred to you?"

Redfern shook his head. He said:

"No — funny. I never thought of it. You see, Marshall's such a quiet chap. I — oh, it doesn't seem likely."

Weston asked: "What was Mrs Marshall's attitude to her husband in all this? Was she — well, uneasy — in case it should come to his ears? Or was she indifferent?"

Redfern said slowly: "She was — a bit nervous. She didn't want him to suspect anything."

"Did she seem afraid of him?"

"Afraid? No, I wouldn't say that."

Poirot murmured: "Excuse me, M. Redfern, there was not, at any time, the question of a divorce?"

— Мистер Редферн, вы можете рассчитывать на то, что мы не станем говорить ничего лишнего. Но вы, похоже, не отдаете себе отчета в том, что эта... э... близкая связь может иметь самое непосредственное отношение к убийству. Поймите, возможно, именно она породила мотив преступления.

— Мотив? — удивился Патрик.

— Да, мистер Редферн, мотив! Возможно, капитан Маршалл не догадывался о ваших отношениях. Предположим, внезапно он все узнал...

— О господи! — воскликнул Редферн. — Вы хотите сказать, он все узнал — и убил свою жену?

— Такая мысль вам в голову не приходила? — довольно сухо произнес главный констебль.

Патрик покачал головой.

— Нет, — сказал он. — Странно, но я об этом не думал. Понимаете, Маршалл такой спокойный тип... Я... о, это маловероятно.

— Каково было отношение миссис Маршалл к своему мужу? — спросил Уэстон. — Она — ну, боялась, как бы все не дошло до него? Или же ей это было безразлично?

— Она... она немного нервничала, — медленно произнес Редферн. — Ей не хотелось, чтобы муж что-либо заподозрил.

— Как вы думаете, она его боялась?

— Боялась? Нет, я бы не сказал.

— Прошу прощения, мистер Редферн, — вмешался Пуаро. — У вас никогда не возникал вопрос о разводе?

Patrick Redfern shook his head decisively.

"Oh, no, there was no question of anything like that. There was Christine, you see. And Arlena, I am sure, never thought of such a thing. She was perfectly satisfied married to Marshall. He's — well, rather a big bug in his way -" He smiled suddenly. "County — all that sort of thing, and quite well off. She never thought of me as a possible husband. No, I was just one of a succession of poor mutts — just something to pass the time with. I knew that all along, and yet, queerly enough, it didn't alter my feelings towards her..."

His voice trailed off. He sat there thinking. Weston recalled him to the needs of the moment.

"Now, Mr Redfern, had you any particular appointment with Mrs Marshall this morning?"

Patrick Redfern looked slightly puzzled. He said:

"Not a particular appointment, no. We usually met every morning on the beach. We used to paddle about on floats."

"Were you surprised not to find Mrs Marshall there this morning?"

"Yes, I was. Very surprised. I couldn't understand it at all."

"What did you think?"

"Well, I didn't know what to think. I mean, all the time I thought she would be coming."

"If she were keeping an appointment elsewhere you had no idea with whom that appointment might be?"

Патрик решительно покачал головой:

— Нет, нет, об этом не было и речи! Понимаете, у меня была Кристина. А Арлена, уверен, даже не думала об этом. Ее полностью устраивал брак с Маршаллом. Он — ну, в каком-то смысле он влиятельный человек... — Неожиданно он улыбнулся. — Граф, и к тому же материально обеспеченный. Арлена никогда не смотрела на меня как на потенциального мужа. Нет, я был лишь одним из великого множества несчастных щенков, которые нужны только для того, чтобы занять время. Я прекрасно все понимал, но, как ни странно, это никак не влияло на мои чувства к ней...

Умолкнув, он задумался. Уэстон вернул его к насущным делам:

— Итак, мистер Редферн, у вас с миссис Маршалл была какая-либо конкретная договоренность на сегодняшнее утро?

Похоже, Патрик был слегка озадачен.

— Нет, ничего конкретного, — сказал он. — Обыкновенно мы каждый день встречались утром на пляже. Плавали вместе на плоту.

— Вы были удивлены, когда сегодня утром не застали миссис Маршалл на пляже?

— Да, я был удивлен. Очень удивлен. Я не мог взять в толк, что произошло.

— И что вы подумали?

— Ну, я даже не знал, что думать. Я хочу сказать, я все время ждал, что она вот-вот появится.

— То есть, если у нее была назначена встреча с кем-то, вы понятия не имеете, кто бы это мог быть?

Patrick Redfern merely stared and shook his head.

"When you had a rendezvous with Mrs Marshall, where did you meet?"

"Well, sometimes I'd meet her in the afternoon down at Gull Cove. You see the sun is off Gull Cove in the afternoon and so there aren't usually many people there. We met there once or twice."

"Never on the other cove? Pixy Cove?"

"No. You see Pixy Cove faces west and people go round there in boats or on floats in the afternoon. We never tried to meet in the morning. It would have been too noticeable. In the afternoon people go and have a sleep or mouch around and nobody knows much where anyone else is."

Weston nodded.

Patrick Redfern went on: "After dinner, of course, on the fine nights, we used to go off for a stroll together to different parts of the island."

Hercule Poirot murmured: "Ah, yes!" and Patrick Redfern shot him an inquiring glance.

Weston said: "Then you can give us no help whatsoever as to the cause that took Mrs Marshall to Pixy Cove this morning?"

Redfern shook his head.

He said, and his voice sounded honestly bewildered: "I haven't the faintest idea! It wasn't like Arlena."

Weston said: "Had she any friends down here staying in the neighbourhood?"

"Not that I know of. Oh, I'm sure she hadn't."

Патрик Редферн молча покачал головой.

— А когда у вас бывало rendezvous с миссис Маршалл, где вы встречались?

— Ну, иногда я дожидался ее после обеда в бухте Чаек. Понимаете, во второй половине дня солнце туда не заглядывает, и там обычно никого не бывает. Мы встречались там раза два-три.

— А в другой бухте? В бухте Эльфов?

— Нет. Понимаете, бухта Эльфов обращена на запад, и во второй половине дня отдыхающие направляются туда на лодках и плотах. По утрам мы даже не пытались встречаться. Это было бы слишком заметно. А вот после обеда одни отправляются спать, другие куда-то уходят, и никто не обращает внимания на то, кто где находится.

Уэстон кивнул.

— Разумеется, — продолжал Редферн, — после ужина погожими вечерами мы отправлялись гулять в отдаленные уголки острова.

— О да! — пробормотал Пуаро, и Патрик удивленно покосился на него.

— Значит, — вздохнул Уэстон, — вы ничего не знаете, какая причина привела миссис Маршалл в бухту Эльфов сегодня утром?

Редферн покачал головой.

— Я ума не могу приложить! — сказал он, и в его голосе прозвучало искреннее смятение. — Это совсем не похоже на Арлену!

— Никто из ее друзей или знакомых не остановился где-нибудь поблизости? — спросил Уэстон.

— Я о таких не знаю. Уверен, никто.

"Now, Mr Redfern, I want you to think very carefully. You knew Mrs Marshall in London. You must be acquainted with various members of her circle. Is there any one you know of who could have had a grudge against her? Someone, for instance, whom you may have supplanted in her fancy?"

Patrick Redfern thought for some minutes. Then he shook his head.

"Honestly," he said. "I can't think of any one."

Colonel Weston drummed with his fingers on the table. He said at last:

"Well, that's that. We seem to be left with three possibilities. That of an unknown killer — some monomaniac — who happened to be in the neighbourhood — and that's a pretty tall order -"

Redfern said, interrupting: "And yet surely, it's by far the most likely explanation."

Weston shook his head:

"This isn't one of the 'lonely copse' murders. This cove place was pretty inaccessible. Either the man would have to come up from the causeway past the hotel, over the top of the island and down by that ladder contraption, or else he came there by boat. Either way is unlikely for a casual killing."

Patrick Redfern said: "You said there were three possibilities."

"Um — yes," said the Chief Constable. "That's to say, there were two people on this island who had

— А теперь, мистер Редферн, я хочу, чтобы вы подумали очень внимательно. Вы встречались с миссис Маршалл в Лондоне. Наверняка вы знакомы с кем-то из ее окружения. Как по-вашему, нет ли кого-либо, кто затаил бы на нее обиду? Например, тот, чье место в ее симпатиях заняли вы?

Патрик задумался. Наконец он покачал головой:

— Честное слово, мне в голову никто не приходит.

Полковник Уэстон забарабанил пальцами по столу.

— Что ж, пусть будет так, — наконец сказал он. — Похоже, у нас осталось всего три возможных объяснения. В окрестностях случайно оказался какой-то неизвестный убийца, маньяк, но это уж слишком притянуто...

— Однако, — перебил его Редферн, — это, несомненно, наиболее вероятное объяснение.

Уэстон покачал головой.

— Это убийство не в духе «Загадки пустынной рощи», — сказал он. — Постороннему попасть в бухту Эльфов весьма непросто. Нужно или пройти по дамбе, далее мимо пансионата, через весь остров, а потом спуститься по лестнице, — или приплыть в лодке. В любом случае это убийство едва ли было случайным.

— Вы сказали, возможных объяснений три, — напомнил Патрик.

— Мм... да, — согласился главный констебль. — В том смысле, что на острове есть два человека,

a motive for killing her. Her husband, for one, and your wife for another."

Redfern stared at him. He looked dumbfounded. He said:

"My wife? Christine? D'you mean that Christine had anything to do with this?" He got up and stood there stammering slightly in his incoherent haste to get the words out. "You're mad — quite mad — Christine? Why, it's impossible. It's laughable!"

Weston said: "All the same, Mr Redfern, jealousy is a very powerful motive. Women who are jealous lose control of themselves completely."

Redfern said earnestly: "Not Christine. She's — oh, she's not like that. She was unhappy, yes. But she's not the kind of person to — Oh, there's no violence in her."

Hercule Poirot nodded thoughtfully. Violence. The same word that Linda Marshall had used. As before, he agreed with the sentiment.

"Besides," went on Redfern confidently, "it would be absurd. Arlena was twice as strong physically as Christine. I doubt if Christine could strangle a kitten — certainly not a strong wiry creature like Arlena. And then Christine could never have got down that ladder to the beach. She has no head for that sort of thing. And — oh, the whole thing is fantastic!"

Colonel Weston scratched his ear tentatively.

у которых был мотив убить миссис Маршалл. Во-первых, мистер Маршалл; во-вторых, ваша жена.

Ошеломленный Редферн молча уставился на него.

— Моя жена? — наконец сказал он. — Кристина? Вы хотите сказать, Кристина имеет к этому какое-то отношение? — Патрик вскочил на ноги; говорил он торопливо, слегка заикаясь. — Да вы сошли с ума... спятили... Кристина? Но это же невозможно! Это смешно!

— И тем не менее, мистер Редферн, — возразил Уэстон, — ревность является очень мощной побудительной силой. Охваченная ревностью женщина полностью теряет контроль над собой.

— Но только не Кристина! — с жаром воскликнул Патрик. — Она... о, она совсем не такая! Да, она страдала. Но она не из тех, кто... О, в ней совершенно нет жестокости!

Эркюль Пуаро задумчиво кивнул. Жестокость. То же самое слово, которое употребила Линда Маршалл. Как и тогда, он был полностью согласен с этим мнением.

— К тому же, — уверенно продолжал Редферн, — это же полный вздор! Арлена физически была вдвое сильнее Кристины. Сомневаюсь, что та сможет задушить котенка — и уж определенно не такого сильного человека, как Арлена! И еще — Кристина ни за что не спустилась бы на берег по той лестнице. Она боится высоты. И... о, все это чистая фантастика!

Полковник Уэстон задумчиво почесал ухо.

"Well," he said. "Put like that it doesn't seem likely. I grant you that. But motive's the first thing we've got to look for." He added: "Motive and opportunity."

When Redfern had left the room, the Chief Constable observed with a slight smile:

"Didn't think it necessary to tell the fellow his wife had got an alibi. Wanted to hear what he'd have to say to the idea. Shook him up a bit, didn't it?"

Hercule Poirot murmured: "The arguments he advanced were quite as strong as any alibi."

"Yes. Oh! She didn't do it! She couldn't have done it — physically impossible as you said. Marshall could have done it — but apparently he didn't."

Inspector Colgate coughed. He said: "Excuse me, sir. I've been thinking about that alibi. It's possible, you know, if he'd thought this thing out, that those letters were got ready beforehand."

Weston said: "That's a good idea. We must look into -"

He broke off as Christine Redfern entered the room. She was wearing a white tennis frock and a pale blue pullover. It accentuated her fair, rather anaemic prettiness. Yet, Hercule Poirot thought to himself, it was neither a silly face nor a weak one. It had plenty of resolution, courage and good sense. He nodded appreciatively. Colonel Weston thought:

— Что ж, — сказал он, — получается, что это действительно маловероятно. Вы меня убедили. И все же в первую очередь мы должны искать мотив. — Помолчав, он добавил: — Мотив и возможность.

После того как Редферн покинул кабинет, главный констебль заметил с легкой усмешкой:

— Я не посчитал необходимым говорить ему о том, что у его жены есть алиби. Хотел услышать, что он сам скажет на этот счет. Похоже, его хорошенько встряхнуло, вы не согласны?

— Приведенные им аргументы не хуже любого алиби, — пробормотал Пуаро.

— Да. О, она этого не делала! Просто не могла сделать — как вы верно заметили, для нее это физически невозможно. Вот Маршалл мог бы это сделать — но, судя по всему, он также ни при чем.

— Прошу прощения, сэр, — кашлянув, сказал инспектор Колгейт. — Я тут думал по поводу его алиби. Понимаете, если он продумал все наперед, вполне возможно, что письма были напечатаны заранее.

— Хорошая мысль, — согласился Уэстон. — Нам нужно проверить...

Он осекся, поскольку в кабинет вошла Кристина Редферн. Как всегда, она была спокойной и педантичной. На ней были белый костюм для тенниса, а поверх него — бледно-голубой свитер. Этот цвет подчеркивал ее светлую, буквально прозрачную кожу. Однако, мысленно отметил Эркюль Пуаро, лицо ее не было ни глупым, ни слабым. Напротив, оно было решительным и умным. Детектив одобрительно кивнул.

"Nice little woman. Bit wishy-washy, perhaps. A lot too good for that philandering young ass of a husband of hers. Oh, well, the boy's young. Women usually make a fool of you once!"

He said:
"Sit down, Mrs Redfern. We've got to go through a certain amount of routine, you see. Asking everybody for an account of their movements this morning. Just for our records."

Christine Redfern nodded.

She said in her quiet precise voice: "Oh, yes, I quite understand. Where do you want me to begin?"

Hercule Poirot said: "As early as possible, Madame. What did you do when you first got up this morning?"

Christine said: "Let me see. On my way down to breakfast I went into Linda Marshall's room and fixed up with her to go to Gull Cove this morning. We agreed to meet in the lounge at half past ten."

Poirot asked: "You did not bathe before breakfast, Madame?"

"No. I very seldom do." She smiled. "I like the sea well warmed before I get into it. I'm rather a chilly person."

"But your husband bathes then?"

"Oh, yes. Nearly always."

"And Mrs Marshall, she also?"

A change came over Christine's voice. It became cold and almost acrid. She said:

«Маленькая бедняжка, — подумал полковник Уэстон. — Очень милая. Пожалуй, несколько невыразительная. И она слишком хороша для своего безмозглого гуляки-мужа... Ну да ладно, мальчишка еще совсем молод. Все мы совершаем из-за женщин глупости».

Вслух он сказал:

— Садитесь, миссис Редферн. Сами понимаете, мы должны выполнить заведенный порядок. Попросить всех описать свои действия сегодня утром. Исключительно для протокола.

Кристина кивнула.

— Да, да, я вас прекрасно понимаю, — ровным тоном тихо произнесла она. — С чего мне начать?

— Постарайтесь начать с начала, — сказал Пуаро. — Что вы сделали после того, как проснулись?

— Дайте-ка вспомнить, — сказала Кристина. — Спускаясь на завтрак, я заглянула в номер к Линде Маршалл и договорилась пойти в бухту Эльфов. Мы условились встретиться в фойе в половине одиннадцатого.

— Вы не купались перед завтраком, мадам? — спросил Пуаро.

— Нет. Я крайне редко так поступаю. — Она улыбнулась. — Мне нравится, чтобы море успело прогреться. Я довольно часто мерзну.

— Но ваш муж купается рано утром?

— О да. Практически ежедневно.

— Ну, а миссис Маршалл, она тоже купалась по утрам?

Голос Кристины изменился. Он стал холодным и резким.

"Oh, no, Mrs Marshall was the sort of person who never made an appearance before the middle of the morning."

With an air of confusion, Hercule Poirot said: "Pardon, Madame, I interrupted you. You were saying that you went to Miss Linda Marshall's room. What time was that?"

"Let me see — half past eight — no, a little later."

"And was Miss Marshall up then?"

"Oh, yes, she had been out."

"Out?"

"Yes, she said she'd been bathing."

There was a faint — a very faint note of embarrassment in Christine's voice. It puzzled Hercule Poirot.

Weston said: "And then?"

"Then I went down to breakfast."

"And after breakfast?"

"I went upstairs, collected my sketching box and sketching book, and we started out."

"You and Miss Linda Marshall?"

"Yes."

"What time was that?"

"I think it was just on half past ten."

"And what did you do?"

"We went to Gull Cove. You know, the cove on the east side of the island. We settled ourselves there. I did a sketch and Linda sunbathed."

"What time did you leave the cove?"

"At a quarter to twelve. I was playing tennis at twelve and had to change."

— О нет, — сказала она. — Миссис Маршалл была из тех, кто никогда не появляется раньше середины утра.

— Прошу прощения, мадам, — смущенно промолвил Пуаро. — Я вас прервал. Вы говорили, что зашли к мисс Линде Маршалл. В котором часу это было?

— Дайте-ка вспомнить... в половине девятого... нет, чуть позже.

— И мисс Маршалл уже встала?

— Да, ее не было в номере.

— Не было?

— Да, она сказала, что купалась.

В голосе Кристины прозвучало слабое, очень слабое смущение. Это озадачило Пуаро.

— Ну, а потом? — спросил Уэстон.

— Затем я отправилась на завтрак.

— А после завтрака?

— Поднялась к себе, собрала альбом и краски, и мы тронулись в путь.

— Вы и мисс Линда Маршалл?

— Да.

— В котором часу это было?

— Кажется, ровно в половине одиннадцатого.

— И что вы делали дальше?

— Мы пришли в бухту Эльфов. Знаете, это бухта на восточной оконечности острова. Там мы и устроились. Я рисовала, а Линда загорала.

— Когда вы покинули бухту?

— Без четверти двенадцать. В двенадцать у меня был теннис, и я должна была переодеться.

"You had your watch with you?"

"No, as a matter of fact I hadn't. I asked Linda the time."

"I see. And then?"

"I packed up my sketching things and went back to the hotel."

Poirot said: "And Mademoiselle Linda?"

"Linda? Oh, Linda went into the sea."

Poirot said: "Were you far from the sea where you were sitting?"

"Well, we were well above high-water mark. Just under the cliff — so that I could be a little in the shade and Linda the sun."

Poirot said: "Did Linda Marshall actually enter the sea before you left the beach?"

Christine frowned a little in the effort to remember. She said:

"Let me see. She ran down the beach — I fastened my box — Yes, I heard her splashing in the waves as I was on the path up the cliff."

"You are quite sure of that, Madame? That she really entered the sea?"

"Oh, yes." She stared at him in surprise.

Colonel Weston also stared at him. Then he said:

"Go on, Mrs Redfern."

"I went back to the hotel, changed, and went to the tennis courts where I met the others."

"Who were?"

— Часы у вас были с собой?
— Вообще-то нет. Я спросила время у Линды.

— Ясно. А затем?
— Я собрала принадлежности для рисования и вернулась в пансионат.
— Ну, а мадемуазель Линда? — спросил Пуаро.
— Линда? О, она пошла купаться.
— Вы сидели далеко от моря?

— Мы расположились значительно выше верхней точки прилива. Под самой скалой — чтобы я могла оставаться в тени, а Линда жарилась на солнце.
— Линда Маршалл успела войти в воду до того, как вы покинули пляж? — уточнил Пуаро.
Кристина наморщила лоб, стараясь вспомнить.

— Так, дайте-ка сообразить. Она сбежала к воде... я закрыла ящик... Да, поднимаясь по тропе на скалу, я слышала, как Линда плещется в волнах.
— Мадам, вы в этом уверены? В том, что мадемуазель Линда действительно вошла в воду?
— Да, уверена. — Кристина удивленно уставилась на бельгийца.
Полковник Уэстон также посмотрел на него. Затем он сказал:
— Продолжайте, миссис Редферн.
— Я вернулась в пансионат, переоделась и отправилась на теннисный корт, где встретилась с остальными.
— С кем именно?

"Captain Marshall, Mr Gardener and Miss Darnley. We played two sets. We were just going in again when the news came about — about Mrs Marshall."

Hercule Poirot leant forward.
He said: "And what did you think, Madame, when you heard that news?"
"What did I think?"
Her face showed a faint distaste for the question.

"Yes."
Christine Redfern said slowly: "It was — a horrible thing to happen."
"Ah, yes, your fastidiousness was revolted. I understand that. But what did it mean to you — personally?"
She gave him a quick look — a look of appeal. He responded to it. He said in a matter-of-fact voice:
"I am appealing to you, Madame, as a woman of intelligence with plenty of good sense and judgment. You had doubtless during your stay here formed an opinion of Mrs Marshall, of the kind of woman she was?"
Christine said cautiously: "I suppose one always does that more or less when one is staying in hotels."
"Certainly, it is the natural thing to do. So I ask you, Madame, were you really very surprised at the manner of her death?"
Christine said slowly: "I think I see what you mean. No, I was not, perhaps, surprised. Shocked, yes. But she was the kind of woman -"

— Это были капитан Маршалл, мистер Гарднер и мисс Дарнли. Мы сыграли два сета. Мы уже собирались начать еще один, когда пришло известие... о миссис Маршалл.

Пуаро подался вперед.

— И что вы подумали, мадам, узнав об этом?

— Что я подумала?

На лице у Кристины отобразилось легкое недовольство этим вопросом.

— Да.

— Это... это было ужасно, — медленно произнесла миссис Редферн.

— О да, у вас внутри все перевернулось. Я понимаю. Но что это означало лично для вас?

Кристина бросила на него быстрый взгляд — наполненный мольбой. Пуаро на него откликнулся.

— Я взываю к вам, мадам, — сухо промолвил он, — как к женщине мудрой, благоразумной и рассудительной. Несомненно, за время пребывания здесь у вас уже сложилось мнение о миссис Маршалл. Какой женщиной она была?

— Полагаю, — осторожно сказала Кристина, — на отдыхе всем свойственно оценивать своих знакомых.

— Разумеется, это совершенно естественно. Поэтому я спрашиваю у вас, мадам, были ли вы очень удивлены обстоятельствами ее смерти?

— Кажется, я понимаю, что вы имеете в виду, — медленно произнесла миссис Редферн. — Нет, пожалуй, я не была удивлена. Потрясена — да. Но миссис Маршалл была такой женщиной...

Poirot finished the sentence for her. "She was the kind of woman to whom such a thing might happen... Yes, Madame, that is the truest and most significant thing that has been said in this room this morning. Laying all — er — (he stressed it carefully) personal feeling aside, what did you really think of the late Mrs Marshall?"

Christine Redfern said calmly: "Is it really worth while going into all that now?"

"I think it might be, yes."

"Well, what shall I say?" Her fair skin was suddenly suffused with colour. The careful poise of her manner was relaxed. For a short space the natural raw woman looked out. "She's the kind of woman that to my mind is absolutely worthless! She did nothing to justify her existence. She had no mind — no brains. She thought of nothing but men and clothes and admiration. Useless, a parasite! She was attractive to men, I suppose — Oh, of course she was. And she lived for that kind of life. And so, I suppose, I wasn't really surprised at her coming to a sticky end. She was the sort of woman who would be mixed up with everything sordid — blackmail — jealousy — every kind of crude emotion. She — she appealed to the worst in people."

She stopped, panting a little. Her rather short top lip lifted itself in a kind of fastidious disgust. It occurred to Colonel Weston that you could not have found a more complete contrast to Arlena Stuart than

— Она была такой женщиной, — закончил за нее Пуаро, — с кем могло произойти именно это. Да, мадам, это самая правильная и самая существенная вещь, которая была высказана сегодня в этом кабинете. Отбросив в сторону все... э... личные, — он тщательно подчеркнул это слово, — чувства, что вы на самом деле думаете о покойной миссис Маршалл?

— Имеет ли смысл сейчас углубляться во все это? — спокойно спросила Кристина.

— Думаю, да, имеет.

— Ну, что я могу сказать? — Ее бледное лицо внезапно залилось краской. Тщательная сдержанность поведения исчезла, и на какой-то краткий миг проступила естественная, обнаженная натура. — На мой взгляд, подобные люди абсолютно бесполезны! Она не сделала ничего, чтобы оправдать свое существование. У нее не было ума — не было мозгов. Она думала только о мужчинах, о тряпках и о том, чтобы ею восторгались. Паразит, от которого нет никакого толку! Наверное, мужчинам она нравилась... о, ну конечно, она нравилась мужчинам. И она жила ради этого. Вот почему, думаю, я не очень-то удивилась, что ее постиг такой конец. Она была из тех, кто оказывается замаран самой разной грязью — шантаж, ревность, жестокость, все самые низменные чувства. Она... она пробуждала в людях самое плохое.

Миссис Редферн остановилась, учащенно дыша. Ее несколько коротковатая верхняя губа чуть приподнялась в брезгливом отвращении. Полковнику Уэстону вдруг подумалось, что трудно найти более

Christine Redfern. It also occurred to him that if you were married to Christine Redfern, the atmosphere might be so rarefied that the Arlena Stuarts of this world would hold a particular attraction for you.

And then, immediately following on these thoughts, a single word out of the words she had spoken fastened on his attention with particular intensity. He leaned forward and said:

"Mrs Redfern, why in speaking of her did you mention the word blackmail?"

Chapter 7

Christine stared at him, not seeming at once to take in what he meant.

She answered almost mechanically. "I suppose — because she was being blackmailed. She was the sort of person who would be."

Colonel Weston said earnestly: "But — do you know she was being blackmailed?"

A faint colour rose in the girl's cheeks.

She said rather awkwardly: "As a matter of fact I do happen to know it. I — I overheard something."

"Will you explain, Mrs Redfern?"
Flushing still more, Christine Redfern said:

полные противоположности, чем Арлена Стюарт и Кристина Редферн. И еще он подумал, что для мужчины, женатого на Кристине Редферн, атмосфера вокруг становится настолько разряженной, что арлены стюарт этого мира приобретают для него особую притягательность.

А затем, сразу же после этих мыслей, все его внимание полностью сосредоточилось на одном-единственном слове, сказанном Кристиной.

— Миссис Редферн, — подавшись вперед, спросил главный констебль, — почему, говоря об Арлене Маршалл, вы употребили слово «шантаж»?

Глава 7

Кристина недоуменно уставилась на него, не сразу сообразив, что он имел в виду.

— Наверное... наверное, потому, что ее шантажировали, — чисто механически ответила она. — Она была из тех, кого постоянно шантажируют.

— Вам известно, что ее шантажировали? — возбужденно спросил полковник Уэстон.

Щеки молодой женщины залились легким румянцем.

— Раз уж об этом зашла речь — да, так получилось, что мне это известно, — смущенно произнесла она. — Я... я случайно подслушала один разговор.

— Миссис Редферн, вы не объяснитесь?

Покраснев еще больше, Кристина сказала:

"I — I didn't mean to overhear. It was an accident. It was two — no, three nights ago. We were playing bridge." She turned towards Poirot. "You remember? My husband and I, M. Poirot and Miss Darnley. I was dummy. It was very stuffy in the card room, and I slipped out of the window for a breath of fresh air. I went down towards the beach and I suddenly heard voices. One — it was Arlena Marshall's — I knew it at once — said: 'It's no good pressing me. I can't get any more money now. My husband will suspect something.' And then a man's voice said: 'I'm not taking any excuses. You've got to cough up.' And then Arlena Marshall said: 'You blackmailing brute!' And the man said: 'Brute or not, you'll pay up, my lady.'" Christine paused. "I'd turned back and a minute after Arlena Marshall rushed past me. She looked — well, frightfully upset."

Weston said: "And the man? Do you know who he was?"

Christine Redfern shook her head. She said:

"He was keeping his voice low. I barely heard what he said."

"It didn't suggest the voice to you of any one you knew?"

She thought again, but once more shook her head. She said:

"No, I don't know. It was gruff and low. It — oh, it might have been anybody's."

Colonel Weston said: "Thank you, Mrs Redfern."

— Я... я не собиралась подслушивать. Все произошло совершенно случайно. Это было два — нет, три дня назад. Вечером мы играли в бридж. — Она повернулась к Пуаро: — Помните? Мы с мужем, месье Пуаро и мисс Дарнли. Я была «болваном». В комнате было очень душно, и я выскользнула на улицу, чтобы глотнуть свежего воздуха. Спускаясь к пляжу, я внезапно услышала голоса. Один — я сразу же узнала Арлену Маршалл — произнес: «Не надо на меня давить. Сейчас я не смогу достать деньги. Муж обязательно что-то заподозрит». Затем мужской голос ответил: «Я не желаю слышать никаких отговорок. Вам придется раскошелиться!» После чего Арлена сказала: «Гнусный шантажист!» А мужчина ей: «Гнусный или нет, но вам придется заплатить, моя дорогая!» — Кристина помолчала. — Я развернулась и направилась назад, и через минуту меня обогнала Арлена Маршалл. Она была ужасно расстроена.

— Ну, а мужчина? — спросил Уэстон. — Вы его узнали?

Миссис Редферн покачала головой.

— Он говорил очень тихо, — сказала она. — Я с трудом разбирала слова.

— Вам не показалось, что он похож на голос кого-либо из тех, кого вы знаете?

Подумав, она снова покачала головой.

— Нет, не могу сказать. Голос был тихий и грубый. Это... о, это мог быть кто угодно.

— Благодарю вас, миссис Редферн, — сказал полковник Уэстон.

When the door had closed behind Christine Redfern Inspector Colgate said:

"Now we are getting somewhere!"

Weston said: "You think so, eh?"

"Well, it's suggestive, sir, you can't get away from it. Somebody in this hotel was blackmailing the lady."

Poirot murmured: "But it is not the wicked blackmailer who lies dead. It is the victim."

"That's a bit of a setback, I agree," said the Inspector. "Blackmailers aren't in the habit of bumping off their victims. But what it does give us is this, it suggests a reason for Mrs Marshall's curious behaviour this morning. She'd got a rendezvous with this fellow who was blackmailing her, and she didn't want either her husband or Redfern to know about it."

"It certainly explains that point," agreed Poirot.

Inspector Colgate went on: "And think of the place chosen. The very spot for the purpose. The lady goes off on her float. That's natural enough. It's what she does every day. She goes round to Pixy Cove where no one ever goes in the morning and which will be a nice quiet place for an interview."

Poirot said: "But yes, I too was struck by that point. It is, as you say, an ideal spot for a rendezvous. It is deserted, it is only accessible from the land side by descending a vertical steel ladder which is not everybody's money, bien entendu. Moreover, most of the

Как только за Кристиной Редферн закрылась дверь, инспектор Колгейт произнес:

— Наконец-то у нас что-то появилось!

— Вы так думаете, а? — спросил Уэстон.

— Ну, сэр, это дает пищу для размышлений, тут никуда не деться. Кто-то из отдыхающих в пансионате шантажировал эту дамочку.

— Однако убит не подлый шантажист, — пробормотал Пуаро. — А его жертва.

— Да, тут небольшая неувязочка, согласен, — согласился инспектор. — Шантажистам не свойственно устранять свои жертвы. Но, по крайней мере, эта информация дает нам вот что: причину странного поведения миссис Маршалл сегодня утром. У нее была назначена встреча с шантажистом, и она не хотела, чтобы ее муж или Редферн узнали об этом.

— Определенно, это многое объясняет, — кивнул Пуаро.

— И учтите, какое место было выбрано, — продолжал инспектор Колгейт. — Самое подходящее для подобной цели. Дамочка отправляется плавать на плоту. Это совершенно естественно. Она поступает так каждый день. Завернув за скалу, она оказывается в бухте Эльфов, где по утрам никого не бывает. Это тихое укромное место как нельзя лучше подходит для разговора без посторонних.

— Ну да, — подхватил Пуаро, — меня также поразил этот момент. Как вы совершенно верно заметили, это идеальное место для rendezvous. Оно уединенное, с суши туда можно попасть, лишь спустившись по вертикальной стальной лестнице, а на

beach is invisible from above because of the overhanging cliff. And it has another advantage. Mr Redfern told me of that one day. There is a cave on it, the entrance to which is not easy to find but where any one could wait unseen."

Weston said: "Of course, the Pixy's Cave — remember hearing about it."

Inspector Colgate said: "Haven't heard it spoken of for years, though. We'd better have a look inside it. Never know, we might find a pointer of some kind."

Weston said: "Yes, you're right, Colgate, we've got the solution to part one of the puzzle. Why did Mrs Marshall go to Pixy's Cove? We want the other half of that solution, though. Who did she go there to meet? Presumably someone staying in this hotel. None of them fitted as a lover — but a blackmailer's a different proposition." He drew the register towards him. "Excluding the waiters, boots, etc., whom I don't think likely, we've got the following. The American — Gardener, Major Barry, Mr Horace Blatt, and the Reverend Stephen Lane."

Inspector Colgate said: "We can narrow it down a bit, sir. We might almost rule out the American, I think. He was on the beach all the morning. That's so, isn't it, M. Poirot?"

Poirot replied: "He was absent for a short time when he fetched a skein of wool for his wife."

это хватит духу далеко не у каждого, bien entendu. Больше того, нависающая скала скрывает почти весь берег. Есть и еще одно преимущество, на днях мне рассказал о нем мистер Редферн. В скале имеется пещера, вход в которую найти очень непросто, но там можно укрыться.

— Ну конечно — пещера Эльфов, — сказал Уэстон. — Помнится, я о ней слышал.

— Однако о ней не вспоминали уже много лет, — заметил инспектор Колгейт. — Надо будет туда заглянуть. Как знать, может быть, мы обнаружим какие-нибудь следы...

— Да, вы правы, Колгейт, — сказал Уэстон. — Мы нашли решение первой части загадки: зачем миссис Маршалл отправилась в бухту Эльфов? Но теперь нам нужна и вторая половина решения: с кем она собиралась там встретиться? Предположительно с одним из живущих в пансионате. В любовники никто из них не подходит, однако шантажист — это уже совершенно другое дело. — Он пододвинул к себе список гостей. — Если отбросить официантов и коридорных, которые, на мой взгляд, вряд ли имеют к этому отношение, у нас останутся следующие лица: американец — мистер Гарднер, майор Барри, мистер Хорас Блатт и преподобный Стивен Лейн.

— Можно еще больше сократить этот список, сэр, — добавил инспектор Колгейт. — Полагаю, практически точно можно исключить американца. Он все утро провел на пляже. Ведь так, месье Пуаро?

— Он отлучался ненадолго, когда ходил за клубком шерсти для жены.

Colgate said: "Oh, well, we needn't count that."

Weston said: "And what about the other three?"

"Major Barry went out at ten o'clock this morning. He returned at one-thirty. Mr Lane was earlier still. He breakfasted at eight. Said he was going for a tramp. Mr Blatt went off for a sail at nine-thirty same as he does most days. Neither of them is back yet?"

"A sail, eh?" Colonel Weston's voice was thoughtful.

Inspector Colgate's voice was responsive. He said: "Might fit in rather well, sir."

Weston said: "Well, we'll have a word with this Major bloke — and let me see, who else is there? Rosamund Darnley. And there's the Brewster woman who found the body with Redfern. What's she like, Colgate?"

"Oh, a sensible party, sir. No nonsense about her."

"She didn't express any opinions on the death?"

The inspector shook his head.

"I don't think she'll have anything more to tell us, sir, but we'll have to make sure. Then there are the Americans."

Colonel Weston nodded. He said:

"Let's have 'em all in and get it over as soon as possible. Never know, might learn something. About the blackmailing stunt if about nothing else."

— Ладно, это можно не учитывать, — сказал Колгейт.

— А трое остальных? — спросил Уэстон.

— Майор Барри покинул пансионат около десяти часов утра и возвратился в час тридцать. Мистер Лейн ушел еще раньше. Позавтракал в восемь, сказал, что пойдет бродить по окрестностям. Мистер Блатт отплыл на яхте в девять тридцать, как поступает практически каждый день. Ни тот, ни другой до сих пор еще не вернулись.

— На яхте, значит? — задумчиво произнес полковник Уэстон.

— Подходит как нельзя лучше, сэр, — подхватил инспектор Колгейт.

— Что ж, мы обязательно поговорим с майором. Так, посмотрим, кто у нас еще остался... Розамунд Дарнли. И еще Брюстер, которая обнаружила тело вместе с Редферном. Что она собой представляет, Колгейт?

— О, весьма рассудительная женщина, сэр. С такой шутки плохи.

— Она не высказывала никаких мыслей по поводу убийства?

Инспектор покачал головой:

— Не думаю, сэр, что она сможет что-либо добавить, но нужно убедиться наверняка. И еще остаются американцы.

Полковник Уэстон кивнул:

— Давайте поговорим со всеми и поскорее покончим с этим. Как знать, быть может, мы что-нибудь узнаем. Хотя бы насчет шантажа.

Mr and Mrs Gardener came into the presence of authority together. Mrs Gardener explained immediately.

"I hope you'll understand how it is, Colonel Weston (that is the name, I think?)." Reassured on this point she went on: "But this has been a very bad shock to me and Mr Gardener is always very, very careful of my health -"

Mr Gardener here interpolated. "Mrs Gardener," he said, "is very sensitive."

"- and he said to me, 'Why, Carrie,' he said, 'naturally I'm coming right along with you.' It's not that we haven't the highest admiration for British police methods, because we have. I've been told that British police procedure is the most refined and delicate and I've never doubted it and certainly when I once had a bracelet missing at the Savoy Hotel nothing could have been more lovely and sympathetic than the young man who came to see me about it, and of course I hadn't really lost the bracelet at all, but just mislaid it, that's the worst of rushing about so much, it makes you kind of forgetful where you put things -" Mrs Gardener paused, inhaled gently and started off again. "And what I say is, and I know Mr Gardener agrees with me, that we're only too anxious to do anything to help the British police in every way. So go right ahead and ask me anything at all you want to know -"

Colonel Weston opened his mouth to comply with this invitation but had momentarily to postpone speech while Mrs Gardener went on.

Мистер и миссис Гарднер явились к представителям власти вдвоем. Миссис Гарднер тотчас же поспешила все объяснить.

— Надеюсь, вы все поймете, полковник... Уэстон, кажется, вас так зовут? — Успокоенная на этот счет, она продолжала: — Эта история явилась для меня ужасным потрясением, а мистер Гарднер печется о моем здоровье...

— Миссис Гарднер, — вмешался ее муж, — очень впечатлительная.

— ...и он сказал мне: «Конечно же, Кэрри, я пойду с тобой». Не поймите превратно, у нас самое высокое мнение о работе британской полиции, это сущая правда. Мпе говорили, что британская полиция действует очень тонко и деликатно, и я никогда в этом не сомневалась, и, разумеется, когда я однажды потеряла в отеле «Савой» браслет, молодой человек, который встретился со мною по этому поводу, был крайне любезен и обходителен, и, конечно же, на самом деле браслет я вовсе не теряла, а просто забыла, куда положила, — вот что бывает в спешке, забываешь, куда что кладешь... — Остановившись, миссис Гарднер набрала побольше воздуха и начала снова: — Как я уже сказала, и я уверена, мистер Гарднер со мной согласен, мы с радостью сделаем все возможное, чтобы помочь британской полиции. Так что не стесняйтесь, спрашивайте у меня все, что хотите узнать...

Полковник Уэстон открыл было рот, собираясь воспользоваться этим приглашением, однако ему пришлось на какое-то время отложить свой вопрос, поскольку миссис Гарднер продолжала:

"That's what I said, Odell, isn't it? And that's so, isn't it?"

"Yes, darling," said Mr Gardener.

Colonel Weston spoke hastily. "I understand, Mrs Gardener, that you and your husband were on the beach all the morning?"

For once Mr Gardener was able to get in first.

"That's so," he said.

"Why, certainly we were," said Mrs Gardener. "And a lovely peaceful morning it was, just like any other morning, if you get me, perhaps even more so, and not the slightest idea in our minds of what was happening round the corner on that lonely beach."

"Did you see Mrs Marshall at all today?"

"We did not. And I said to Odell, 'Why, wherever can Mrs Marshall have got to this morning?' I said. And first her husband coming looking for her and then that good-looking young man, Mr Redfern, and so impatient he was, just sitting there on the beach scowling at every one and everything. And I said to myself, 'Why, when he has that nice pretty little wife of his own, must he go running after that dreadful woman?' Because that's just what I felt she was. I always felt that about her, didn't I, Odell?"

"Yes, darling."

"However that nice Captain Marshall came to marry such a woman I just cannot imagine — and with that nice young daughter growing up, and it's

— Я ведь так и сказала, правда, Оделл? И это действительно так, правда?

— Да, дорогая, — подтвердил мистер Гарднер.

— Насколько я понимаю, миссис Гарднер, — поспешил вставить полковник Уэстон, — вы с мужем все утро провели на пляже?

Как исключение, мистер Гарднер в этот раз оказался первым.

— Так оно и было, — подтвердил он.

— Ну да, разумеется, — перехватила инициативу миссис Гарднер. — И какое это было чудесное спокойное утро, совсем как обычно, если вы меня понимаете, возможно, даже более того, и у нас и мысли не было о том, что прямо по соседству с нашим очаровательным пляжем произошло такое злодеяние!

— Вы сегодня видели миссис Маршалл?

— Мы ее не видели. И я сказала Оделлу: «Ну куда могла сегодня отправиться миссис Маршалл?» Так я ему и сказала. Сначала ее искал муж, а затем этот симпатичный молодой человек, мистер Редферн, и он был в таком нетерпении, просто сидел на пляже и хмуро смотрел на всех и вся. И я сказала себе, зачем, когда у него есть такая милая приятная жена, ему понадобилось бегать за этой ужасной женщиной? Потому что я чувствовала, что она именно такая. Я всегда это чувствовала, правда, Оделл?

— Да, дорогая.

— Ума не приложу, как этот приятный капитан Маршалл женился на такой женщине, и ведь у него подрастает дочь — такая приятная девушка, —

so important for girls to have the right influence. Mrs Marshall was not at all the right person — no breeding at all — and I should say a very animal nature. Now if Captain Marshall had had any sense he'd have married Miss Darnley who's a very, very charming woman and a very distinguished one. I must say I admire the way she's gone straight ahead and built up a first-class business as she has. It takes brains to do a thing like that — and you've only to look at Rosamund Darnley to see she's just frantic with brains. She could plan and carry out any mortal thing she liked. I just admire that woman more than I can say. And I said to Mr Gardener the other day that anyone could see she was very much in love with Captain Marshall — crazy about him was what I said, didn't I, Odell?"

"Yes, darling."

"It seems they knew each other as children, and, why, now, who knows, it may all come right after all with that woman out of the way. I'm not a narrow-minded woman, Colonel Weston, and it isn't that I disapprove of the stage as such — why, quite a lot of my best friends are actresses — but I've said to Mr Gardener all along that there was something evil about that woman. And you see, I've been proved right."

She paused triumphantly. The lips of Hercule Poirot quivered in a little smile. His eyes met for a

а для девушек очень важно, чтобы на них оказывали правильное влияние. Миссис Маршалл была совершенно неподходящим человеком — никакого воспитания, и, я бы сказала, звериная натура. Если б у капитана Маршалла была хоть крупица здравого смысла, он женился бы на мисс Дарнли, очаровательной женщине, и очень известной. Я должна сказать, что восхищаюсь тем, как она решительно шла к цели, создавая свой первоклассный бизнес. Для этого нужна голова — а достаточно только посмотреть на Розамунд Дарнли, и сразу будет видно, что у нее потрясающая голова. Она способна продумать и воплотить в жизнь любое благопристойное дело. Я просто не могу выразить, насколько восторгаюсь этой женщиной! И я тут на днях сказала мистеру Гарднеру, что каждый может видеть, как сильно она влюблена в капитана Маршалла — без ума от него, я ведь прямо так и сказала, правда, Оделл?

— Да, дорогая.

— Кажется, они были знакомы в детстве, и как знать, может быть, теперь, когда этой женщины больше нет на их пути, все наконец образуется... Я свободна от предрассудков, полковник Уэстон, и дело не в том, что я неодобрительно отношусь к сцене как к таковой — помилуй бог, у меня в числе лучших подруг есть актрисы, — но я постоянно повторяла мистеру Гарднеру, что в этой женщине есть какое-то зло. И, как видите, я оказалась права.

Она торжествующе умолкла. Губы Эркюля Пуаро изогнулись в легкую усмешку. На мгновение он

minute the shrewd grey eyes of Mr Gardener. Colonel Weston said rather desperately:

"Well, thank you, Mrs Gardener. I suppose there's nothing that either of you has noticed since you've been here that might have a bearing upon the case?"

"Why, no, I don't think so." Mr Gardener spoke with a slow drawl. "Mrs Marshall was around with young Redfern most of the time — but everybody can tell you that."

"What about her husband? Did he mind, do you think?"

Mr Gardener said cautiously: "Captain Marshall is a very reserved man."

Mrs Gardener confirmed this by saying: "Why, yes, he is a real Britisher!"

On the slightly apoplectic countenance of Major Barry various emotions seemed contending for mastery. He was endeavouring to look properly horrified but could not subdue a kind of shamefaced gusto. He was saying in his hoarse slightly wheezy voice:

"Glad to help you any way I can. 'Course I don't know anythin' about it — nothin' at all. Not acquainted with the partics. But I've knocked about a bit in my time. Lived a lot in the East, you know. And I can tell you that after being in an Indian hill station what you don't know about human nature isn't worth knowin'." He paused, took a breath and was off again. "Matter of fact this business reminds me of a case in Simla. Fellow called Robinson or was it Falconer? Anyway he was in the East Wilts or was it the North Surreys? Can't remember now and anyway it doesn't

встретился взглядом с проницательными серыми глазами мистера Гарднера.

— Что ж, благодарю вас, — в отчаянии промолвил полковник Уэстон. — Полагаю, вы не заметили ничего такого, что могло бы иметь отношение к делу?

— Нет, нет, не думаю, — медленно протянул мистер Гарднер. — Миссис Маршалл почти все время проводила с молодым Редферном — но это вам каждый скажет.

— А что ее муж? Как вы думаете, ему это не нравилось?

— Капитан Маршалл человек очень выдержанный, — осторожно произнес мистер Гарднер.

— Да, да! — подтвердила миссис Гарднер. — Он настоящий англичанин!

На апоплексическом лице майора Барри боролись противоречивые чувства. Он пытался изобразить подобающий ужас, но не мог полностью подавить стыдливое злорадство.

— Буду рад помочь вам, чем смогу, — резким, слегка гнусавым голосом произнес он. — Конечно, я ничего не знаю — ровным счетом ничего. Не был знаком с действующими лицами. Но в свое время я посмотрел мир. Знаете, долго прожил на Востоке... И могу сказать вот что: все, что не узнаешь о человеческой натуре, пожив в горах на севере Индии, не заслуживает того, чтобы это знать! — Помолчав, он набрал побольше воздуха и продолжал: — Кстати, это дело напоминает мне похожий случай в Симле. Один тип по фамилии Робинсон...

matter. Quiet chap, you know, great reader — mild as milk you'd have said. Went for his wife one evening in their bungalow. Got her by the throat. She'd been carryin' on with some feller or other and he'd got wise to it. By Jove, he nearly did for her! It was touch and go. Surprised us all! Didn't think he had it in him."

Hercule Poirot murmured: "And you see there an analogy to the death of Mrs Marshall?"

"Well, what I mean to say — strangled, you know. Same idea. Feller suddenly sees red!"

Poirot said: "You think that Captain Marshall felt like that?"

"Oh, look here, I never said that." Major Barry's face went even redder. "Never said anything about Marshall. Thoroughly nice chap. Wouldn't say a word against him for the world."

Poirot murmured: "Ah, pardon, but you did refer to the natural reactions of a husband."

Major Barry said: "Well, I mean to say, I should think she'd been pretty hot stuff. Eh? Got young Redfern on a string all right. And there were probably others before him. But the funny thing is, you know, that husbands are a dense lot. Amazin'. I've been surprised by it again and again. They see a fellow sweet on their wife but they don't see that she's sweet

или его фамилия была Фолконер? Не важно. Одним словом, он был из Восточного Уилтшира... или из Северного Суррея? Сейчас уже не могу вспомнить; впрочем, это не имеет значения. Такой тихий парень, понимаете, книгочей, кроткий, как овечка, как говорится. Как-то раз вечером зашел в бунгало к своей жене. Схватил ее за горло. Она якшалась с каким-то типом, а он об этом прознал. Помилуй бог, он едва ее не придушил! А был близок к тому. Изумил нас всех! Мы подумать не могли, что он способен на такое.

— И вы прослеживаете здесь аналогию со смертью миссис Маршалл? — негромко произнес Пуаро.

— Ну, я хотел сказать... понимаете, она была задушена. То же самое. Мужик внезапно спятил!

— Вы полагаете, это же самое произошло с капитаном Маршаллом? — спросил Пуаро.

— О, послушайте, ничего такого я не говорил! — Лицо майора Барри побагровело еще сильнее. — Я ничего не говорил про Маршалла. Отличный парень. Ни в жизнь не скажу про него ни одного плохого слова!

— О, пардон, — пробормотал Пуаро, — но вы говорили о естественной реакции мужа.

— Ну, я хотел сказать, что миссис Маршалл была той еще шлюхой, — сказал майор Барри. — Заарканила молодого Редферна, это точно. И, вероятно, до него были и другие. Но что самое смешное, знаете, мужья — тупой народ. Поразительно! Я снова и снова диву даюсь! Муж видит, что какой-то тип влюблен в его жену, но не замечает, что она влюблена в него!

on him! Remember a case like that in Poona. Very pretty woman. Jove, she led her husband a dance -"

Colonel Weston stirred a little restively. He said:

"Yes, yes. Major Barry. For the moment we've just got to establish the facts. You don't know of anything personally — that you've seen or noticed that might help us in this case?"

"Well, really, Weston, I can't say I do. Saw her and young Redfern one afternoon on Gull Cove -" Here he winked knowingly and gave a deep hoarse chuckle — "Very pretty it was, too. But it's not evidence of that kind you're wanting. Ha, ha."

"You did not see Mrs Marshall at all this morning?"

"Didn't see anybody this morning. Went over to St Loo. Just my luck. Sort of place here where nothin' happens for months and when it does you miss it!"

The Major's voice held a ghoulish regret.

Colonel Weston prompted him. "You went to St Loo, you say?"

"Yes, wanted to do some telephonin'. No telephone here and that post office place at Leathercombe Bay isn't very private."

"Were your telephone calls of a very private nature?"

The Major winked again cheerfully.

"Well, they were and they weren't. Wanted to get through to a pal of mine and get him to put somethin' on a horse. Couldn't get through to him, worse luck."

Помню один похожий случай в Пуне. Очень красивая женщина, черт побери, водила мужа за нос...

Полковник Уэстон беспокойно заерзал.

— Да, да, майор Барри, — сказал он. — В настоящий момент мы пока что устанавливаем факты. Лично вы ничего не знаете — не видели, не слышали ничего, что могло бы нам помочь?

— Ну, если честно, Уэстон, я не могу сказать, что ничего не знаю. Как-то раз вечером я видел ее и молодого Редферна в бухте Чаек, — многозначительно подмигнув, он издал хриплый смешок. — Та еще была картина! Но это ведь не то, что вам нужно. Ха, ха!

— Сегодня утром вы не видели миссис Маршалл?

— Сегодня утром я никого не видел. Отправился в Сент-Лу. Вот невезение! Здесь такое место, что месяцами ничего не происходит, а когда произошло, раз! — и я все пропустил!

В голосе майора прозвучало омерзительное сожаление.

— Вы сказали, что отправились в Сент-Лу? — подтолкнул его полковник Уэстон.

— Да, хотел кое-кому позвонить. Здесь телефона нет, а на почте в Лезеркомб-Бэй невозможно уединиться.

— Разговоры по телефону носили личный характер?

Майор снова весело подмигнул.

— Ну, носили и в то же время не носили. Хотел связаться с одним своим приятелем и попросить его поставить кое-что на лошадь. Не смог до него дозвониться, опять не повезло.

"Where did you telephone from?"

"Call box in the G.P.O. at St Loo. Then on the way back I got lost — these confounded lanes — twistin' and turnin' all over the place. Must have wasted an hour over that at least. Damned confusing part of the world. I only got back half an hour ago."

Colonel Weston said: "Speak to any one or meet any one in St Loo?"

Major Barry said with a chuckle: "Wantin' me to prove an alibi? Can't think of anythin' useful. Saw about fifty thousand people in St Loo — but that's not to say they'll remember seem' me."

The Chief Constable said: "We have to ask these things, you know."

"Right you are. Call on me at any time. Glad to help you. Very fetchin' woman, the deceased. Like to help you catch the feller who did it. The Lonely Beach Murder — bet you that's what the papers will call it. Reminds me of the time -"

It was Inspector Colgate who firmly nipped this latest reminiscence in the bud and manoeuvred the garrulous Major out of the door.

Coming back he said:

"Difficult to check up on anything in St Loo. It's the middle of the holiday season."

The Chief Constable said: "Yes, we can't take him off the list. Not that I seriously believe he's implicated. Dozens of old bores like him going about. Remem-

— Откуда вы звонили?

— Из телефонной кабинки в главном почтовом отделении Сент-Лу. А потом на обратном пути я заблудился — очень запутанные улицы! — плутал и кружил по всему городу. Потерял по меньшей мере лишний час. Черт возьми, самое бестолковое место на земле! Я вернулся всего полчаса назад.

— Вы с кем-нибудь разговаривали, кого-нибудь встречали в Сент-Лу? — спросил полковник Уэстон.

— Хотите, чтобы я доказал свое алиби? — фыркнул майор Барри. — Не могу придумать ничего дельного. Видел в Сент-Лу тысяч пятьдесят человек — но из этого вовсе не следует, что они меня запомнили.

— Сами понимаете, мы должны задавать подобные вопросы, — сказал главный констебль.

— А то как же. Готов отвечать на любые вопросы днем и ночью. Буду рад помочь вам схватить того типа, который это сделал. «Убийство на пустынном берегу» — готов поспорить, именно так назовут его в газетах. Это напомнило мне один случай...

Однако на этот раз инспектор Колгейт решительно задавил в зародыше очередное воспоминание и выпроводил словоохотливого майора за дверь.

Вернувшись, он сказал:

— Трудно будет проверить что-либо в Сент-Лу. Сейчас самый разгар курортного сезона.

— Да, мы не можем исключить майора Барри из нашего списка, — согласился главный констебль. — Впрочем, я не верю, что он тут как-то за-

ber one or two of them in my Army days. Still — he's a possibility. I leave all that to you, Colgate. Check what time he took the car out — petrol — all that. It's humanly possible that he parked the car somewhere in a lonely spot, walked back here and went to the cove. But it doesn't seem feasible to me. He'd have run too much risk of being seen."

Colgate nodded.
He said: "Of course there are a good many charabancs here today. Fine day. They start arriving round about half past eleven. High tide was at seven. Low tide would be about one o'clock. People would be spread out over the sands and the causeway."

Weston said: "Yes. But he'd have to come up from the causeway past the hotel."
"Not right past it. He could branch off on the path that leads up over the top of the island."
Weston said doubtfully: "I'm not saying that he mightn't have done it without being seen. Practically all the hotel guests were on the bathing beach except for Mrs Redfern and the Marshall girl who were down in Gull Cove, and the beginning of that path would only be overlooked by a few rooms of the hotel and there are plenty of chances against any one looking out of those windows just at that moment. For the matter of that, I daresay it's possible for a man to walk up to the hotel, through the lounge and out again

мешан. По курортам слоняются десятки подобных старых зануд. Помню двух-трех таких по службе в армии. И все же — нельзя сбрасывать его со счетов. Оставляю все вам, Колгейт. Проверьте, когда он забрал машину из гаража... горючее... и все остальное. В принципе, возможно, что Барри оставил машину где-нибудь в укромном месте, вернулся сюда пешком и отправился в бухту. И все же мне это кажется маловероятным. Он бы слишком рисковал попасться кому-либо на глаза.

Колгейт кивнул.

— Конечно, сегодня здесь много экскурсионных автобусов, — сказал он. — День выдался замечательный. Они начали подъезжать сюда около половины двенадцатого. Прилив был в семь утра, стало быть, отлив где-то около часа дня. Весь берег и дамба были заполнены туристами.

— Да, — сказал Уэстон. — Но от дамбы Барри должен был пройти мимо пансионата.

— Необязательно. Он мог свернуть на тропинку, ведущую в центр острова.

— Я вовсе не хочу сказать, что Барри не смог бы вернуться незамеченным, — с сомнением произнес Уэстон. — Практически все гости пансионата находились в солярии на пляже, за исключением миссис Редферн и дочери Маршалла, ушедших в бухту Чаек, а начало этой тропы просматривается лишь из нескольких номеров пансионата, поэтому с большой долей вероятности никто не смотрел в окно как раз в этот момент. Я согласен, что кто-то мог пройти к пансионату, пересечь фойе и выйти на улицу

without any one happening to see him. But what I say is, he couldn't count on no one seeing him."

Colgate said: "He could have gone round to the cove by boat."

Weston nodded.

He said: "That's much sounder. If he'd had a boat handy in one of the coves near by, he could have left the car, rowed or sailed to Pixy's Cove, done the murder, rowed back, picked up the car and arrived back with this tale about having been to St Loo and lost his way — a story that he'd know would be pretty hard to disprove."

"You're right, sir."

The Chief Constable said: "Well. I leave it to you, Colgate. Comb the neighbourhood thoroughly. You know what to do. We'd better see Miss Brewster now."

Emily Brewster was not able to add anything of material value to what they already knew. Weston said after she had repeated her story:

"And there's nothing you know of that could help us in any way?"

Emily Brewster said shortly: "Afraid not. It's a distressing business. However I expect you'll soon get to the bottom of it."

Weston said: "I hope so too."

Emily Brewster said drily: "Ought not to be difficult."

"Now what do you mean by that, Miss Brewster?"

так, чтобы никто его не увидел. Но я хочу сказать другое: Барри не мог рассчитывать на то, что никто его не увидит.

— Он мог подплыть к бухте на лодке, обогнув остров, — предположил Колгейт.

Уэстон кивнул.

— Это гораздо разумнее. Если у него была наготове лодка в одной из окрестных бухт, он мог бы оставить машину, дойти на веслах или под парусом до бухты Эльфов, совершить убийство, вернуться назад, сесть в машину и приехать сюда с рассказом о том, что он ездил в Сент-Лу и заблудился там, — уверенный в том, что проверить его рассказ будет непросто.

— Вы совершенно правы, сэр.

— Что ж, оставляю и это вам, Колгейт, — сказал главный констебль. — Тщательно прочешите окрестности. Вы сами знаете, что делать. А сейчас побеседуем с мисс Брюстер.

Эмили Брюстер не смогла добавить ничего существенного к тому, что уже было известно. После того как она повторила свой рассказ, Уэстон спросил:

— И вы не знаете ничего такого, что хоть как-нибудь могло нам помочь?

— Боюсь, нет, — коротко ответила Эмили. — Очень прискорбный случай. Однако надеюсь, вы быстро доберетесь до правды.

— И я также на это надеюсь, — сказал Уэстон.

— Сделать это будет нетрудно, — сухо заметила женщина.

— Что вы имеете в виду, мисс Брюстер?

"Sorry. Wasn't attempting to teach you your business. All I meant was that with a woman of that kind it ought to be easy enough."

Hercule Poirot murmured: "That is your opinion?"

Emily Brewster snapped out: "Of course. De mortuis nil nisi bonum and all that, but you can't get away from facts. That woman was a bad lot through and through. You've only got to hunt round a bit in her unsavoury past."

Hercule Poirot said gently: "You did not like her?"

"I know a bit too much about her." In answer to the inquiring looks she went on. "My first cousin married one of the Erskines. You've probably heard that that woman induced old Sir Robert when he was in his dotage to leave most of his fortune to her away from his own family."

Colonel Weston said: "And the family — er — resented that?"

"Naturally. His association with her was a scandal anyway and on top of that to leave her a sum like fifty thousand pounds shows just the kind of woman she was. I daresay I sound hard, but in my opinion the Arlena Stuarts of this world deserve very little sympathy. I know of something else too — a young fellow who lost his head about her completely — he'd always been a bit wild, naturally his association with her pushed him over the edge. He did something

— Извините. Я вовсе не собиралась учить вас делать свою работу. Я только хотела сказать, что, имея дело с такой женщиной, установить истину будет достаточно просто.

— Вы так считаете? — пробормотал Эркюль Пуаро.

— Разумеется, — отрезала Эмили Брюстер. — De mortis nil nisi bonum, конечно, но от фактов никуда не уйти. Эта женщина была насквозь порочна. Достаточно лишь немного покопаться в ее сомнительном прошлом.

— Она вам не нравилась? — мягко произнес Пуаро.

— Мне кое-что было о ней известно. — В ответ на вопросительные взгляды присутствующих она продолжила: — Моя двоюродная сестра замужем за одним из Эрскинов. Вы, вероятно, слышали о том, что эта женщина убедила старого сэра Роджера, уже выжившего из ума, оставить ей большую часть своего состояния, обделив законных наследников.

— И наследники... мм... были этим недовольны? — спросил полковник Уэстон.

— Естественно. Связь сэра Роджера с этой женщиной сама по себе уже была скандалом, а вдобавок он оставляет ей примерно пятьдесят тысяч фунтов! Вот она, Арлена Стюарт! Понимаю, мои слова могут показаться жестокими, но, по-моему, арлены стюарт этого мира не заслуживают сочувствия. И мне известно еще кое-что: один юноша — неплохой мальчик — совсем потерял из-за нее голову. Он всегда был чересчур безрассудным, и, разумеется,

rather fishy with some shares — solely to get money to spend on her — and only just managed to escape prosecution. That woman contaminated every one she met. Look at the way she was ruining young Redfern. No, I'm afraid I can't have any regret for her death — though of course it would have been better if she'd drowned herself, or fallen over a cliff. Strangling is rather unpleasant."

"And you think the murderer was someone out of her past?"

"Yes, I do."

"Someone who came from the mainland with no one seeing him?"

"Why should anyone see him? We were all on the beach. I gather the Marshall child and Christine Redfern were down on Gull Cove out of the way. Captain Marshall was in his room in the hotel. Then who on earth was there to see him except possibly Miss Darnley?"

"Where was Miss Darnley?"

"Sitting up on the cutting at the top of the cliff. Sunny Ledge it's called. We saw her there, Mr Redfern and I, when we were rowing round the island."

Colonel Weston said: "You may be right, Miss Brewster."

Emily Brewster said positively: "I'm sure I'm right. When a woman's neither more nor less than

связь с этой женщиной заставила его переступить черту. Для того чтобы достать деньги на подарки ей, он занялся махинациями с какими-то акциями, и ему с огромным трудом удалось избежать судебного преследования. Эта женщина оскверняла все, с чем имела дело. Взгляните на то, как она губила молодого Редферна! Нет, боюсь, я не могу выразить ни малейшего сожаления по поводу ее смерти — хотя, конечно, было бы гораздо лучше, если б она утонула или сорвалась со скалы. То, что ее задушили, ужасно!

— И вы полагаете, что корни этого преступления надо искать в ее прошлом?

— Да, я в этом уверена.

— И как этот человек остался незамеченным?

— А почему он должен был попасться кому-то на глаза? Мы все находились на пляже. Насколько я понимаю, дочь Маршалла и Кристина Редферн отправились в бухту Чаек. Капитан Маршалл был у себя в комнате. Так кто же, во имя всего святого, мог увидеть этого человека, кроме разве что мисс Дарнли?

— А где была мисс Дарнли?

— Сидела на площадке на вершине скалы. Это место называется Солнечной террасой. Мы видели ее там, я и мистер Редферн, когда плыли вокруг острова.

— Возможно, вы правы, мисс Брюстер, — согласился полковник Уэстон.

— Я убеждена в этом! — решительно заявила Эмили. — Когда на женщине клейма ставить негде,

a nasty mess, then she herself will provide the best possible clue. Don't you agree with me, M. Poirot?"

Hercule Poirot looked up. His eyes met her confident grey ones. He said:

"Oh, yes — I agree with that which you have just this minute said. Arlena Marshall herself is the best, the only clue, to her own death."

Miss Brewster said sharply: "Well, then!"

She stood there, an erect sturdy figure, her cool self-confident glance going from one man to the other.
Colonel Weston said: "You may be sure, Miss Brewster, that any clue there may be in Mrs Marshall's past life will not be overlooked."

Emily Brewster went out.
Inspector Colgate shifted his position at the table.
He said in a thoughtful voice: "She's a determined one, she is. And she'd got her knife in to the dead lady, proper, she had." He stopped a minute and said reflectively: "It's a pity in a way that she's got a cast-iron alibi for the whole morning. Did you notice her hands, sir? As big as a man's. And she's a hefty woman — as strong and stronger than many a man I'd say..." He paused again. His glance at Poirot was almost pleading. "And you say she never left the beach this morning, M. Poirot?"

Slowly Poirot shook his head. He said:

она сама виновна в своей смерти! Вы не согласны со мною, месье Пуаро?

Подняв взгляд, детектив посмотрел в уверенные серые глаза Эмили Брюстер.

— О да, — сказал он, — я согласен с тем, что вы только что сказали. Арлена Маршалл сама является лучшим и единственным объяснением собственной смерти.

— Что ж, о чем еще говорить! — отрезала мисс Брюстер.

Она стояла, расправив плечи, и спокойно, уверенно смотрела на присутствующих.

— Можете быть уверены, мисс Брюстер, — сказал полковник Уэстон, — что ни одна ниточка, ведущая в прошлое миссис Маршалл, не останется без внимания.

Эмили вышла из кабинета.

Инспектор Колгейт придвинулся ближе к столу.

— Очень решительная женщина, ничего не скажешь, — задумчиво произнес он. — И она сейчас выдала убитой дамочке по полной, это точно. — Помолчав, инспектор продолжал, как бы рассуждая вслух сам с собой: — В каком-то смысле жаль, что у нее на все утро железное алиби. Вы не обратили внимания на ее руки, сэр? Большие, мужские. И она женщина крепкая — я бы сказал, посильнее многих мужчин... — Он снова умолк; его взгляд, брошенный на Пуаро, был чуть ли не умоляющим. — И вы говорите, месье Пуаро, сегодня утром она не отлучалась с пляжа?

Детектив медленно покачал головой:

"My dear Inspector, she came down to the beach before Mrs Marshall could have reached Pixy's Cove and she was within my sight until she set off with Mr Redfern in the boat."

Inspector Colgate said gloomily: "Then that washes her out."
He seemed upset about it.
As always, Hercule Poirot felt a keen sense of pleasure at the sight of Rosamund Darnley. Even to a bare police inquiry into the ugly facts of murder she brought a distinction of her own.

She sat down opposite Colonel Weston and turned a grave and intelligent face to him. She said:

"You want my name and address? Rosamund Anne Darnley. I carry on a dressmaking business under the name of Rose Mond, Ltd at 622 Brook Street."

"Thank you. Miss Darnley. Now can you tell us anything that may help us?"
"I don't really think I can."
"Your own movements -"
"I had breakfast about nine-thirty. Then I went up to my room and collected some books and my sunshade and went out to Sunny Ledge. That must have been about twenty-five past ten. I came back to the hotel about ten minutes to twelve, went up and got my tennis racquet and went out to the tennis courts where I played tennis until lunchtime."

— Дорогой мой инспектор, она спустилась на пляж задолго до того, как миссис Маршалл успела добраться до бухты Эльфов, и оставалась в поле моего зрения до тех пор, пока не отплыла на лодке вместе с мистером Редферном.

— В таком случае она чиста, — угрюмо промолвил инспектор Колгейт.

Похоже, он был этим огорчен.

Как всегда, при виде Розамунд Дарнли Эркюль Пуаро ощутил настоящую радость. Даже в обычное полицейское расследование обстоятельств зловещего убийства ей удалось привнести свое очарование.

Усевшись напротив полковника Уэстона, мисс Дарнли устремила на него серьезный, проницательный взгляд.

— Вам нужны мое имя и адрес? Розамунд Анна Дарнли. Я модельер, работаю под торговой маркой «Роз монд». Адрес: Брук-стрит, шестьсот двадцать два.

— Благодарю вас, мисс Дарнли. Итак, вы можете сообщить нам что-либо существенное?

— Думаю, вряд ли.

— Позвольте узнать, чем занимались вы сами?

— Я позавтракала около половины десятого. Затем поднялась к себе в номер, взяла несколько книг, зонтик и отправилась на Солнечную террасу; наверное, было минут двадцать пять одиннадцатого. В пансионат я вернулась где-то без десяти двенадцать, поднялась к себе, взяла ракетку и пошла на корт, где играла в теннис до обеда.

"You were in the cliff recess, called by the hotel, Sunny Ledge, from about half past ten until ten minutes to twelve?"

"Yes."

"Did you see Mrs Marshall at all this morning?"

"No."

"Did you see her from the cliff as she paddled her float round to Pixy's Cove?"

"No, she must have gone by before I got there."

"Did you notice any one on a float or in a boat at all this morning?"

"No, I don't think I did. You see I was reading. Of course I looked up from my book from time to time but as it happened the sea was quiet each time I did so."

"You didn't even notice Mr Redfern and Miss Brewster when they went round?"

"No."

"You were, I think, acquainted with Mr Marshall?"

"Captain Marshall is an old family friend. His family and mine lived next door to each other. I had not seen him, however, for a good many years — it must be something like twelve wears."

"And Mrs Marshall?"

"I'd never exchanged half a dozen words with her until I met her here."

"Were Captain and Mrs Marshall, as far as you knew, on good terms with each other?"

"On perfectly good terms, I should say."

— На выступе скалы, который называется Солнечной террасой, вы находились где-то с половины одиннадцатого до без десяти двенадцать?

— Да.

— Сегодня утром вы видели миссис Маршалл?

— Нет.

— Вы не видели со скалы, как она плыла на плоту вокруг острова к бухте Эльфов?

— Нет; должно быть, она проплыла еще до того, как я туда пришла.

— Вы даже не заметили мистера Редферна и мисс Брюстер, когда те плыли в лодке?

— Нет, я не думаю. Видите ли, я читала. Конечно, я время от времени отрывала взгляд от своей книги, но так получалось, что море каждый раз было тихим.

— Вы даже не заметили мистера Редферна и мисс Брюстер, когда они ходили рядом?

— Нет.

— Насколько мне известно, вы были знакомы с мистером Маршаллом?

— Капитан Маршалл — мой давнишний друг. Наши семьи жили по соседству. Однако мы с ним уже очень давно не встречались — должно быть, лет двенадцать.

— Ну, а миссис Маршалл?

— До своего приезда сюда я не обменялась с ней и десятком слов.

— Как вы считаете, у капитана Маршалла и его жены были хорошие отношения?

— Я бы сказала, вполне хорошие.

"Was Captain Marshall very devoted to his wife?"

Rosamund said: "He may have been. I can't really tell you anything about that. Captain Marshall is rather old-fashioned — but he hasn't got the modern habit of shouting matrimonial woes upon the housetop."

"Did you like Mrs Marshall, Miss Darnley?"

"No."

The monosyllable came quietly and evenly. It sounded what it was — a simple statement of fact.

"Why was that?"

A half smile came to Rosamund's lips. She said:

"Surely you've discovered that Arlena Marshall was not popular with her own sex? She was bored to death with women and showed it. Nevertheless I should like to have had the dressing of her. She had a great gift for clothes. Her clothes were always just right and she wore them well. I should like to have had her as a client."

"She spent a good deal on clothes?"

"She must have. But then she had money of her own and of course Captain Marshall is quite well off."

"Did you ever hear or did it ever occur to you that Mrs Marshall was being blackmailed, Miss Darnley?"

A look of intense astonishment came over Rosamund Darnley's expressive face. She said:

"Blackmailed? Arlena?"

"The idea seems to surprise you."

— Капитан Маршалл очень любил свою жену?

— Возможно, — произнесла Розамунд. — На самом деле, тут я ничего не могу вам сказать. Капитан Маршалл — человек старых порядков; он не привык кричать с колокольни во всеуслышание о своих супружеских невзгодах, как это принято сейчас.

— Мисс Дарнли, вам нравилась миссис Маршалл?

— Нет.

Это односложное слово прозвучало спокойно и ровно. Это было просто подтверждение очевидного факта.

— Почему?

На лице Розамунд появилась легкая улыбка.

— Несомненно, вы уже обнаружили, что Арлена Маршалл не пользовалась любовью представительниц своего собственного пола? — спросила она. — В обществе женщин она смертельно скучала и не стеснялась это показывать. Тем не менее мне хотелось бы одевать ее. У нее был настоящий дар наряжаться. Одевалась она всегда безупречно. Я бы с радостью имела ее в числе своих клиентов.

— Она много тратила на наряды?

— Должно быть. Но у нее имелись свои деньги, да и капитан Маршалл, разумеется, человек состоятельный.

— Мисс Дарнли, вам никогда не приходила мысль, что миссис Маршалл шантажируют?

На живом лице Розамунд появилось выражение откровенного изумления.

— Шантажируют? Арлену?

— Похоже, это предположение вас удивило.

"Well, yes, it does rather. It seems so incongruous."

"But surely it is possible?"

"Everything's possible, isn't it? The world soon teaches one that. But I wondered what any one could blackmail Arlena about?"

"There are certain things, I suppose, that Mrs Marshall might be anxious should not come to her husband's ears?"

"We-ll, yes." She explained the doubt in her voice by saying with a half smile: "I sound skeptical, but then, you see, Arlena was rather notorious in her conduct. She never made much of a pose of respectability."

"You think, then, that her husband was aware of her — intimacies with other people?"

There was a pause. Rosamund was frowning. She spoke at last in a slow reluctant voice. She said:

"You know, I don't really know what to think. I've always assumed that Kenneth Marshall accepted his wife, quite frankly, for what she was. That he had no illusions about her. But it may not be so."

"He may have believed in her absolutely?"

Rosamund said with semi-exasperation: "Men are such fools. And Kenneth Marshall is unworldly under his sophisticated manner. He may have believed in her blindly. He may have thought she was just — admired."

— Ну да, и немало. Это что-то немыслимое.

— Но все-таки такое возможно?

— На самом деле нет ничего невозможного, ведь так? Жизнь быстро этому учит. Но я в недоумении, чем могли шантажировать Арлену?

— Полагаю, есть определенные вещи, которые миссис Маршалл хотела бы скрыть от своего супруга.

— Ну... да, пожалуй. — Прозвучавшее в ее голосе сомнение она объяснила, добавив с легкой усмешкой: — Наверное, я настроена скептически, но, видите ли, Арлена была печально известна своим поведением. Она никогда даже не пыталась изобразить пристойность.

— Следовательно, вы считаете, что ее муж был в курсе ее... близких отношений с другими мужчинами?

Последовала пауза. Розамунд нахмурилась. Наконец она заговорила, медленно, неохотно:

— Знаете, я даже не представляю себе, что думать. Я всегда считала, что Кеннет Маршалл совершенно искренне принимает свою жену такой, какова она есть. Что он не питает никаких иллюзий на ее счет. Но, возможно, это не так.

— Возможно, он верил ей абсолютно?

— Мужчины такие глупцы! — с некоторым раздражением произнесла Розамунд. — А Кеннет Маршалл при своей внешности человека, умудренного опытом, совершенно не знает жизни. Возможно, он действительно слепо верил своей жене. Возможно, считал, что она лишь... вызывает восхищение.

"And you know of no one — that is you have heard of no one who was likely to have had a grudge against Mrs Marshall?"

Rosamund Darnley smiled.

She said: "Only resentful wives. And I presume since she was strangled, that it was a man who killed her."

"Yes."

Rosamund said thoughtfully: "No, I can't think of any one. But then I probably shouldn't know. You'll have to ask someone in her own intimate set."

"Thank you, Miss Darnley."

Rosamund turned a little in her chair. She said: "Hasn't M. Poirot any questions to ask?"

Her faintly ironic smile flashed out at him. Hercule Poirot smiled and shook his head. He said:

"I can think of nothing."

Rosamund Darnley got up and went out.

Chapter 8

They were standing in the bedroom that had been Arlena Marshall's. Two big bay windows gave onto a balcony that overlooked the bathing beach and the sea beyond. Sunshine poured into the room flashing over the bewildering array of bottles and jars on Arlena's dressing-table. Here there was every kind of cosmetic and unguent known to beauty parlours. Amongst this panoply of women's affairs three men moved purposefully. Inspector Colgate went about shutting and

— И вы не знаете — то есть вы не слышали, чтобы кто-то затаил обиду на миссис Маршалл?

Мисс Дарнли улыбнулась.
— Только недовольные жены, — сказала она. — Но, полагаю, поскольку она была задушена, ее убил мужчина.
— Все указывает на это.
— Нет, мне ничего не приходит в голову, — задумчиво промолвила Розамунд. — Я ничего об этом не знаю. Вам лучше спросить кого-нибудь из тех, кто был близко с ней знаком.
— Благодарю вас, мисс Дарнли.
Розамунд повернулась к маленькому бельгийцу:
— А у месье Пуаро нет никаких вопросов?
На ее лице мелькнула легкая ироничная усмешка. Улыбнувшись, Эркюль Пуаро покачал головой:
— Никаких.
Розамунд Дарнли встала и вышла.

Глава 8

Они стояли в спальне Арлены Маршалл. Два больших эркера вели на балкон, выходящий на пляж и раскинувшееся дальше за ним море. Заливающий комнату солнечный свет отражался яркими бликами от бесчисленных бутылочек и баночек на туалетном столике Арлены. Здесь можно было найти любые кремы, бальзамы и мази, применяющиеся в косметических салонах. Трое мужчин деловито изучали этот многообразный мир женщины.

opening drawers. Presently he gave a grunt. He had come upon a packet of folded letters. He and Weston ran through them together.

Hercule Poirot had moved to the wardrobe. He opened the door of the hanging cupboard and looked at the multiplicity of gowns and sports suits that hung there. He opened the other side. Foamy lingerie lay in piles. On a wide shelf were hats. Two more beach cardboard hats in lacquer red and pale yellow — a big Hawaiian straw hat — another of drooping dark blue linen and three or four little absurdities for which, no doubt, several guineas had been paid apiece — a kind of beret in dark blue — a tuft, no more, of black velvet — a pale grey turban. Hercule Poirot stood scanning them — a faintly indulgent smile came to his lips.

He murmured: "Les femmes!"
Colonel Weston was refolding the letters.
"Three from young Redfern," he said. "Damned young ass. He'll learn not to write to women in a few more years. Women always keep letters and then swear they've burnt them. There's one other letter here. Same line of country."

He held it out and Poirot took it.
"Darling Arlena,
"God, I feel blue. To be going out to China — and perhaps not seeing you again for years and years.

Инспектор Колгейт выдвигал и задвигал ящики. Вдруг он издал неопределенное восклицание. В руках у него была пачка сложенных писем. Вдвоем с Уэстоном они бегло изучили их.

Эркюль Пуаро тем временем прошел к гардеробу. Открыв дверцу, он взглянул на великое множество висящих там платьев и спортивных костюмов. На полках стопками лежало пенистое кружево нижнего белья. Одна из широких полок была полностью отдана шляпам. Две пляжные картонные шляпы — красная лакированная и бледно-желтая... большая гавайская соломенная шляпа... еще одна, темно-синяя, льняная... три или четыре абсурдные мелочи, стоящие, вне всякого сомнения, по несколько гиней каждая... что-то вроде берета — на самом деле лишь маленький кружок черного бархата... бледно-серый тюрбан... Пуаро стоял, рассматривая все это, и лицо у него расплывалось в легкой снисходительной усмешке.

— Les femmes! — пробормотал он.

Полковник Уэстон закрывал письма.

— Три от молодого Редферна, — сказал он. — Черт бы побрал этого молодого осла! Пройдет еще много лет, прежде чем он научится писать письма женщинам. Те всегда сохраняют письма, хоть и клянутся, что сожгли их... Есть тут и еще одно письмо, в таком же духе.

Он протянул письмо Пуаро. Тот его взял.

«Дорогая Арлена!

Господи, как же мне тоскливо! Уехать в Китай — и, возможно, не видеться с тобой долгие-

I didn't know any man could go on feeling crazy about a woman like I feel about you. Thanks for the cheque. They won't prosecute now. It was a near shave, though, and all because I wanted to make big money for you. Can you forgive me? I wanted to set diamonds in your ears — your lovely lovely ears and clasp great milk-white pearls round your throat only they say pearls are no good nowadays. A fabulous emerald, then? Yes, that's the thing. A great emerald, cool and green and full of hidden fire. Don't forget me — but you won't, I know. You're mine — always.

"Good-bye — goodbye — good-bye.

"J.N."

Inspector Colgate said: "Might be worthwhile to find out if J.N. really did go to China. Otherwise — well, he might be the person we're looking for. Crazy about the woman, idealizing her, suddenly finding out he'd been played for a sucker. It sounds to me as though this is the boy Miss Brewster mentioned. Yes, I think this might be useful."

Hercule Poirot nodded.

He said: "Yes, that letter is important. I find it very important."

He turned round and stared at the room — at the bottles on the dressing table — at the open wardrobe

долгие годы! Я не представлял себе, что мужчина способен так потерять голову из-за женщины, как из-за тебя потерял голову я. Спасибо за чек. Теперь судебного преследования не будет. И все же я едва выпутался, и все из-за того, что хотел заработать для тебя большие деньги... Сможешь ли ты меня простить? Я хотел украсить бриллиантами твои ушки — твои очаровательные ушки — и обвить твою шею крупными молочно-белыми жемчужинами... вот только все говорят, что жемчуг нынче уже не в моде. Тогда, значит, потрясающий изумруд? Да, именно то, что нужно. Огромный изумруд, холодный, зеленый, полный скрытого огня. Не забывай меня — но ты меня не забудешь, я это знаю. Ты моя — навсегда.

Прощай — прощай — прощай!

Дж. Н.»

— Пожалуй, имеет смысл выяснить, действительно ли этот Дж. Н. уехал в Китай. В противном случае — что ж, он может быть именно тем, кого мы ищем. Без ума от этой женщины, идеализирует ее и вдруг узнаёт, что его оставили с носом... Сдается мне, это тот самый мальчишка, о ком упоминала мисс Брюстер. Да, думаю, это может оказаться полезным.

Пуаро кивнул.

— Да, письмо очень важное, — сказал он. — Я нахожу, что оно очень важное.

Развернувшись, детектив обвел взглядом комнату — бутылочки на туалетном столике, раскрытый

and at a big Pierrot doll that lolled insolently on the bed. They went into Kenneth Marshall's room. It was next door to his wife's but with no communicating door and no balcony. It faced the same way and had two windows, but it was much smaller. Between the two windows a gilt mirror hung on the wall. In the corner beyond the right-hand window was the dressing-table. On it were two ivory brushes, a clothes brush and a bottle of hair lotion. In the corner by the left-hand window was a writing-table. An open typewriter stood on it and papers were ranged in a stack beside it.

Colgate went through them rapidly.

He said: "All seems straightforward enough. Ah, here's the letter he mentioned this morning. Dated the 24th — that's yesterday. And here's the envelope — postmarked Leathercombe Bay this morning. Seems all square. Now we'll have an idea if he could have prepared that answer of his beforehand." He sat down.

Colonel Weston said:

"We'll leave you to it, for a moment. We'll just glance through the rest of the rooms. Every one's been kept out of this corridor until now and they're getting a bit restive about it."

They went next into Linda Marshall's room. It faced east, looking out over the rocks down to the sea below.

Weston gave a glance round.

шкаф, большую куклу Пьеро, вальяжно развалившуюся на кровати. Затем они перешли в комнату Кеннета Маршалла. Она располагалась по соседству с комнатой его жены, однако не была смежной и не имела балкона. Комната также выходила на пляж и имела два окна, но была значительно меньше. В простенке между окнами висело зеркало в позолоченной раме. В правом углу стоял туалетный столик. На нем лежали две расчески из слоновой кости, одежная щетка и флакон с лосьоном для волос. В левом углу стоял письменный стол. На столе стояла открытая пишущая машинка, а рядом были аккуратно сложены бумаги.

Колгейт быстро их просмотрел.

— Похоже, все честно, — сказал он. — Так, вот письмо, о котором упомянул Маршалл. Датировано двадцать четвертым числом — то есть вчерашним днем. И вот конверт со штемпелем почтового отделения Лезеркомб-Бэй, поставленным сегодня утром. Вроде бы всё в порядке. Правда, у нас было предположение, что Маршалл мог подготовить ответ заранее.

Он сел.

— Проверьте это, — сказал полковник Уэстон. — Давайте заглянем в остальные комнаты. А то всех держат в коридоре, и люди уже начинают нервничать.

Они прошли в комнату Линды Маршалл. Она выходила окнами на восток, на скалы, нависшие над морем.

Уэстон оглянулся вокруг.

He murmured: "Don't suppose there's anything to see here. But it's possible Marshall might have put something in his daughter's room that he didn't want us to find. Not likely, though. It isn't as though there had been a weapon or anything to get rid of."

He went out again.

Hercule Poirot stayed behind. He found something that interested him in the grate. Something had been burnt there recently. He knelt down, working patiently. He laid out his finds on a sheet of paper. A large irregular blob of candle grease — some fragments of green paper or cardboard, possibly a pull-off calendar, for with it was an unburnt fragment bearing a large figure 5 and a scrap of printing... noble deeds... There was also an ordinary pin and some burnt animal matter which might have been hair. Poirot arranged them neatly in a row and stared at them.

He murmured: "'Do noble deeds, not dream them all day long.' C'est possible. But what is one to make of this collection? C'est fantastique!"

And he picked up the pin and his eyes grew sharp and green. He murmured:

"Pour l'amour de Dieu! Is it possible?"

Hercule Poirot got up from where he had been kneeling by the grate. Slowly he looked round the room and this time there was an entirely new expression on his face. It was grave and almost stern. To the left of the mantelpiece there were some shelves with a row of books. Hercule Poirot looked thoughtfully along

— Не думаю, что здесь что-то есть. Впрочем, возможно, Маршалл спрятал в комнате дочери что-то такое, что не хотел показывать нам. Хотя это маловероятно. Тут ведь нет оружия, от которого нужно было избавиться.

Он вышел из комнаты.

Эркюль Пуаро задержался. Он обнаружил кое-что интересное в камине. Там что-то недавно сожгли. Опустившись на корточки, детектив терпеливо принялся за работу. Все свои находки он разложил на листе бумаги. Большой комок воска неправильной формы... клочки зеленой бумаги или картона, возможно, листок отрывного календаря, ибо на уцелевшем обгоревшем уголке сохранились большая цифра «5» и обрывок напечатанного текста «...благородные поступки...» Также здесь были обыкновенная булавка и обугленное органическое вещество, возможно волосы. Аккуратно разложив все в ровный ряд, Пуаро долго смотрел на все.

— «Твори благородные поступки, а не мечтай о них весь день напролет». C'est possible. Но что можно сказать об этой коллекции? C'est fantastique!

Затем он взял булавку, и его зеленые глаза сверкнули огнем.

— Pour l'amour de Dieu! Возможно ли это?

Пуаро медленно поднялся на ноги и снова обвел взглядом комнату, и теперь на его лице было совершенно другое выражение: строгое, суровое. Слева от камина висели полки, заставленные книгами. Эркюль Пуаро внимательно ознакомился с заглавиями. Библия, потрепанный экземпляр пьес Шек-

the titles. A Bible, a battered copy of Shakespeare's plays. The Marriage of William Ashe by Mrs Humphry Ward. The Young Stepmother by Charlotte Yonge. The Shropshire Lad. Eliot's Murder in the Cathedral. Bernard Shaw's St Joan. Gone with the Wind by Margaret Mitchell. The Burning Court by Dickson Carr.

Poirot took out two books. The Young Stepmother and William Ashe, and glanced inside at the blurred stamp affixed to the title page. As he was about to replace them, his eye caught sight of a book that had been shoved behind the other books. It was a small dumpy volume bound in brown calf. He took it out and opened it. Very slowly he nodded his head. He murmured:

"So I was right... Yes, I was right. But for the other — is that possible too? No, it is not possible, unless..."

He stayed there, motionless, stroking his moustaches whilst his mind ranged busily over the problem.

He said again softly: "Unless -?"

Colonel Weston looked in at the door.
"Hullo, Poirot, still there?"
"I arrive. I arrive," cried Poirot. He hurried out into the corridor.

The room next to Linda's was that of the Redferns. Poirot looked into it, noting automatically the traces of two different individualities — a neatness and tidiness which he associated with Christine and a picturesque disorder which was characteristic of Patrick. Apart from these sidelights on personality

спира, «Женитьба Уильяма Эша» миссис Хамфри Уорд, «Молодая мачеха» Шарлотты Йонг. «Шропширский парень». «Убийство в кафедральном соборе» Элиота. «Святая Иоанна» Бернарда Шоу. «Унесенные ветром» Маргарет Митчелл. «Пылающий суд» Диксона Карра.

Взяв две книги, «Молодую мачеху» и «Уильяма Эша», Пуаро взглянул на размытую печать на титульном листе. Когда он уже собирался поставить книги на место, его взгляд упал на книгу, спрятанную во втором ряду. Это был небольшой толстый томик в переплете из коричневой кожи. Взяв томик, детектив раскрыл его и медленно кивнул.

— Итак, я был прав... Да, я был прав. Но мое первое предположение — возможно ли также и оно? Нет, это невозможно, если только...

Он стоял совершенно неподвижно, поглаживая усы, а его ум тем временем был полностью поглощен решением задачи.

— Если только... — наконец тихо повторил Пуаро.

В дверях стоял полковник Уэстон.

— Эй, Пуаро, что вы там застряли?

— Иду, уже иду! — откликнулся маленький бельгиец и поспешил в коридор.

Следующим за комнатой Линды был номер Редфернов. Заглянув в него, Пуаро машинально отметил следы двух разных личностей — опрятность и порядок, на его взгляд, характеризующие Кристину, и живописный беспорядок, присущий Патрику. Помимо этой любопытной, но не имеющей никакой

the room did not interest him. Next to it again was Rosamund Darnley's room and here he lingered for a moment in the sheer pleasure of the owner's personality. He noted the few books that lay on the table next to the bed, the expensive simplicity of the toilet set on the dressing-table. And there came gently to his nostrils, the elusive expensive perfume that Rosamund Darnley used.

Next to Rosamund Darnley's room at the northern end of the corridor was an open window leading to a balcony from which an outside stair led down to the rocks below.

Weston said: "That's the way people go down to bathe before breakfast — that is, if they bathe off the rocks as most of them do."

Interest came into Hercule Poirot's eyes. He stepped outside and looked down. Below, a path led to steps cut zigzag leading down the rocks to the sea. There was also a path that led round the hotel to the left.

He said: "One could go down these stairs, go to the left round the hotel and join the main path up from the causeway."

Weston nodded. He amplified Poirot's statement.

"One could go right across the island without going through the hotel at all." He added: "But one might still be seen from a window."

"What window?"

"Two of the public bathrooms look out that way — north — and the staff bathroom, and the cloakroom on the ground floor. Also the billiard room."

ценности информации, в комнате для него не было ничего интересного. Далее шел номер Розамунд Дарнли, и здесь Пуаро задержался, получая чистое наслаждение от личности хозяйки. Он отметил книги, лежащие на прикроватном столике, дорогую простоту туалетного прибора на ночном столике. В нос мягко пахнуло неуловимым ароматом дорогих духов, которыми пользовалась мисс Дарнли.

За номером Розамунд в северном конце коридора находилась стеклянная дверь, выходящая на балкон, откуда наружная лестница вела вниз, к скалам.

— Этим путем отдыхающие пользуются, когда ходят купаться перед завтраком, — объяснил Уэстон. — Разумеется, в том случае, если заходят в воду со скал.

Глаза Пуаро зажглись интересом. Выйдя на балкон, он заглянул вниз. От лестницы к морю вела петляющая тропа, прорезанная в скалах. Другая тропа уходила влево вокруг пансионата.

— Можно спуститься по этой лестнице, обогнуть пансионат и выйти на главную дорожку, идущую от дамбы, — сказал детектив.

Уэстон кивнул.

— Можно пересечь весь остров, не приближаясь к пансионату, — развил он дальше мысль Пуаро. — Но все равно этого человека будет видно в окно.

— В какое окно?

— Сюда, на север, выходят две общие ванные комнаты, туалет для прислуги и гардероб на первом этаже. А также бильярдная.

Poirot nodded.

He said: "And all the former have frosted glass windows and one does not play billiards on a fine morning."

"Exactly." Weston paused and said: "If he did it, that's the way he went."

"You mean Captain Marshall?"

"Yes. Blackmail, or no blackmail, I still feel it points to him. And his manner — well, his manner is unfortunate."

Hercule Poirot said drily: "Perhaps — but a manner does not make a murderer!"

Weston said: "Then you think he's out of it?"

Poirot shook his head. He said:

"No, I would not say that."

Weston said: "We'll see what Colgate can make out of the typewriting alibi. In the meantime I've got the chambermaid of this floor waiting to be interviewed. A good deal may depend on her evidence."

The chambermaid was a woman of thirty, brisk, efficient and intelligent. Her answers came readily. Captain Marshall had come up to his room not long after ten-thirty. She was then finishing the room. He had asked her to be as quick as possible. She had not seen him come back but she had heard the sound of the typewriter a little later. She put it at about five minutes to eleven. She was then in Mr and Mrs Redfern's room. After she had done that she moved

Пуаро кивнул.

— Однако у всех ванных в окна вставлены матовые стекла, и в погожее утро в бильярд не играют.

— Совершенно верно. — Помолчав, Уэстон сказал: — Если это сделал он, он воспользовался именно этим путем.

— Вы имеете в виду капитана Маршалла?

— Да. Шантаж или нет, на мой взгляд, все по-прежнему указывает на него. А его поведение просто до крайности неуместно.

— Возможно — но это еще не делает его убийцей, — сухо возразил Пуаро.

— То есть вы считаете, что он тут ни при чем? — сказал Уэстон.

Детектив покачал головой:

— Нет, я бы не стал это утверждать.

— Посмотрим, что сможет выяснить Колгейт насчет алиби с печатной машинкой, — сказал Уэстон. — А я тем временем собираюсь поговорить с горничной, которая обслуживает этот этаж. От ее показаний многое будет зависеть.

Горничная оказалась женщиной лет тридцати, бойкой, толковой и смышленой. На все вопросы она отвечала с готовностью. Капитан Маршалл поднялся к себе в номер вскоре после половины одиннадцатого — она как раз заканчивала у него уборку. Он попросил ее поторопиться. Она не видела, когда он вернулся, но вскоре послышался стук пишущей машинки. Горничная сказала, вроде было без пяти одиннадцать. В это время она находилась в номере

on to Miss Darnley's room, as near as she could say, at just after eleven o'clock. She remembered hearing Leathercombe Church strike the hour as she went in. At a quarter past eleven she had gone downstairs for her eleven o'clock cup of tea and "snack." Afterwards she had gone to do the rooms in the other wing of the hotel. In answer to the Chief Constable's question she explained that she had done the rooms in this corridor in the following order: Miss Linda Marshall's, the two public bathrooms, Mrs Marshall's room and private bath, Captain Marshall's room. Mr and Mrs Redfern's room and private bath. Miss Darnley's room and private bath. Captain Marshall's and Miss Marshall's rooms had no adjoining bathrooms. During the time she was in Miss Darnley's room and bathroom she had not heard any one pass the door or go out by the staircase to the rocks, but it was quite likely she wouldn't have heard if any one went quietly.

Weston then directed his questions to the subject of Mrs Marshall.

No, Mrs Marshall wasn't one for rising early as a rule. She, Gladys Narracott, had been surprised to find the door open and Mrs Marshall gone down at just after ten. Something quite unusual, that was.

"Did Mrs Marshall always have her breakfast in bed?"

"Oh, yes, sir, always. Not very much of it either. Just tea and orange juice and one piece of toast. Slimming like so many ladies."

мистера и миссис Редферн. Закончив там, перешла в номер мисс Дарнли в конце коридора. Оттуда стук пишущей машинки слышен не был. В номер мисс Дарнли уборщица вошла, по ее предположениям, ровно в одиннадцать. Она запомнила, как в церкви Лезеркомб-Бэй звонил колокол. В четверть двенадцатого она спустилась вниз, чтобы выпить чаю и что-нибудь «перехватить», затем убирала в номерах в другом крыле. В ответ на вопрос главного констебля горничная объяснила, что убирала номера в следующем порядке: комната мисс Линды Маршалл, две общие ванные комнаты, комната миссис Маршалл и отдельная ванная, комната капитана Маршалла, комната мистера и миссис Редферн и отдельная ванная, комната мисс Дарнли и отдельная ванная. В комнатах капитана Маршалла и Линды Маршалл отдельных ванных нет. За то время, пока находилась в номере мисс Дарнли, она не слышала, чтобы кто-либо прошел мимо двери и спустился по лестнице к морю, однако если человек двигался бесшумно, она бы вряд ли его услышала.

Затем Уэстон задал прямые вопросы касательно миссис Маршалл.

Нет, как правило, миссис Маршалл вставала поздно. Она, Глэдис Нарракот, была удивлена, обнаружив в десять с небольшим, что номер открыт и ее уже нет. Определенно, это было нечто необычное.

— Миссис Маршалл всегда завтракала в постели?

— О да, сэр, всегда. Впрочем, это и завтраком считать нельзя. Так, чай, апельсиновый сок и один тост. Худела, как и многие леди.

No, she hadn't noticed anything unusual in Mrs Marshall's manner that morning. She'd seemed quite as usual.

Hercule Poirot murmured: "What did you think of Mrs Marshall, Mademoiselle?"

Gladys Narracott stared at him. She said:

"Well, that's hardly for me to say, is it, sir?"

"But yes, it is for you to say. We are anxious — very anxious — to hear your impression."

Gladys gave a slightly uneasy glance towards the Chief Constable who endeavoured to make his face sympathetic and approving, though actually he felt slightly embarrassed by his foreign colleague's methods of approach. He said:

"Er — yes, certainly. Go ahead."

For the first time Gladys Narracott's brisk efficiency deserted her. Her fingers fumbled with her print dress. She said:

"Well, Mrs Marshall — she wasn't exactly a lady, as you might say. What I mean is she was more like an actress."

Colonel Weston said: "She was an actress."

"Yes, sir, that's what I'm saying. She just went on exactly as she felt like it. She didn't — well, she didn't trouble to be polite if she wasn't feeling polite. And she'd be all smiles one minute and then if she couldn't find something or the bell wasn't answered at once or her laundry wasn't back, well, she'd be downright rude and nasty about it. None of us as you

Нет, сегодня утром она не заметила в поведении миссис Маршалл ничего необычного. Все было так же, как и всегда.

— Мадемуазель, что вы думаете о миссис Маршалл? — негромко спросил Эркюль Пуаро.

Глэдис Нарракот изумленно уставилась на него.

— Ну, сэр, об этом не мне судить, правда?

— Нет, нет, судить об этом именно вам. Нам не терпится — очень не терпится услышать ваше впечатление.

Глэдис беспокойно оглянулась на главного констебля, и тот постарался изобразить сочувствие и одобрение, хотя на самом деле его также несколько смутил подход его зарубежного коллеги.

— Э... да, разумеется. Говорите.

Впервые бойкая деловитость покинула Глэдис. Она смущенно затеребила ситцевое платье.

— Ну, миссис Маршалл... если так выразиться, она не была настоящей леди. Я хочу сказать, она была скорее актрисой.

— Она и была актрисой, — напомнил полковник Уэстон.

— Да, сэр, именно это я и имела в виду. Она просто продолжала вести себя так, как ей было угодно. Она... ну, она не старалась быть вежливой, когда у нее не было настроения. Вот только что улыбалась, а через минуту, если не может что-то найти, или на звонок отвечают не сразу, или белье не вернули из стирки, она уже ругается и откровенно грубит. По-

might say liked her. But her clothes were beautiful, and of course she was a very handsome lady, so it was only natural she should be admired."

Colonel Weston said: "I am sorry to have to ask you what I am going to ask you, but it is a very vital matter. Can you tell me how things were between her and her husband?"

Gladys Narracott hesitated a minute. She said:

"You don't — it wasn't — you don't think as he did it?"

Hercule Poirot said quickly: "Do you?"

"Oh! I wouldn't like to think so. He's such a nice gentleman, Captain Marshall. He couldn't do a thing like that — I'm sure he couldn't."

"But you are not very sure — I hear it in your voice."

Gladys Narracott said reluctantly: "You do read things in the papers! When there's jealously. If there's been goings-on — and of course every one's been talking about it — about her and Mr Redfern, I mean. And Mrs Redfern's such a nice quiet lady! It does seem a shame! And Mr Redfern's a nice gentleman too, but it seems men can't help themselves when it's a lady like Mrs Marshall — one who's used to having her own way. Wives have to put up with a lot, I'm sure." She sighed and paused. "But if Captain Marshall found out about it -"

Colonel Weston said sharply: "Well?"

жалуй, никому из нас она не нравилась. Но одевалась она красиво и, конечно, сама была очень привлекательна, поэтому, естественно, ею восхищались.

— Я сожалею о том, что вынужден спросить вас об этом, однако это крайне важно. Вы можете сказать, какие отношения у нее были с ее супругом?

Глэдис колебалась мгновение.

— Вы не думаете... это ведь не так... вы не думаете, что это совершил он?

— А вы? — быстро спросил Эркюль Пуаро.

— О! Я бы такое ни за что не подумала. Он очень приятный джентльмен, капитан Маршалл. Он не смог бы совершить ничего подобного — я уверена в этом.

— И все же полной уверенности у вас нет — я чувствую это по вашему голосу.

— О таких вещах пишут в газетах! — неохотно произнесла Глэдис Нарракот. — Это все ревность. Конечно, все говорили об этом — я имею в виду, о ней и мистере Редферне. А миссис Редферн такая приятная вежливая леди! По-моему, это так плохо! И мистер Редферн такой приятный джентльмен, но, похоже, мужчины ничего не могут с собой поделать, когда сталкиваются с такой женщиной, как миссис Маршалл, которая привыкла всегда поступать по-своему. Женам приходится многое терпеть, не сомневаюсь в этом. — Помолчав, она вздохнула. — Но если б капитан Маршалл обо всем узнал...

— Ну? — резко спросил полковник Уэстон.

Gladys Narracott said slowly: "I did think sometimes that Mrs Marshall was frightened of her husband knowing."

"What makes you say that?"

"It wasn't anything definite, sir. It was only I felt — that sometimes she was — afraid of him. He was a very quiet gentleman but he wasn't — he wasn't easy."

Weston said: "But you've nothing definite to go on? Nothing either of them ever said to each other."

Slowly Gladys Narracott shook her head. Weston sighed. He went on:

"Now, as to letters received by Mrs Marshall this morning. Can you tell us anything about those?"

"There were about six or seven, sir. I couldn't say exactly."

"Did you take them up to her?"

"Yes, sir. I got them from the office as usual and put them on her breakfast tray."

"Do you remember anything about the look of them?"

The girl shook her head.

"They were just ordinary-looking letters. Some of them were bills and circulars, I think, because they were torn up on the tray."

"What happened to them?"

"They went into the dustbin, sir. One of the police gentlemen is going through that now."

Weston nodded.

— Я порой задумывалась о том, — медленно произнесла Глэдис, — что миссис Маршалл боялась, как бы ее муж не узнал.

— Почему вы так говорите?

— Ничего определенного, сэр. Просто я чувствовала... что временами... она его боялась. Мистер Маршалл очень спокойный джентльмен, но с ним... с ним непросто.

— Но ничем определенным вы это подкрепить не можете? — спросил Уэстон. — Они не говорили друг другу ничего такого?

Глэдис Нарракот медленно покачала головой. Главный констебль вздохнул.

— Итак, перейдем к тем письмам, которые миссис Маршалл получила сегодня утром, — продолжал он. — Вы можете что-нибудь рассказать о них?

— Их было шесть или семь, сэр. Точно не могу сказать.

— Вы отнесли их миссис Маршалл?

— Да, сэр. Как обычно, я забрала их в конторе и положила на поднос с завтраком.

— Вы не помните, как они выглядели?

Горничная покачала головой.

— Письма как письма. Думаю, среди них были счета и рекламные проспекты, потому что они остались вскрытые на подносе.

— Что вы с ними сделали?

— Выбросила в мусорный бак, сэр. Сейчас с ними разбирается один из полицейских.

Уэстон кивнул.

"And the contents of the wastepaper baskets, where are they?"

"They'll be in the dustbin too."

Weston said: "H'm — well, I think that is all at present." He looked inquiringly at Poirot.

Poirot leaned forward.

"When you did Miss Linda Marshall's room this morning, did you do the fireplace?"

"There wasn't anything to do, sir. There had been no fire lit."

"And there was nothing in the fireplace itself?"

"No, sir, it was perfectly all right."

"What time did you do her room?"

"About a quarter past nine, sir, when she'd gone down to breakfast."

"Did she come up to her room after breakfast, do you know?"

"Yes, sir. She came up about a quarter to ten."

"Did she stay in her room?"

"I think so, sir. She came out, hurrying rather, just before half past ten."

"You didn't go into her room again?"

"No, sir. I had finished with it."

Poirot nodded. He said:

"There is another thing I want to know. What people bathed before breakfast this morning?"

"I couldn't say about the other wing and the floor above. Only about this one."

"That is all I want to know."

— Ну, а содержимое мусорных корзин, где оно?

— Тоже должно быть в баке.

— Гм... ну, думаю, пока что это все, — сказал Уэстон и вопросительно посмотрел на Пуаро.

Тот подался вперед.

— Когда вы сегодня утром убирали в комнате мисс Линды Маршалл, вы не трогали камин?

— Там все было в порядке. Огонь в нем не разводили.

— И в самом камине ничего не было?

— Нет, сэр, все было в полном порядке.

— В котором часу вы убирали в ее комнате?

— Примерно в четверть десятого, сэр, когда мисс Линда спустилась завтракать.

— После завтрака она возвращалась к себе, вы не знаете?

— Да, сэр, возвращалась. Примерно без четверти десять.

— Она долго пробыла у себя?

— Думаю, да, сэр. Мисс Линда вышла в половине одиннадцатого, и она очень спешила.

— Больше вы в ее комнату не заходили?

— Нет, сэр. Я уже закончила там уборку.

Пуаро кивнул.

— У меня есть к вам еще кое-что, — сказал он. — Кто из отдыхающих купался сегодня утром перед завтраком?

— Я не могу ничего сказать про другое крыло и первый этаж. Только про это крыло.

— Именно это я и хочу узнать.

"Well, sir. Captain Marshall and Mr Redfern were the only ones this morning, I think. They always go down for an early dip."

"Did you see them?"

"No, sir, but their wet bathing things were hanging over the balcony rail as usual."

"Miss Linda Marshall did not bathe this morning?"

"No, sir. All her bathing dresses were quite dry."

"Ah," said Poirot. "That is what I wanted to know."

Gladys Narracott volunteered: "She does most mornings, sir."

"And the other three, Miss Darnley, Mrs Redfern and Mrs Marshall?"

"Mrs Marshall never, sir. Miss Darnley has once or twice, I think. Mrs Redfern doesn't often bathe before breakfast — only when it's very hot, but she didn't this morning."

Again Poirot nodded. Then he asked:

"I wonder if you have noticed whether a bottle is missing from any of the rooms you look after in this wing?"

"A bottle, sir? What kind of bottle?"

"Unfortunately I do not know. But have you noticed — if one has gone?"

Gladys said frankly: "I shouldn't from Mrs Marshall's room, sir, and that's a fact. She has ever so many."

— Ну, сэр, думаю, сегодня утром купались только капитан Маршалл и мистер Редферн. Они всегда ходят окунуться перед завтраком.

— Вы их видели?

— Нет, сэр, но их мокрые вещи, как обычно, висели на перилах на балконе.

— Мисс Линда Маршалл сегодня утром купаться не ходила?

— Нет, сэр. Все ее купальники были совершенно сухие.

— Так, — сказал Пуаро. — Это все, что я хотел узнать.

— Как правило, сэр, мисс Линда ходит по утрам купаться, — добавила Глэдис Нарракот.

— А остальные три дамы — мисс Дарнли, миссис Редферн и миссис Маршалл?

— Миссис Маршалл никогда не купалась, сэр. Мисс Дарнли купалась раз или два, наверное. Миссис Редферн редко купается перед завтраком — только если очень жарко, но сегодня она не купалась.

Пуаро снова кивнул и спросил:

— Мне хочется узнать, вы не заметили, не пропала ли из комнат в этом крыле какая-нибудь бутылочка?

— Бутылочка, сэр? Какая бутылочка?

— К сожалению, я не знаю. Но вы не обратили внимания — полагаю, если бы бутылочка пропала, вы бы это заметили?

— Если в комнате миссис Маршалл, сэр, то не заметила бы, это точно, — честно призналась Глэдис. — У нее их так много...

"And the other rooms?"

"Well, I'm not sure about Miss Darnley. She has a good many creams and lotions. But from the other rooms, yes, I would, sir. I mean if I were to look special. If I were noticing, so to speak."

"But you haven't actually noticed?"

"No, because I wasn't looking special, as I say."

"Perhaps you would go and look now, then."

"Certainly, sir."

She left the room, her print dress rustling. Weston looked at Poirot. He said:

"What's all this?"

Poirot murmured: "My orderly mind, that is vexed by trifles! Miss Brewster, this morning, was bathing off the rocks before breakfast, and she says that a bottle was thrown from above and nearly hit her. Eh bien, I want to know who threw that bottle and why?"

"My dear man, any one may have chucked a bottle away."

"Not at all. To begin with, it could only have been thrown from a window on the east side of the hotel — that is, one of the windows of the rooms we have just examined. Now I ask you, if you have an empty bottle on your dressing-table or in your bathroom, what do you do with it? I will tell you, you drop it into the wastepaper basket. You do not take the trouble to go out on your balcony and hurl it into the sea! For one thing you might hit someone, for another it would be

— Ну, а в других комнатах?

— Что ж, про комнату мисс Дарнли ничего не могу сказать. У нее порядочно всяких кремов и лосьонов. Но что касается остальных комнат, сэр, — да, заметила бы. Я хочу сказать, если б присмотрелась внимательно.

— Но так вы ничего не заметили?

— Нет, потому что не присматривалась внимательно, как я уже сказала.

— Быть может, вы сейчас сходите и посмотрите?

— Конечно, сэр.

Она вышла, шурша ситцевым платьем. Уэстон посмотрел на Пуаро:

— Что все это значит?

— Моей голове, привыкшей к порядку, не дают покоя всяческие мелочи, — пробормотал Пуаро. — Сегодня утром мисс Брюстер купалась на скалах, и она говорит, что сверху была брошена бутылка, которая едва в нее не попала. Eh bien, я хочу выяснить, кто выбросил эту бутылку и почему.

— Дорогой мой Пуаро, мало ли кто мог выбросить бутылку!

— Вовсе нет. Начнем с того, что ее можно было выбросить только из окна на восточной стороне — то есть из окна одной из комнат, которые мы только что осмотрели. Теперь я спрашиваю, если у вас на туалетном столике или в ванной комнате есть пустая бутылочка, как вы с ней поступаете? И я вам скажу: вы выбрасываете ее в мусорную корзину. Вы не пойдете на балкон, чтобы швырнуть ее в море! Во-первых, так можно попасть в кого-нибудь;

327

too much trouble. No, you would only do that if you did not want anyone to see that particular bottle."

Weston stared at him. Weston said:
"I know that Chief Inspector Japp, whom I met over a case not long ago, always says you have a damned tortuous mind. You're not going to tell me now that Arlena Marshall wasn't strangled at all, but poisoned out of some mysterious bottle with a mysterious drug?"

"No, no, I do not think there was poison in that bottle."
"Then what was there?"
"I do not know at all. That's why I am interested."

Gladys Narracott came back. She was a little breathless. She said:
"I'm sorry, sir, but I can't find anything missing. I'm sure there's nothing gone from Captain Marshall's room or Miss Linda Marshall's room or Mr and Mrs Redfern's room, and I'm pretty sure there's nothing gone from Miss Darnley's either. But I couldn't say about Mrs Marshall's. As I say, she's got such a lot."

Poirot shrugged his shoulders.
He said: "No matter. We will leave it."
Gladys Narracott said: "Is there anything more, sir?" She looked from one to the other of them.
Weston said: "Don't think so. Thank you."

во-вторых, это слишком хлопотно. Нет, человек поступит так только в том случае, если не хочет, чтобы кто-либо увидел эту бутылочку.

Уэстон смерил его долгим взглядом.

— Старший инспектор Джепп, с которым я не так давно расследовал одно дело, не перестает повторять, что ваши мысли движутся по чертовски извилистому пути. Не собираетесь ли вы сказать, что Арлена Маршалл вовсе не была задушена, а что ее отравили таинственным ядом из таинственной бутылочки?

— Нет, я не думаю, что в этой бутылочке был яд.

— Тогда что же в ней было?

— Не знаю. У меня нет никаких предположений. Вот почему меня это интересует.

Вернулась запыхавшаяся Глэдис Нарракот.

— Сожалею, сэр, но я ничего не нашла, — сказала она. — Я уверена, что из комнаты капитана Маршалла ничего не пропало, как и из комнаты мисс Линды Маршалл, и из комнаты мистера и миссис Редферн, и, по-моему, из комнаты мисс Дарнли также ничего не пропало. Но про комнату миссис Маршалл я ничего не могу сказать. Как я уже говорила, у нее так много всего!

Пуаро пожал плечами.

— Не важно, — сказал он. — Оставим это.

— Что-нибудь еще, сэр? — спросила Глэдис, переводя взгляд с одного сыщика на другого.

— Не думаю, — ответил Уэстон. — Благодарю вас.

Poirot said: "I thank you, no. You are sure, are you not, that there is nothing — nothing at all, that you have forgotten to tell us?"

"About Mrs Marshall, sir?"

"About anything at all. Anything unusual, out of the way, unexplained, slightly peculiar, rather curious — enfin, something that has made you say to yourself or to one of your colleagues: That's funny!'?"

Gladys said doubtfully: "Well, not the sort of thing that you would mean, sir?"

Hercule Poirot said: "Never mind what I mean. You do not know what I mean. It is true, then, that you have said to yourself or to a colleague today: 'That is funny!'?"

He brought out the three words with ironic detachment.

Gladys said: "It was nothing really. Just a bath being run. And I did pass the remark to Elsie, downstairs, that it was funny somebody having a bath round about twelve o'clock."

"Whose bath, who had a bath?"

"That I couldn't say, sir. We heard it going down the waste from this wing, that's all, and that's when I said what I did to Elsie."

"You're sure it was a bath? Not one of the hand-basins?"

"Oh! quite sure, sir. You can't mistake bath-water running away."

— Спасибо, у меня тоже больше нет вопросов, — произнес Пуаро. — Вы уверены, что не было ничего — абсолютно ничего такого, о чем вы забыли нам рассказать?

— Вы имеете в виду миссис Маршалл, сэр?

— Все что угодно. Все странное, необычное, необъяснимое, любопытное, не такое, как всегда, — enfin, что-то такое, о чем вы сказали самой себе или своим подругам: «Ну и ну!»

— Ну, не совсем то, сэр, что вы имеете в виду, — неуверенно произнесла Глэдис.

— Не важно, что я имел в виду, — успокоил ее детектив. — Вы ведь этого не знаете. Значит, вы действительно сегодня сказали самой себе или своим подругам: «Ну и ну!»?

Последние три слова он произнес с легкой иронией.

— На самом деле ничего такого не было, — сказала Глэдис. — Просто я услышала, как кто-то спускает из ванны воду. И я действительно заметила Элси, горничной с первого этажа: «Ну и ну! Кто-то принимал ванну в двенадцать часов дня!»

— Чья это была ванна, кто принимал ванну?

— Не могу сказать, сэр. Мы услышали, как вода течет по трубе в этом крыле, только и всего; тогда-то я и сказала это Элси.

— Вы уверены, что воду слили именно из ванны? А не из раковины?

— О! Абсолютно уверена, сэр. Это ни с чем нельзя спутать.

Poirot displaying no further desire to keep her, Gladys Narracott was permitted to depart.

Weston said: "You don't think this bath question is important, do you, Poirot? I mean, there's no point to it. No bloodstains or anything like that to wash off. That's the -" He hesitated.

Poirot cut in: "That, you would say, is the advantage of strangulation! No bloodstains, no weapon — nothing to get rid of or conceal! Nothing is needed but physical strength — and the soul of a killer!"

His voice was so fierce, so charged with feeling, that Weston recoiled a little. Hercule Poirot smiled at him apologetically.

"No, no," he said, "the bath is probably of no importance. Any one may have had a bath. Mrs Redfern before she went to play tennis. Captain Marshall, Miss Darnley. As I say, any one. There is nothing in that."

A Police Constable knocked at the door, and put in his head.

"It's Miss Darnley, sir. She says she'd like to see you again for a minute. There's something she forgot to tell you, she says."

Weston said: "We're coming down — now."

The first person they saw was Colgate. His face was gloomy.

"Just a minute, sir."

Поскольку Пуаро не изъявил желания задерживать ее дальше, Глэдис Нарракот разрешили удалиться.

— Пуаро, неужели вы полагаете, что вопрос с ванной имеет какое-то значение? — спросил Уэстон. — Я хочу сказать, это же никак не связано с нашим делом. Не было ни пятен крови, ни чего-нибудь другого, что требовалось смыть. Вот в чем... — Он умолк.

— Вот в чем преимущество удушения! — закончил за него Пуаро. — Ни пятен крови, ни оружия — ничего такого, от чего нужно избавиться. Требуется только физическая сила — и душа убийцы!

Он говорил с таким пылом, с таким чувством, что Уэстон слегка опешил. Детектив виновато улыбнулся.

— Не знаю, — сказал он. — Возможно, ванна тут ни при чем. Мало ли кто мог принимать ванну. Миссис Редферн перед тем, как пойти играть в теннис, капитан Маршалл, мисс Дарнли... Как я уже сказал, кто угодно.

В дверь постучали, и в комнату просунул голову констебль.

— Это мисс Дарнли, сэр. Она говорит, что хочет отнять у вас еще минутку. Говорит, что забыла кое-что вам сказать.

— Мы идем вниз — прямо сейчас, — сказал Уэстон.

Первым, кого они увидели, был Колгейт. Лицо инспектора было мрачным.

— Всего одну минутку, сэр.

Weston and Poirot followed him into Mrs Castle's office.

Colgate said: "I've been checking up with Heald on this typewriting business. Not a doubt of it, it couldn't be done under an hour. Longer, if you had to stop and think here and there. That seems to me pretty well to settle it. And look at this letter."

He held it out.
"My dear Marshall,
"Sorry to worry you on your holiday but an entirely unforeseen situation has arisen over the Burley and Tender contracts..."
"Etcetera, etcetera," said Colgate. "Dated the 24th — that's yesterday. Envelope postmarked yesterday evening E.C.I and Leathercombe Bay this morning. Same typewriter used on envelope and in letter. And by the contents it was clearly impossible for Marshall to prepare his answer beforehand. The figures arise out of the ones in the letter — the whole thing is quite intricate."

"H'm," said Weston gloomily. "That seems to let Marshall out. We'll have to look elsewhere." He added: "I've got to see Miss Darnley again. She's waiting now."

Rosamund came in crisply. Her smile held an apologetic nuance.
She said: "I'm frightfully sorry. Probably it isn't worth bothering about. But one does forget things so."

Уэстон и Пуаро прошли следом за ним в кабинет миссис Касл.

— Мы с Хильдой проверили версию с печатной машинкой, — сказал Колгейт. — Никаких сомнений быть не может: чтобы все это напечатать, нужно не меньше часа. Даже больше, если останавливаться, чтобы обдумать фразу. На мой взгляд, это все окончательно решает. И взгляните-ка на письмо.

Он протянул листок бумаги.

Дорогой Маршалл!

Сожалею, что вынужден побеспокоить вас на отдыхе, однако с контрактами «Берли и Тендер» возникла совершенно непредвиденная ситуация...

— И так далее, и так далее, — продолжал Колгейт. — Датировано двадцать четвертым — то есть вчерашним днем. На конверте штемпели, Лондон вчера вечером и Лезеркомб-Бэй сегодня утром. Конверт и само письмо отпечатаны на одной и той же машинке. И из содержания следует, что Маршалл никак не мог подготовить ответ заранее. Цифры, которые он приводит, следуют из тех, что содержатся в письме, — все тесно взаимосвязано.

— Гм, — мрачно пробормотал Уэстон. — Похоже, это окончательно доказывает, что Маршалл тут ни при чем. Придется искать в другом месте. — Помолчав, он добавил: — Я собираюсь снова встретиться с мисс Дарнли. Она уже ждет.

Решительной походкой вошла Розамунд. Однако теперь ее улыбка была виноватой.

— Мне ужасно совестно, — сказала она. — Возможно, не стоило вас из-за этого беспокоить. Но подобные вещи забываются так быстро.

"Yes, Miss Darnley?" The Chief Constable indicated a chair.

She shook her shapely black head.

"Oh, it isn't worth sitting down. It's simply this. I told you that I spent the morning lying out on Sunny Ledge. That isn't quite accurate. I forgot that once during the morning I went back to the hotel and out again."

"What time was that, Miss Darnley?"

"It must have been about a quarter past eleven."

"You went back to the hotel, you said?"

"Yes, I'd forgotten my glare glasses. At first I thought I wouldn't bother and then my eyes got tired and I decided to go in and get them."

"You went straight to your room and out again."

"Yes. At least, as a matter of fact, I just looked in on Ken — Captain Marshall. I heard his machine going and I thought it was so stupid of him to stay indoors typing on such a lovely day. I thought I'd tell him to come out."

"And what did Captain Marshall say?"

Rosamund smiled rather shamefacedly.

"Well, when I opened the door he was typing so vigorously, and frowning and looking so concentrated that I just went away quietly. I don't think he even saw me come in."

"And that was — at what time, Miss Darnley?"

"Just about twenty past eleven. I noticed the clock in the hall as I went out again."

— Да, мисс Дарнли? — Главный констебль указал ей на стул.

Розамунд тряхнула своей элегантной прической.

— О, мне нет смысла садиться. Дело вот в чем. Я сказала вам, что провела все утро, лежа на Солнечной террасе. Так вот, это не совсем верно. Я забыла упомянуть о том, что один раз сходила в пансионат и вернулась обратно.

— В котором часу это было, мисс Дарнли?

— Должно быть, где-то в четверть двенадцатого.

— Вы сказали, что возвратились в пансионат?

— Да, я забыла солнцезащитные очки. Сначала я думала, что обойдусь без них, но затем у меня разболелись глаза, и я решила все же сходить за ними.

— Вы прошли прямо в свой номер и вернулись назад?

— Да. Хотя, если точнее, я заглянула к Кену... капитану Маршаллу. Услышав стук пишущей машинки, я подумала, как это глупо — торчать в четырех стенах в такой замечательный день. И решила предложить ему выйти на улицу.

— И что вам ответил капитан Маршалл?

Розамунд смущенно улыбнулась.

— Ну, когда я заглянула к нему, он так усердно стучал на машинке, так сосредоточенно хмурился, что я просто тихо прикрыла дверь и ушла. Не думаю, что он даже заметил мое появление.

— И это произошло — когда, мисс Дарнли?

— Где-то в двадцать минут двенадцатого. Выходя из пансионата, я взглянула на часы на стене.

"And that puts the lid on it finally," said Inspector Colgate. "The chambermaid heard him typing up till five minutes to eleven. Miss Darnley saw him at twenty minutes past, and the woman was dead at a quarter to twelve. He says he spent that hour typing in his room and it seems quite clear that he was typing in his room. That washes Captain Marshall right out." He stopped, then looking at Poirot with some curiosity he asked: "M. Poirot's looking very serious over something."

Poirot said thoughtfully: "I was wondering why Miss Darnley suddenly volunteered this extra evidence."

Inspector Colgate cocked his head alertly.

"Think there's something fishy about it? That it isn't just a question of 'forgetting'?" He considered for a moment or two, then he said slowly: "Look here, sir, let's look at it this way. Supposing Miss Darnley wasn't on Sunny Ledge this morning as she says. That story's a lie. Now suppose that after telling us her story, she finds that somebody saw her somewhere else or alternatively that someone went to the Ledge and didn't find her there. Then she thinks up this story quick and comes and tells it to us to account for her absence. You'll notice that she was careful to say Captain Marshall didn't see her when she looked into his room."

Зло под солнцем

— Это окончательно снимает все вопросы, — сказал инспектор Колгейт. — Горничная слышала, как Маршалл печатал до без пяти минут одиннадцать. Мисс Дарнли видела его в двадцать минут двенадцатого, а его жена была убита без четверти двенадцать. Маршалл утверждает, что целый час сидел в номере и печатал, и, похоже, совершенно очевидно, что он действительно сидел в номере и печатал. То есть капитан Маршалл абсолютно чист. — Остановившись, он с любопытством посмотрел на Пуаро и спросил: — Похоже, месье Пуаро, вы над чем-то глубоко задумались.

— Я размышлял, почему мисс Дарнли внезапно вспомнила такое важное обстоятельство, — задумчиво ответил маленький бельгиец.

Инспектор Колгейт встревоженно склонил голову набок.

— Вы полагаете, тут что-то нечисто? И дело вовсе не в том, что она просто «забыла»? — Подумав минуту-другую, он медленно произнес: — Хорошо, сэр, давайте взглянем на это вот с какой стороны. Допустим, сегодня утром мисс Дарнли не сидела на Солнечной террасе, как она утверждает. Ее рассказ — ложь. Теперь предположим, что, уже рассказав нам свою версию, она выяснила, что кто-то видел ее в другом месте или, наоборот, кто-то пришел на Солнечную террасу и не обнаружил ее там. И вот мисс Дарнли быстро придумывает эту историю и выкладывает ее нам, объясняя свое отсутствие. Обратите внимание, она подчеркнула, что капитан Маршалл не заметил ее, когда она заглядывала к нему в номер.

Poirot murmured: "Yes, I noticed that."

Weston said incredulously: "Are you suggesting that Miss Darnley's mixed up in this? Nonsense, seems absurd to me. Why should she be?"

Inspector Colgate coughed.

He said: "You'll remember what the American lady, Mrs Gardener, said. She sort of hinted that Miss Darnley was sweet on Captain Marshall. There'd be a motive there, sir."

Weston said impatiently: "Arlena Marshall wasn't killed by a woman. It's a man we've got to look for. We've got to stick to the men in the case."

Inspector Colgate sighed.

He said: "Yes, that's true, sir. We always come back to that, don't we?"

Weston went on: "Better put a constable on to timing one or two things. From the hotel across the island to the top of the ladder. Let him do it running and walking. Same thing with the ladder itself. And somebody had better check the time it takes to go on a float from the bathing beach to the cove."

Inspector Colgate nodded.

"I'll attend to all that, sir," he said confidently.

The Chief Constable said: "Think I'll go along to the cove now. See if Phillips has found anything. Then there's that Pixy's Cave that we've been hearing about. Ought to see if there are any traces of a man waiting in there. Eh? Poirot. What do you think?"

"By all means. It is a possibility."

— Да, я это отметил, — согласился Пуаро.

— Вы хотите сказать, что мисс Дарнли замешана в этом? — недоверчиво произнес Уэстон. — По-моему, это полная чепуха, абсурд. С какой стати?

Инспектор Колгейт кашлянул.

— Вспомните, что говорила миссис Гарднер, американка. Она достаточно прямо намекнула на то, что мисс Дарнли неравнодушна к капитану Маршаллу. Вот вам и мотив, сэр.

— Арлену Маршалл убила не женщина! — нетерпеливо воскликнул Уэстон. — Мы должны искать мужчину. В этом деле нас интересуют одни только мужчины.

Инспектор Колгейт вздохнул.

— Да, сэр, вы правы, — сказал он. — Мы неизменно возвращаемся к этому.

— Лучше попросите одного из констеблей засечь время, — продолжал Уэстон. — Сколько идти от пансионата через остров к лестнице. Бегом и обычным шагом. То же самое с самой лестницей. И еще пусть кто-нибудь засечет, за сколько можно доплыть на плоту от пляжа до бухты.

Инспектор Колгейт кивнул.

— Я этим займусь, — уверенно заявил он.

— А я, пожалуй, сейчас отправлюсь в бухту, — сказал главный констебль. — Посмотрю, удалось ли Филлипсу что-нибудь найти. Потом еще эта пещера Эльфов, о которой нам рассказали... Нужно проверить, есть ли там какие-либо следы пребывания человека. Пуаро, что вы на этот счет думаете?

— Вне всякого сомнения, это нужно проверить.

Weston said: "If somebody from outside had nipped over to the island that would be a good hiding-place — if he knew about it. I suppose the locals know?"

Colgate said: "Don't believe the younger generation would. You see, ever since this hotel was started the coves have been private property. Fishermen don't go there, or picnic parties. And the hotel people aren't local. Mrs Castle's a Londoner."

Weston said: "We might take Redfern with us. He told us about it. What about you, M. Poirot?"

Hercule Poirot hesitated.
He said, his foreign intonation very pronounced: "No, I am like Miss Brewster and Mrs Redfern, I do not like to descend perpendicular ladders."

Weston said: "You can go round by boat."

Again Hercule Poirot sighed.
"My stomach, it is not happy on the sea."
"Nonsense, man, it's a beautiful day. Calm as a mill pond. You can't let us down, you know."

Hercule Poirot hardly looked like responding to this British adjuration. But at that moment, Mrs Castle poked her ladylike face and elaborate coiffure round the door.

— Если кто-то посторонний незаметно проскользнул на остров, — произнес Уэстон, — пещера — лучшее место, чтобы спрятаться, — если, конечно, этот человек о ней знал. Полагаю, местные о ней знают?

— Не думаю, что молодое поколение о ней слышало, — возразил Колгейт. — Видите ли, с тех пор как пансионат стал частной собственностью, доступ в бухты был закрыт. Туда не заходят ни рыбаки, ни гуляющие. А хозяева пансионата не из местных. Мисс Касл — уроженка Лондона.

— Наверное, нам имеет смысл захватить с собой Редферна, — сказал Уэстон. — Это ведь он рассказал нам о пещере. Вы с нами, Пуаро?

Детектив замялся.

— Что касается меня, я совсем как мисс Брюстер и миссис Редферн, — сказал он, и иностранный акцент в его голосе прозвучал особенно заметно. — Я не люблю спускаться по отвесным лестницам.

— Можно обогнуть остров на лодке, — предложил Уэстон.

И снова Эркюль Пуаро вздохнул.

— Мой желудок, он плохо чувствует себя в море.

— Чепуха, друг мой, сегодня чудесный день. Море спокойное, как заводь. Вы не можете нас подвести.

Судя по всему, Пуаро не собирался откликнуться на этот типично британский призыв. Однако в этот самый момент миссис Касл просунула в дверь свое утонченное лицо и затейливую прическу.

"Ay'm sure Ay hope Ay am not intruding," she said. "But Mr Lane, the clergyman, you know, has just returned. Ay thought you might like to know."

"Ah, yes, thanks, Mrs Castle. We'll see him right away."

Mrs Castle came a little further into the room.

She said: "Ay don't know if it is worth mentioning, but Ay have heard that the smallest incident should not be ignored -"

"Yes, yes?" said Weston impatiently.

"It is only that there was a lady and gentleman here about one o'clock. Came over from the mainland. For luncheon. They were informed that there had been an accident and that under the circumstances no luncheon could be served."

"Any idea who they were?"

"Ay couldn't say at all. Naturally no name was given. They expressed disappointment and a certain amount of curiosity as to the nature of the accident. Ay couldn't tell them anything, of course. Ay should say, myself, they were summer visitors of the better class."

Weston said brusquely: "Ah, well, thank you for telling us. Probably not important but quite right — er — to remember everything."

"Naturally," said Mrs Castle, "Ay wish to do my Duty!"

"Quite, quite. Ask Mr Lane to come here."

— Хочется верить, что я вам не помешала, — сказала она. — Но мистер Лейн, священник, он только что вернулся. Я подумала, что нужно вам об этом сообщить.

— О, благодарю вас, миссис Касл. Мы тотчас же встретимся с ним.

Хозяйка прошла дальше в кабинет.

— Не знаю, имеет ли смысл об этом говорить, — сказала она, — но я слышала, что нельзя оставлять без внимания даже самые незначительные мелочи...

— Да, да? — нетерпеливо спросил Уэстон.

— Дело в том, что около часа дня здесь были леди и джентльмен. Пришли с большой земли. Пообедать. Им сообщили, что здесь произошел несчастный случай и в данных обстоятельствах подать обед им не могут.

— Вы не знаете, кто это был?

— Я не имею ни малейшего понятия. Естественно, своих имен они не назвали. Они выразили разочарование, а также определенное любопытство относительно природы несчастного случая. Разумеется, я ничего не могла им сказать. На мой взгляд, это были люди порядочные.

— Ну, хорошо, спасибо за то, что сообщили об этом, — резко произнес Уэстон. — Вероятно, это не имеет никакого отношения, но вы были совершенно правы, что... э... ничего не упустили.

— Естественно, — сказала миссис Касл. — Я стремлюсь выполнить свой долг!

— Конечно, конечно. Пригласите сюда мистера Лейна.

Stephen Lane strode into the room with his usual vigor.

Weston said: "I'm the Chief Constable of the County, Mr Lane. I suppose you've been told what has occurred here?"

"Yes — oh, yes — I heard as soon as I got here. Terrible... Terrible..." His thin frame quivered. He said in a low voice: "All along — ever since I arrived here — I have been conscious — very conscious — of the forces of evil close at hand."

His eyes, burning eager eyes, went to Hercule Poirot.

He said: "You remember, M. Poirot? Our conversation some days ago? About the reality of evil?"

Weston was studying the tall gaunt figure in some perplexity. He found it difficult to make this man out. Lane's eyes came back to him. The clergyman said with a slight smile:

"I daresay that seems fantastic to you, sir. We have left off believing in evil in these days. We have abolished Hell fire! We no longer believe in the Devil! But Satan and Satan's emissaries were never more powerful than they are today!"

Weston said: "Er — er — yes, perhaps. That, Mr Lane, is your province. Mine is more prosaic — to clear up a case of murder."

Stephen Lane said: "An awful word. Murder! One of the earliest sins known on earth — the ruthless shedding of an innocent brother's blood..." He paused,

Стивен Лейн вошел в кабинет бодро и энергично.

— Я главный констебль графства, мистер Лейн, — представился Уэстон. — Полагаю, вам уже рассказали о том, что здесь произошло?

— Да — о да, я услышал, как только вернулся сюда. Ужасно... просто ужасно... — Его хрупкая фигура задрожала. Он тихо промолвил: — С самого начала... как только я сюда приехал... я чувствовал... остро чувствовал... что силы зла совсем близко!

Его истовый пылающий взгляд обратился на Эркюля Пуаро.

— Вы помните, месье Пуаро? Наш разговор несколько дней назад? О реальности зла?

Уэстон озадаченно рассматривал долговязого худого священника. Он никак не мог понять, что представляет собой этот человек. Снова повернувшись к нему, священник слабо усмехнулся и сказал:

— Смею предположить, сэр, вам это кажется чем-то фантастическим. В наши дни мы перестали верить в зло. Отменили адский огонь! Мы больше не верим в Дьявола! Однако Сатана и его приспешники никогда еще не были такими могущественными, как сегодня!

— Э... ну... да, наверное, — сказал Уэстон. — Это, мистер Лейн, по вашей части. Меня же интересуют более прозаические вопросы — я хочу раскрыть убийство.

— Какое жуткое слово: убийство! Один из самых первых грехов, известных на земле, — безжалостно пролитая кровь невинного брата... — Оста-

his eyes half closed. Then, in a more ordinary voice he said: "In what way can I help you?"

"First of all, Mr Lane, will you tell me your own movements today?"

"Willingly. I started off early on one of my usual tramps. I am fond of walking. I have roamed over a good deal of the countryside round here. Today I went to St Petrock-in-the-Combe. That is about seven miles from here — a very pleasant walk along winding lanes, up and down the Devon hills and valleys. I took some lunch with me and ate it in a spinney. I visited the Church — it has some fragments — only fragments, alas, of early glass — also a very interesting painted screen."

"Thank you, Mr Lane. Did you meet any one on your walk?"

"Not to speak to. A cart passed me once and a couple of boys on bicycles and some cows. However," he smiled, "if you want proof of my statement I wrote my name in the book at the Church. You will find it there."

"You did not see any one at the Church itself — the Vicar, or the verger?"

Stephen Lane shook his head.

He said: "No, there was no one about and I was the only visitor. St Petrock is a very remote spot. The village itself lies on the far side of it about half a mile further on."

новившись, Лейн закрыл глаза; затем уже более обыденным голосом продолжал: — Чем я могу вам помочь?

— Первым делом, мистер Лейн, не могли бы вы рассказать о том, чем сегодня занимались?

— С готовностью. Я вышел рано и, как всегда, отправился на прогулку. Я люблю ходить пешком. Здесь я исходил вдоль и поперек все окрестности. Сегодня я отправился в Сент-Петрок-ин-зе-Кум. Это приблизительно в семи милях отсюда — очаровательная прогулка по тропинкам, петляющим по холмам и долинам Девоншира. Я захватил с собой поесть и перекусил в одной из рощ. Моей целью была церковь, в которой сохранились фрагменты — увы, только фрагменты старинных витражей, — а также одна очень интересная фреска.

— Благодарю вас, мистер Лейн. По дороге вы никого не встретили?

— Никого, о ком стоило бы упомянуть. Один раз мимо проехала телега, потом двое мальчишек на велосипедах и несколько коров. Однако, — священник усмехнулся, — если вам требуется доказательство моих слов, я записал свою фамилию в книге в церкви. Ее можно там увидеть.

— А в самой церкви вы никого не видели — викария или, быть может, служку?

Стивен Лейн покачал головой.

— Нет, там никого не было, и я был единственным посетителем. Сент-Петрок — очень уединенное место. Сама деревня находится в полумиле дальше.

Colonel Weston said pleasantly: "You mustn't think we're — er — doubting what you say. Just a matter of checking up on everybody. Just routine, you know, routine. Have to stick to routine in cases of this kind."

Stephen Lane said gently: "Oh, yes, I quite understand."

Weston went on: "Now the next point. Is there anything you know that would assist us at all? Anything about the dead woman? Anything that could give us a pointer as to who murdered her? Anything you heard or saw?"

Stephen Lane said: "I heard nothing. All I can tell you is this: that I knew instinctively as soon as I saw her that Arlena Marshall was a focus of evil. She was Evil! Evil personified! Woman can be man's help and inspiration in life — she can also be man's downfall. She can drag a man down to the level of the beast. The dead woman was just such a woman. She appealed to everything base in a man's nature. She was a woman such as Jezebel and Aholibah. Now — she has been struck down in the middle of her wickedness!"

Hercule Poirot stirred.
He said: "Not struck down — strangled! Strangled, Mr Lane, by a pair of human hands."

— Вы не должны думать, будто мы... э... сомневаемся в ваших словах, — любезным тоном произнес полковник Уэстон. — Просто мы должны проверить всех. Формальность, понимаете ли, чистая формальность. В подобных делах необходимо действовать досконально.

— О да, — мягко согласился Стивен Лейн. — Я все понимаю.

— Теперь переходим к следующему вопросу, — продолжал Уэстон. — Известно ли вам что-либо такое, что может нам помочь? Что-нибудь об убитой женщине? Что-нибудь такое, что укажет на то, кто ее убил? Быть может, вы что-нибудь видели или слышали.

— Я ничего не слышал, — уверенно заявил Лейн. — Могу сказать вам только вот что: как только я впервые увидел Арлену Маршалл, я сразу же интуитивно почувствовал, что она является средоточием зла. Она и была само Зло! Олицетворение Зла! Женщина в жизни может быть помощником и вдохновителем мужчины — но также она может быть причиной его падения. Она способна низвести мужчину до животного уровня! И убитая была именно такой женщиной. Она взывала к низменным сторонам человеческой природы. Она была одновременно Иезавелью и Оголивой! И ее покарали — она была сражена!

Эркюль Пуаро встрепенулся.

— Не сражена — задушена, — поправил он. — Задушена, мистер Лейн, парой человеческих рук.

The clergyman's own hands trembled. The fingers writhed and twitched. He said, and his voice came low and choked:

"That's horrible — horrible — Must you put it like that?"

Hercule Poirot said: "It is the simple truth. Have you any idea, Mr Lane, whose hands those were?"

The other shook his head.
He said: "I know nothing — nothing..."
Weston got up. He said, after a glance at Colgate to which the latter replied by an almost imperceptible nod,
"Well, we must get on to the Cove."
Lane said: "Is that where — it happened?"
Weston nodded.
Lane said: "Can — can I come with you?"

About to return a curt negative, Weston was forestalled by Poirot.
"But certainly," said Poirot. "Accompany me there in a boat, Mr Lane. We start immediately."

Chapter 9

For the second time that morning Patrick Redfern was rowing a boat into Pixy's Cove. The other occupants of the boat were Hercule Poirot, very pale with a hand to his stomach, and Stephen Lane. Colonel

При этих словах у священника задрожали руки, пальцы стали судорожно сжиматься и дергаться.

— Это ужасно... ужасно... — сдавленным голосом едва слышно произнес он. — Неужели нужно было выразить все именно так?

— Но это чистая правда, — сказал Пуаро. — Мистер Лейн, у вас есть какие-нибудь мысли относительно того, чьи это были руки?

Лейн затряс головой.

— Я ничего не знаю... ничего...

Уэстон встал. Он бросил взгляд на Колгейта, и тот ответил едва заметным кивком.

— Что ж, нам нужно отправиться в бухту Эльфов.
— Это случилось... там? — спросил Лейн.

Полковник кивнул.

— Можно... можно мне с вами? — спросил священник.

Уэстон уже готов было ответить кратким отказом, однако Пуаро его опередил.

— Ну разумеется, — сказал он. — Составьте мне компанию, мистер Лейн. Мы трогаемся в путь немедленно.

Глава 9

Второй раз за этот день Патрик Редферн сидел на веслах, направляя лодку в бухту Эльфов. Помимо него в лодке находились Эркюль Пуаро, бледный как полотно, держащийся за живот, и Стивен

Weston had taken the land route. Having been delayed on the way he arrived on the beach at the same time as the boat grounded. A Police Constable and a plain clothes sergeant were on the beach already. Weston was questioning the latter as the three from the boat walked up and joined him.

Sergeant Phillips said: "I think I've been over every inch of the beach, sir."

"Good, what did you find?"

"It's all together here, sir, if you like to come and see."

A small collection of objects was laid out neatly on a rock. There were a pair of scissors, an empty Gold Flake packet, five patent bottle tops, a number of used matches, three pieces of string, one or two fragments of newspaper, a fragment of a smashed pipe, four buttons, the drumstick bone of a chicken and an empty bottle of sun-bathing oil.

Weston looked down appraisingly on the objects.

"H'm," he said. "Rather moderate for a beach nowadays! Most people seem to confuse a beach with a public rubbish dump! Empty bottle's been here some time by the way the label's blurred — so have most of the other things, I should say. The scissors are new, though. Bright and shining. They weren't out in yesterday's rain! Where were they?"

"Close by the bottom of the ladder, sir. Also this bit of pipe."

"H'm, probably dropped by some one going up or down. Nothing to say who they belong to?"

Лейн. Полковник Уэстон отправился сухопутным путем. Задержавшись, он спустился к морю как раз тогда, когда подплыла лодка. Там уже ждали полицейский констебль и сержант в штатском. Пока трое подплывших вытаскивали лодку на берег, Уэстон расспросил сержанта.

— Полагаю, сэр, я осмотрел каждый дюйм берега, — доложил сержант Филлипс.

— Хорошо, и что вы нашли?

— Все собрано здесь, сэр. Можете сами посмотреть.

На плоском камне была аккуратно разложена скудная добыча: ножницы, пустая пачка из-под сигарет «Голд флейк», пять крышек от флаконов, несколько обгорелых спичек, три куска веревки, один или два газетных обрывка, часть сломанной трубки, четыре пуговицы, кость от куриной ножки и пустой флакон из-под масла для загара.

Уэстон одобрительно взглянул на находки.

— Гм, в наши дни это довольно скромный улов для пляжа, — сказал он. — Сейчас многие, похоже, путают пляж с общественной урной! Судя по выцветшей этикетке, флакон пролежал здесь долго, как, по-моему, и большинство остальных предметов. А вот ножницы свежие, блестят и сверкают... Они не мокли под вчерашним дождем! Где они были?

— Рядом с лестницей, сэр. Как и обломок трубки.

— Гм, вероятно, кто-то выронил их, спускаясь или поднимаясь по лестнице. Ничто не указывает на то, чьи они?

"No, sir. Quite an ordinary pair of nail scissors. Pipe's a good quality briar — expensive."

Poirot murmured thoughtfully: "Captain Marshall told us, I think, that he had mislaid his pipe."

Weston said: "Marshall's out of the picture. Anyway he's not the only person who smokes a pipe."

Hercule Poirot was watching Stephen Lane as the latter's hand went to his pocket and away again. He said pleasantly:
"You also smoke a pipe, do you not, Mr Lane?"

The clergyman started. He looked at Poirot.
He said: "Yes. Oh, yes. My pipe is an old friend and companion." Putting his hand into his pocket again he drew out a pipe, filled it with tobacco and lighted it.

Hercule Poirot moved away to where Redfern was standing, his eyes blank. He said in a low voice:
"I'm glad — they've taken her away..."

Stephen Lane asked: "Where was she found?"
The Sergeant said cheerfully: "Just about where you're standing, sir."
Lane moved swiftly aside. He stared at the spot he had just vacated. The Sergeant went on:
"Place where the float was drawn up agrees with putting the time she arrived here at 10.45. That's going by the tide. It's turned now."

— Нет, сэр. Самые обыкновенные маникюрные ножницы. Трубка качественная, из вереска, — дорогая.

— Кажется, капитан Маршалл говорил, что куда-то подевал свою трубку, — задумчиво пробормотал Пуаро.

— Маршалла мы не рассматриваем, — заметил Уэстон. — К тому же он не единственный, кто курит трубку.

Эркюль Пуаро с интересом проследил за тем, как Стивен Лейн потянулся было к карману, но затем отдернул руку.

— Вы ведь тоже курите трубку, мистер Лейн, не так ли? — любезно спросил он.

Тот долго молча смотрел на него.

— Да, — наконец сказал он. — О да. Трубка — мой давний друг и товарищ. — Снова сунув руку в карман, он достал трубку, уже набитую, и раскурил ее.

Эркюль Пуаро подошел к Редферну. Тот стоял бледный, неподвижный.

— Я рад... что ее забрали... — едва слышно произнес он.

— Где ее обнаружили? — спросил Стивен Лейн.

— Примерно там, где вы стоите, сэр, — жизнерадостно промолвил сержант.

Священник поспешно отступил в сторону и уставился на место, которое только что освободил.

— То место, куда был вытащен плот, подтверждает, что миссис Маршалл приплыла сюда в десять сорок пять. Тогда был прилив. Сейчас начинается отлив.

Weston said: "Photography all done?"

"Yes, sir."

Weston turned to Redfern.

"Now then, man, where's the entrance to this cave of yours?"

Patrick Redfern was still staring down at the beach where Lane had been standing. It was as though he was seeing that sprawling body that was no longer there. Weston's words recalled him to himself.

He said: "It's over here."

He led the way to where a great mass of tumbled down rocks were massed picturesquely against the cliffside. He went straight to where two big rocks, side by side, showed a straight narrow cleft between them.

He said: "The entrance is here."

Weston said: "Here? Doesn't look as though a man could squeeze through."

"It's deceptive, you'll find, sir. It can just be done."

Weston inserted himself gingerly into the cleft. It was not as narrow as it looked. Inside, the space widened and proved to be a fairly roomy recess with room to stand upright and to move about. Hercule Poirot and Stephen Lane joined the Chief Constable. The others stayed outside. Light filtered in through the opening, but Weston had also got a powerful torch which he played freely over the interior.

He observed: "Handy place. You'd never suspect it from the outside."

— Фотографии все сделаны? — спросил Уэстон.

— Да, сэр.

Главный констебль повернулся к Редферну:

— Ну, а теперь, друг мой, где вход в эту вашу пещеру?

Патрик все еще смотрел на то место, где до этого стоял Лейн. Казалось, он видит распростертое тело, которого там уже не было. Слова Уэстона заставили его очнуться.

— Он вон там, — сказал Редферн.

Он проводил остальных к живописному скоплению камней под скалой. Пройдя прямиком к двум большим камням, лежащим рядом, указал на узкую прямую расселину между ними:

— Вход здесь.

— Здесь? — удивился Уэстон. — Похоже, человек здесь никак не протиснется.

— Вы убедитесь в том, сэр, что это впечатление обманчиво. Протиснуться можно.

Уэстон осторожно пролез в расселину. Она действительно оказалась не такой узкой, какой казалась со стороны. Внутри проход расширился в довольно просторную пещеру, где можно было свободно выпрямиться в полный рост. К главному констеблю присоединились Эркюль Пуаро и Стивен Лейн. Сержант Филлипс остался снаружи. В расселину проникал свет, но Уэстон захватил с собой мощный фонарь, которым осветил пещеру.

— Удобное местечко, — заметил он. — Снаружи ни за что не догадаешься.

He played the torch carefully over the floor.

Hercule Poirot was delicately sniffing the air. Noticing this, Weston said:

"Air quite fresh, not fishy or seaweedy, but of course this place is well above highwater mark."

But to Poirot's sensitive nose, the air was more than fresh. It was delicately scented. He knew two people who used that elusive perfume...

Weston's torch came to rest.

He said: "Don't see anything out of the way in here."

Poirot's eyes rose to a ledge a little way above his head.

He murmured: "One might perhaps see that there is nothing up there?"

Weston said: "If there's anything up there it would have to be deliberately put there. Still, we'd better have a look."

Poirot said to Lane: "You are, I think, the tallest of us, Monsieur. Could we venture to ask you to make sure there is nothing resting on that ledge?"

Lane stretched up, but he could not quite reach to the back of the shelf. Then, seeing a crevice in the rock, he inserted a toe in it and pulled himself up by one hand.

He said: "Hullo, there's a box up here."

In a minute or two they were out in the sunshine examining the clergyman's find. Weston said:

Он тщательно осветил пол.

Тем временем Пуаро обнюхивал воздух. Увидев это, Уэстон заметил:

— Воздух здесь свежий, без запаха рыбы и водорослей, но, разумеется, пещера находится выше верхнего уровня прилива.

Однако для чуткого обоняния Пуаро воздух был не только свежим. В нем присутствовал тонкий, едва уловимый аромат. Детектив знал двух женщин, которые пользовались такими духами...

Уэстон закончил осмотр.

— Не вижу здесь ничего необычного, — сказал он.

Пуаро поднял взгляд на выступ в стене чуть выше уровня головы.

— Наверное, имеет смысл посмотреть, нет ли там чего-либо? — пробормотал он.

— Если там что-то есть, это положили туда специально, — заметил Уэстон. — И все же лучше проверить.

— Месье, полагаю, среди нас вы самый высокий, — сказал Пуаро, обращаясь к Лейну. — Можно попросить вас убедиться в том, что на этом выступе ничего нет?

Встав на цыпочки, Лейн все равно не смог дотянуться до задней стенки. Затем, увидев углубление в стене, он поставил туда ногу и подтянулся на одной руке.

— Ого, а здесь какая-то коробка!

Через минуту они уже вернулись на солнечный свет и изучали находку священника.

"Careful, don't handle it more than you can help. May be fingerprints."

It was a dark green tin box and bore the word Sandwiches on it.

Sergeant Phillips said: "Left from some picnic or other, I suppose."

He opened the lid with his handkerchief. Inside were small tin containers marked salt, pepper, mustard, and two larger square tins evidently for sandwiches. Sergeant Phillips lifted the lid of the salt container. It was full to the brim. He raised the next one, commenting:

"H'm, got salt in the pepper one too."

The mustard compartment also contained salt. His face suddenly alert, the police sergeant opened one of the bigger square tins. That, too, contained the same white crystalline powder.

Very gingerly, Sergeant Phillips dipped a finger in and applied it to his tongue. His face changed. He said — and his voice was excited:

"This isn't salt, sir. Not by a long way! Bitter taste! Seems to me it's some kind of drug."

"The third angle," said Colonel Weston with a groan.

They were back at the hotel again.

The Chief Constable went on: "If by any chance there's a dope gang mixed up in this, it opens up sev-

— Осторожнее! — предупредил Уэстон. — Не хватайте ее без необходимости. Возможно, на ней есть отпечатки пальцев.

На темно-зеленой жестяной коробке было написано: «Сандвичи».

— Похоже, осталась с какого-нибудь пикника, — предположил сержант Филлипс.

При помощи носового платка он открыл крышку. Внутри были маленькие жестяные баночки, подписанные «соль», «перец», «горчица», и две большие квадратные коробочки, судя по всему, для сандвичей. Сержант Филлипс открыл баночку с солью. Она была наполнена до краев. Сняв крышку с другой баночки, он удивленно пробормотал:

— А вместо перца тоже соль.

В баночке для горчицы также лежала соль. Лицо полицейского сержанта стало настороженным. Он открыл одну из больших квадратных коробочек. И в ней также лежал тот же самый белый кристаллический порошок.

Сержант Филлипс осторожно обмакнул в него палец и поднес его к языку. У него изменилось лицо.

— Это не соль, сэр, — сказал он, и в голосе его прозвучало возбуждение. — Совсем не соль. Вкус горький... По-моему, это какой-то наркотик!

— Вот вам и третий ракурс, — простонал полковник Уэстон.

Они снова вернулись в пансионат.

— Если в этом деле каким-то боком замешана шайка торговцев наркотиками, это открывает сра-

eral possibilities. First of all, the dead woman may have been in with the gang herself. Think that's likely?"

Hercule Poirot said cautiously: "It is possible."

"She may have been a drug addict?"
Poirot shook his head. He said: "I should doubt that. She had steady nerves, radiant health, there were no marks of hypodermic injections (not that that proves anything. Some people sniff the stuff.). No, I do not think she took drugs."

"In that case," said Weston, "she may have run into the business accidentally and she was deliberately silenced by the people running the show. We'll know presently just what the stuff is. I've sent it to Neasdon. If we're on to some dope ring, they're not the people to stick at trifles -"

He broke off as the door opened and Mr Horace Blatt came briskly into the room. Mr Blatt was looking hot. He was wiping the perspiration from his forehead. His big hearty voice billowed out and filled the small room.

"Just this minute got back and heard the news! You the Chief Constable? They told me you were in here. My name's Blatt — Horace Blatt. Any way I can help you? Don't suppose so. I've been out in my boat since early this morning. Missed the whole blinking show. The one day that something does happen in this out-of-the-way spot, I'm not there. Just like life, that, isn't it? Hullo, Poirot, didn't see you at first. So

зу несколько новых возможностей, — продолжал главный констебль. — Во-первых, убитая сама могла быть членом шайки. Как вы на это смотрите?

— Такое возможно, — осторожно произнес Пуаро.

— А что, если она была наркоманкой?

— Сомневаюсь, — покачал головой детектив. — У миссис Маршалл была отличная нервная система, великолепное здоровье, никаких следов инъекций... хотя последнее ничего не доказывает, некоторые эту гадость нюхают... Нет, я не думаю, что она принимала наркотики.

— В таком случае, — сказал Уэстон, — она могла наткнуться на тайник случайно, и те, кто всем заправляет, заставили ее замолчать... Вскоре мы узнаем, что это за вещество. Я отправил его Нисдену. Если мы действительно имеем дело с торговцами наркотиками, эти люди шутить не любят...

Он умолк, поскольку дверь распахнулась и в комнату бодро вошел мистер Хорас Блатт. Судя по виду, ему было очень жарко. Он отирал вспотевший лоб. Его громкий раскатистый голос заполнил все небольшое помещение.

— Только что вернулся и услышал эту новость! Вы главный констебль? Мне сказали, что вы здесь. Моя фамилия Блатт — Хорас Блатт. Я могу вам чем-нибудь помочь? Хотя вряд ли. Сегодня с раннего утра я ходил под парусом. Пропустил весь спектакль, черт возьми... Единственный день, когда в этом забытом богом уголке что-то произошло, — и меня здесь нет! Такова жизнь, правда? Привет,

you're in on this? Oh, well, I suppose you would be. Sherlock Holmes v. the local police, is that it? Ha, ha! Lestrade — all that stuff. I'll enjoy seeing you do a bit of fancy sleuthing."

Mr Blatt came to anchor in a chair, pulled out a cigarette case and offered it to Colonel Weston who shook his head.

He said, with a slight smile: "I'm an inveterate pipe smoker."

"Same here. I smoke cigarettes as well — but nothing beats a pipe."

Colonel Weston said with sudden geniality: "Then light up, man."

Blatt shook his head.

"Not got my pipe on me at the moment. But put me wise about all this. All I've heard so far is that Mrs Marshall was found murdered on one of the beaches here."

"On Pixy Cove," said Colonel Weston, watching him.

But Mr Blatt merely asked excitedly:

"And she was strangled?"

"Yes, Mr Blatt."

"Nasty — very nasty. Mind you, she asked for it! Hot stuff — très moutarde — eh, M. Poirot? Any idea who did it, or mustn't I ask that?"

With a faint smile Colonel Weston said: "Well, you know, it's we who are supposed to ask the questions."

Пуаро, я вас сразу не заметил. Значит, вы занимаетесь этим делом? Ну да, конечно, а как же иначе? Шерлок Холмс против местной полиции, так? Ха-ха! Лестрейд и его команда... С радостью понаблюдаю за тем, как вы ведете сыск.

Бросив якорь на стуле, мистер Блатт достал портсигар и предложил полковнику Уэстону, но тот покачал головой.

— Я закоренелый курильщик трубки, — улыбнулся главный констебль.

— То же самое. Сигареты я тоже курю — но с трубкой ничто не сравнится.

— Так доставайте же свою трубку! — с неожиданной сердечностью предложил полковник Уэстон.

Блатт покачал головой.

— Сейчас трубки при себе нет. Но просветите меня обо всем случившемся. Пока что я слышал только то, что миссис Маршалл была найдена убитой в одной из бухт.

— В бухте Эльфов, — уточнил полковник Уэстон, пристально наблюдая за ним.

Однако мистер Блатт лишь возбужденно спросил:

— И она была задушена?

— Да, мистер Блатт.

— Отвратительно — просто отвратительно. Впрочем, она сама на это напросилась! Горячая штучка — très moustard, а, месье Пуаро? Какие мысли по поводу того, кто это сделал, или я не должен спрашивать?

— Ну, знаете, — с легкой усмешкой сказал полковник Уэстон, — вообще-то задавать вопросы полагается нам.

Mr Blatt waved his cigarette.

"Sorry — sorry — my mistake. Go ahead."

"You went out sailing this morning. At what time?"

"Left here at a quarter to ten."

"Was any one with you?"

"Not a soul. All on my little lonesome."

"And where did you go?"

"Along the coast in the direction of Plymouth. Took lunch with me. Not much wind so I didn't actually get very far."

After another question or two, Weston asked:

"Now about the Marshalls? Do you know anything that might help us?"

"Well, I've given you my opinion. Crime passionnel! All I can tell you is, it wasn't me! The fair Arlena had no use for me. Nothing doing in that quarter. She had her own blue-eyed boy! And if you ask me, Marshall was getting wise to it."

"Have you any evidence for that?"

"Saw him give young Redfern a dirty look once or twice. Dark horse, Marshall. Looks very meek and mild and as though he were half asleep all the time — but that's not his reputation in the City. I've heard a thing or two about him. Nearly had up for assault once. Mind you, the fellow in question had put up a pretty dirty deal. Marshall had trusted him and the fellow had let him down cold. Particularly dirty business, I believe. Marshall went for him and half killed

Мистер Блатт махнул сигаретой.

— Виноват, виноват, ошибочка вышла! Спрашивайте!

— Сегодня утром вы отправились в море на яхте. В котором часу?

— Отчалил без четверти десять.

— С вами был кто-нибудь еще?

— Ни души. Только я, один-одинешенек.

— И куда вы направились?

— Вдоль побережья в сторону Плимута. Захватил с собой обед. Ветер был не ахти, поэтому особенно далеко я не уплыл.

Задав еще два-три вопроса, Уэстон спросил:

— А теперь перейдем к Маршаллам. Вам известно что-либо такое, что может оказаться полезным?

— Ну, я свое мнение высказал. Crime passionel! Могу сказать вам только то, что это был не я! Прекрасная Арлена на меня даже не смотрела. Мне тут ловить было нечего. У нее был свой голубоглазый мальчик... И если хотите знать мое мнение, Маршалл начинал открывать глаза!

— У вас есть какие-либо свидетельства этого?

— Видел, как он пару раз бросил на молодого Редферна угрюмый взгляд. Темная лошадка этот Маршалл. Вроде бы такой кроткий и тихий, словно полусонный, — но в Сити у него совершенно другая репутация. Я кое-что о нем слышал. Его чуть не привлекли к суду за оскорбление. Причем тот тип провернул весьма грязное дельце. Маршалл ему доверял, а тот надул его по полной. Насколько я знаю, очень грязное дело. Маршалл отправился

him. Fellow didn't prosecute — too afraid of what might come out. I give you that for what it's worth."

"So you think it possible," said Poirot, "that Captain Marshall strangled his wife?"

"Not at all. Never said anything of the sort. Just letting you know that he's the sort of fellow who could go berserk on occasions."

Poirot said: "Mr Blatt, there is reason to believe that Mrs Marshall went this morning to Pixy Cove to meet some one. Have you any idea who that some one might be?"

Mr Blatt winked. "It's not a guess. It's a certainty. Redfern!"

"It was not Mr Redfern."

Mr Blatt seemed taken aback.

He said hesitatingly: "Then I don't know... No, I can't imagine..."

He went on, regaining a little of his aplomb.

"As I said before, it wasn't me! No such luck! Let me see, couldn't have been Gardener — his wife keeps far too sharp an eye on him! That old ass Barry? Rot! And it would hardly be the parson. Although, mind you, I've seen his Reverence watching her a good bit. All holy disapproval, but perhaps an eye for the contours all the same! Eh? Lot of hypocrites, most parsons. Did you read the case last month? Parson and the Churchwarden's daughter? Bit of an eyeopener." Mr Blatt chuckled.

разбираться с этим типом и чуть его не убил. Тот не стал подавать иск — испугался того, что может всплыть. Я выложил вам все как есть.

— Значит, вы не исключаете, — сказал Пуаро, — что капитан Маршалл мог задушить свою жену?

— Вовсе нет. Никогда не говорил ничего подобного. Просто дал вам понять, что с ним порой случаются вспышки ярости.

— Мистер Блатт, — сказал Пуаро, — есть основание считать, что миссис Маршалл сегодня утром отправилась в бухту Эльфов, чтобы встретиться там с кем-то. У вас есть какие-нибудь мысли относительно того, кто это мог быть?

— Это не догадка. — Мистер Блатт подмигнул. — Это твердая уверенность. Редферн!

— Это был не мистер Редферн.

Мистер Блатт слегка опешил.

— Тогда не знаю... — растерянно произнес он. — Нет, даже никаких мыслей нет...

Частично придя в себя, он продолжал:

— Как я уже говорил, это был не я! Даже не надейтесь... Так, дайте-ка сообразить... это был не Гарднер — жена не спускает с него глаз. Старый козел Барри? Ерунда! И вряд ли это был священник. Хотя, скажу вам, я видел, как этот преподобный пялится на миссис Маршалл. Сплошное святое негодование, но в то же время взгляд замечает все изгибы фигуры! Как вам это нравится? Эти священники по большей части лицемеры. Вы читали о случае, который произошел в прошлом месяце? Священник

Colonel Weston said coldly: "There is nothing you can think of that might help us?"

The other shook his head.
"No. Can't think of a thing." He added: "This will make a bit of a stir, I imagine. The press will be on to it like hot cakes. There won't be quite so much of this high-toned exclusiveness about the Jolly Roger in future. Jolly Roger, indeed. Precious little jollity about it."

Hercule Poirot murmured: "You have not enjoyed your stay here?"

Mr Blatt's face got slightly redder. He said:

"Well, no, I haven't. The sailing's all right and the scenery and the service and the food — but there's no mateyness in the place, you know what I mean! What I say is, my money's as good as another man's. We're all here to enjoy ourselves. Then why not get together and do it? All these cliques and people sitting by themselves and giving you frosty Good-mornings — and Good-evenings — and Yes, very pleasant weather. No joy de viver. Lot of stuck-up dummies!" Mr Blatt paused — by now very red indeed.

He wiped his forehead once more and said apologetically:

и дочь церковного старосты! Это многим открыло глаза. — Мистер Блатт фыркнул.

— У вас нет ничего интересного, что вы могли бы сообщить нам? — холодно спросил полковник Уэстон.

Мистер Блатт покачал головой:

— Нет. Ничего стоящего. — Помолчав, он добавил: — Полагаю, это вызовет большой шум. Пресса набросится на дело, как на горячие пирожки. И в будущем у «Веселого Роджера» уже не будет той высокомерной избранности. Вот уж во-истину, «Веселый Роджер»!.. Только веселья тут кот наплакал.

— Разве вам не понравилось отдыхать здесь? — негромко спросил Пуаро.

Красное лицо мистера Блатта покраснело еще больше.

— Скажу вам прямо: нет, не понравилось. Ходить под парусом здесь хорошо, места живописные, обслуживание и кухня приличные. Но здесь совсем нет matiness, если вы понимаете, что я имею в виду! Я хочу сказать, мои деньги ничуть не хуже, чем деньги других людей. Мы здесь, чтобы получать удовольствие. Так почему бы не собраться всем вместе и не получать удовольствие? Какие-то обособленные кружки, все сидят каждый сам по себе — и только ледяным тоном: «Доброе утро!», «Добрый вечер!», да еще «Какая сегодня чудесная погода!». Никакого joy de viver! Одни самодовольные куклы!

Мистер Блатт остановился — теперь он был уже багровым — и, снова отерев пот со лба, виновато произнес:

"Don't pay any attention to me. I get all worked up."

Hercule Poirot murmured: "And what do we think of Mr Blatt?"

Colonel Weston grinned and said: "What do you think of him? You've seen more of him than I have."

Poirot said softly: "There are many of your English idioms that describe him. The rough diamond! The self-made man! The social climber! He is, as you choose to look at it, pathetic, ludicrous, blatant! It is a matter of opinion. But I think, too, that he is something else."

"And what is that?"

Hercule Poirot, his eyes raised to the ceiling, murmured:

"I think that he is — nervous!"

Inspector Colgate said: "I've got those times worked out. From the hotel to the ladder down to Pixy Cove three minutes. That's walking till you are out of sight of the hotel and then running like hell."

Weston raised his eyebrows. He said:

"That's quicker than I thought."

"Down ladder to beach one minute and three quarters. Up same two minutes. That's P. C. Flint. He's a bit of an athlete. Walking and taking the ladder in the normal way the whole business takes close to a quarter of an hour."

Weston nodded.

He said: "There's another thing we must go into, the pipe question."

— Не обращайте на меня внимания. Я сам не свой.

— И что мы думаем о мистере Блатте? — спросил Эркюль Пуаро.

— Что вы о нем думаете? — усмехнулся полковник Уэстон. — Вы знаете его лучше, чем я.

— У вас в английском языке есть много выражений, как нельзя лучше описывающих его, — тихо произнес Пуаро. — Неотесанный чурбан... Выскочка... Человек, сделавший себя сам... Мистер Блатт, как вам больше нравится, — трогательный, нелепый, вульгарный; все определяется точкой зрения. Но мне кажется, что тут есть кое-что еще.

— И что же?

Подняв взгляд к потолку, детектив пробормотал:

— Мне показалось, что он... нервничает!

— Я засек время, — доложил инспектор Колгейт. — От пансионата до лестницы, спускающейся в бухту Эльфов, три минуты. Это если идти спокойным шагом до тех пор, пока виден пансионат, после чего нестись со всех ног.

Уэстон удивленно поднял брови.

— Это быстрее, чем я полагал.

— Спуск по лестнице на берег занимает минуту и три четверти. Подъем — те же самые две минуты. Проверял констебль Флинт. Он спортивный парень. Если же идти обычным шагом и спускаться не спеша, на все потребуется около четверти часа.

Полковник кивнул.

— Мы должны разобраться еще кое с чем, — сказал он. — Речь идет о трубке.

375

Colgate said: "Blatt smokes a pipe, so does Marshall, so does the parson. Redfern smokes cigarettes, the American prefers a cigar. Major Barry doesn't smoke at all. There's one pipe in Marshall's room, two in Blatt's, and one in the parson's. Chambermaid says Marshall has two pipes. The other chambermaid isn't a very bright girl. Doesn't know how many pipes the other two have. Says vaguely she's noticed two or three about in their rooms."

Weston nodded.

"Anything else?"

"I've checked up on the staff. They all seem quite O. K. Henry, in the bar, checks Marshall's statement about seeing him at ten to eleven. William, the beach attendant, was down repairing the ladder on the rocks most of the morning. He seems all right. George marked the tennis court and then bedded out some plants round by the dining-room. Neither of them would have seen anyone who came across the causeway to the island."

"When was the causeway uncovered?"

"Round about 9.30, sir."

Weston pulled at his moustache.

"It's possible somebody did come that way. We've got a new angle, Colgate."

He told of the discovery of the sandwich box in the cave. There was a tap on the door.

"Come in," said Weston.

It was Captain Marshall.

He said: "Can you tell me what arrangements I can make about the funeral?"

— Блатт курит трубку, как и Маршалл, как и священник. Редферн курит сигареты, американец предпочитает сигары. Майор Барри вообще не курит. У Маршалла в номере одна трубка, у Блатта две, у священника одна. По словам горничной, у Маршалла две трубки. Другая горничная не слишком толковая и не знает, сколько трубок у других. Неопределенно говорит, что видела у них в номерах две, а может быть, три.

Уэстон снова кивнул.

— Что-нибудь еще?

— Я проверил прислугу. Похоже, все чисты. Генри, бармен, подтверждает заявление Маршалла насчет того, что тот видел его без десяти одиннадцать. Уильям, работник на пляже, почти все утро чинил лестницу, ведущую от пансионата к скалам. Похоже, он также ни при чем. Джордж размечал теннисный корт, а затем сажал растения рядом с обеденным залом. Никто из них не смог бы увидеть того, кто шел на остров по дамбе.

— Когда с дамбы ушла вода?

— Приблизительно в девять тридцать, сэр.

Уэстон подергал ус.

— Возможно, кто-то все-таки попал на остров этим путем... В деле появился совершенно новый ракурс, Колгейт.

Он рассказал про коробку для сандвичей, обнаруженную в пещере. Раздался стук в дверь.

— Войдите, — пригласил Уэстон.

Это был капитан Маршалл.

— Я могу узнать, как мне быть с похоронами? — спросил он.

"I think we shall manage the inquest for the day after tomorrow. Captain Marshall."

"Thank you."

Inspector Colgate said: "Excuse me, sir, allow me to return you these."

He handed over the three letters. Kenneth Marshall smiled rather sardonically.

He said: "Has the police department been testing the speed of my typing? I hope my character is cleared."

Colonel Weston said pleasantly: "Yes, Captain Marshall, I think we can give you a clean bill of health. Those sheets take fully an hour to type. Moreover, you were heard typing them by the chambermaid up till five minutes to eleven and you were seen by another witness at twenty minutes past."

Captain Marshall murmured: "Really? That all seems very satisfactory!"

"Yes. Miss Darnley came to your room at twenty minutes past eleven. You were so busy typing that you did not observe her entry."

Kenneth Marshall's face took on an impassive expression.

He said: "Does Miss Darnley say that?" He paused. "As a matter of fact she is wrong. I did see her, though she may not be aware of the fact. I saw her in the mirror."

Poirot murmured: "But you did not interrupt your typing?"

— Думаю, предварительное расследование мы проведем послезавтра, капитан Маршалл.

— Благодарю вас.

— Прошу прощения, сэр, — сказал инспектор Колгейт. — Позвольте вернуть вам вот это.

Он протянул три письма. Кеннет язвительно усмехнулся.

— Полиция проверяла, с какой скоростью я печатаю на машинке? — сказал он. — Надеюсь, теперь я чист перед вами.

— Да, капитан Маршалл, полагаю, теперь мы с чистой совестью можем выдать вам полное алиби, — вежливо подтвердил полковник Уэстон. — На то, чтобы напечатать эти листы, требуется никак не меньше часа. Больше того, горничная слышала, как вы стучали на машинке до без пяти одиннадцать, а другой свидетель видел вас в двадцать минут двенадцатого.

— Вот как? — пробормотал капитан Маршалл. — Все это как нельзя кстати!

— Да. Мисс Дарнли заглянула к вам в номер в двадцать минут двенадцатого. Вы были настолько поглощены работой, что не заметили ее появления.

Лицо Кеннета стало бесстрастным.

— Мисс Дарнли так утверждает? — Он помолчал. — На самом деле она ошибается. Я все-таки видел ее, хотя она, вероятно, об этом и не догадывается. Я видел ее в зеркале.

— Но вы не прервались? — пробормотал Пуаро.

Marshall said shortly: "No. I wanted to get finished."

He paused a minute, then in an abrupt voice, he said:

"Nothing more I can do for you?"

"No, thank you. Captain Marshall."

Kenneth Marshall nodded and went out.

Weston said with a sigh: "There goes our most hopeful suspect — cleared! Hullo, here's Neasdon."

The doctor came in with a trace of excitement in his manner. He said:

"That's a nice little death lot you sent me along."

"What is it?"

"What is it? Diamorphine hydrochloride. Stuff that's usually called heroin."

Inspector Colgate whistled.

He said: "Now we're getting places, all right! Depend upon it, this dope stunt is at the bottom of the whole business."

Chapter 10

The little crowd of people flocked out of The Red Bull. The brief inquest was over — adjourned for a fortnight. Rosamund Darnley joined Captain Marshall. She said in a low voice:

"That wasn't so bad, was it, Ken?"

— Нет, — кратко ответил Маршалл. — Я хотел побыстрее закончить.

Помолчав, он резко спросил:

— Я больше ничем не могу вам помочь?
— Нет, спасибо, капитан Маршалл.
Кивнув, тот вышел.
— Итак, нам приходится окончательно списать со счетов нашего самого вероятного подозреваемого, — вздохнул Уэстон. — О, а вот и Нисден!
Вошедший врач не скрывал своего возбуждения.

— Вы прислали мне на анализ самую настоящую смерть!
— Что это такое?
— Что это такое? Это гидрохлорид диаморфина. Вещество, которое обычно называют просто героин.
Инспектор Колгейт присвистнул.
— Так, кажется, дело тронулось! Положитесь на мое слово, в основе всего лежит этот наркотик.

Глава 10

Небольшая толпа покидала таверну «Красный бык». Краткое предварительное расследование закончилось — оно было отложено на две недели. Розамунд Дарнли догнала капитана Маршалла.

— Все было не так уж и плохо, правда, Кен? — негромко произнесла она.

He did not answer at once. Perhaps he was conscious of the staring eyes of the villagers, the fingers that nearly pointed to him and only just did not quite do so!

"That's 'im, my dear." "See, that's 'er 'usband" "That be the 'usband." "Look, there 'e goes..."

The murmurs were not loud enough to reach his ears, but he was none the less sensitive to them. This was the modern day pillory. The press he had already encountered — self-confident, persuasive young men, adept at battering down his wall of silence, of "Nothing to say" that he had endeavoured to erect. Even the curt monosyllables that he had uttered thinking that they at least could not lead to misapprehension had reappeared in this morning's papers in a totally different guise. "Asked whether he agreed that the mystery of his wife's death could only be explained on the assumption that a homicidal murderer had found his way on to the island, Captain Marshall declared that -" and so on and so forth.

Cameras had clicked ceaselessly. Now, at this minute, the well-known sound caught his ear. He half turned — a smiling young man was nodding cheerfully, his purpose accomplished.

Rosamund murmured: "Captain Marshall and a friend leaving The Red Bull after the inquest."

Marshall winced.

Кеннет ответил не сразу. Возможно, он остро чувствовал на себе пристальные взгляды жителей деревни, только что не тыкающих в него пальцами.

«Это он, дорогая!» «Смотри, это ее муж». «Это должно быть муж». «Смотрите, вот он идет...»

Маршалл не разбирал слов, но все-таки остро чувствовал приглушенные голоса. Это был самый настоящий позорный столб нашего времени. Кеннет уже успел столкнуться с прессой — самоуверенными, напористыми молодыми журналистами, умело разрушающими стену молчания («мне нечего вам сказать»), которой он попытался отгородиться. Даже короткие односложные слова, которые он произнес, уверенный в том, что их, по крайней мере, нельзя истолковать превратно, в утренних газетах были представлены в совершенно другом ракурсе. «На вопрос, согласен ли он с тем, что загадочная смерть его жены может быть объяснена только исходя из того предположения, что какой-то кровожадный маньяк проник на остров, капитан Маршалл заявил следующее...» — и тому подобное.

Непрерывно щелкали фотоаппараты. Вот и сейчас знакомый звук привлек внимание Кеннета. Он обернулся — улыбающийся парень радостно кивнул, свое дело он уже сделал.

— «Капитан Маршалл и его знакомая покидают "Красный бык" после предварительного расследования», — пробормотала Розамунд.

Маршалл поморщился.

Rosamund said: "It's no use, Ken! You've got to face it! I don't mean just the fact of Arlena's death — I mean all the attendant beastliness. The staring eyes and gossiping tongues, the fatuous interviews in the papers — and the best way to meet it is to find it funny! Come out with all the old inane clichés and curl a sardonic lip at them."

He said: "Is that your way?"

"Yes." She paused. "It isn't yours, I know. Protective colouring is your line. Remain rigidly non-active and fade into the background! But you can't do that here — you've no background to fade into. You stand out clear for all to see — like a striped tiger against a white backcloth. The husband of the murdered woman!"

"For God's sake, Rosamund -"

She said gently: "My dear, I'm trying to be good for you!"

They walked for a few steps in silence. Then Marshall said in a different voice:

"I know you are. I'm not really ungrateful, Rosamund."

They had progressed beyond the limits of the village. Eyes followed them but there was no one very near. Rosamund Darnley's voice dropped as she repeated a variant of her first remark.

"It didn't really go so badly, did it?"

He was silent for a moment, then he said:

— Бесполезно, Кен! — сказала Розамунд. — Нужно перетерпеть. И я имею в виду не только саму смерть Арлены, но и все связанное с нею свинство. Пялящиеся взоры и сплетничающие языки, вздорные газетные статьи; и лучший способ справиться с этим — обратить все в смех. Скриви презрительно губы!

— Ты считаешь, надо вести себя так? — спросил он.

— Да, считаю. — Розамунд помолчала. — Понимаю, это не в твоем характере. Тебе больше по нраву защитная окраска. Застыть неподвижно и слиться с окружающим фоном! Но сейчас это не получится — здесь нет окружающего фона, с которым можно было бы слиться. Ты стоишь у всех на виду — словно полосатый тигр перед белым экраном. Муж убитой женщины!

— Ради всего святого, Розамунд...

— Дорогой, — мягко произнесла она, — я стараюсь сделать так, чтобы тебе стало лучше.

Какое-то время они шли молча. Затем Маршалл произнес уже другим тоном:

— Знаю. На самом деле я не такой уж неблагодарный, Розамунд.

Они покинули пределы деревни. Их провожали взгляды, но поблизости уже никого не было. Понизив голос, мисс Дарнли повторила с небольшими изменениями свою первую фразу:

— На самом деле все прошло не так уж плохо, правда?

Помолчав, Маршалл сказал:

"I don't know."

"What do the police think?"

"They're noncommittal."

After a minute Rosamund said:

"That little man — Poirot — is he really taking an active interest?"

Kenneth Marshall said: "Seemed to be sitting in the Chief Constable's pocket all right the other day."

"I know — but is he doing anything?"

"How the hell should I know, Rosamund?"

She said thoughtfully: "He's pretty old. Probably more or less ga ga."

"Perhaps."

They came to the causeway. Opposite them, serene in the sun, lay the island. Rosamund said suddenly:

"Sometimes — things seem unreal. I can't believe, this minute, that it ever happened..."

Marshall said slowly: "I think I know what you mean. Nature is so — regardless! One ant the less — that's all it is in Nature!"

Rosamund said: "Yes — and that's the proper way to look at it really."

He gave her one very quick glance. Then he said in a low voice:

"Don't worry, my dear. It's all right. It's all right."

— Не знаю.
— Что думает полиция?
— Ничего определенного мне не говорят.
Через минуту Розамунд сказала:
— Этот коротышка Пуаро действительно проявляет живой интерес!
— Ну да, — согласился Кеннет. — В день убийства он буквально ни на шаг не отходил от главного констебля.
— Знаю — но есть от него хоть какой-нибудь толк?
— Черт возьми, Розамунд, а я откуда могу знать?
— Он уже старик, — задумчиво промолвила мисс Дарнли. — Вероятно, уже не в своем уме.
— Возможно.
Они подошли к дамбе. Напротив раскинулся остров, умиротворенный в лучах солнца.
— Порой... все кажется каким-то нереальным, — вдруг произнесла Розамунд. — Вот сейчас я не могу поверить, что это действительно произошло...
— Кажется, я понимаю, что ты имеешь в виду, — медленно произнес Маршалл. — Природа такая безучастная! Одним муравьем меньше — вот что это такое для нее.
— Да, — согласилась мисс Дарнли, — и на самом деле это самая лучшая точка зрения на все произошедшее.
Кеннет быстро взглянул на нее, затем тихо промолвил:
— Не беспокойся, дорогая. Всё в порядке. Всё в полном порядке!

Linda came down to the causeway to meet them. She moved with the spasmodic jerkiness of a nervous colt. Her young face was marred by deep black shadows under her eyes. Her lips were dry and rough.

She said breathlessly: "What happened — what — what did they say?"

Her father said abruptly: "Inquest adjourned for a fortnight."

"That means they — they haven't decided?"

"Yes. More evidence is needed."

"But — but what do they think?"
Marshall smiled a little in spite of himself.

"Oh, my dear child — who knows? And whom do you mean by they? The Coroner, the jury, the police, the newspaper reporters, the fishing folk of Leathercombe Bay?"

Linda said slowly: "I suppose I mean — the police."

Marshall said drily: "Whatever the police think, they're not giving it away at present."

His lips closed tightly after the sentence. He went into the hotel.

As Rosamund Darnley was about to follow suit, Linda said:

"Rosamund!"

Rosamund turned. The mute appeal in the girl's unhappy face touched her. She linked her arm through Linda's and together they walked away from the hotel, taking the path that led to the extreme end of the island.

Линда шла по дамбе им навстречу. Она двигалась с неуклюжей резкостью возбужденного жеребца. Ее юное лицо было бледно, пересохшие губы плотно сжаты.

— Что произошло? — запыхавшись, спросила девушка. — Что... что там сказали?

— Предварительное расследование было отложено на две недели, — ответил ей отец.

— Это означает, что... что решение пока еще не принято?

— Да. Требуются дополнительные доказательства.

— Но... но что они думают?

Маршалл не сдержал улыбку.

— О, дитя мое, кто же знает? И кого ты имеешь в виду под этим «они»? Коронера, присяжных, полицию, журналистов, рыбаков из Лезеркомб-Бэй?

— Наверное, я имела в виду... полицию, — медленно произнесла Линда.

— Что бы ни думала полиция, в настоящий момент она ничего не говорит, — сухо сказал Кеннет.

Произнеся эти слова, он крепко сжал губы и направился в пансионат.

Мисс Дарнли собиралась последовать за ним, но Линда ее окликнула:

— Розамунд!

Та обернулась. Безмолвный призыв на лице девушки тронул ее. Она взяла Линду под руку, и они направились прочь от пансионата, по тропе, ведущей в противоположный конец острова.

Rosamund said gently: "Try not to mind so much, Linda. I know it's all very terrible and a shock and all that, but it's no use brooding over these things. And it can be only the — the horror of it, that is worrying you. You weren't in the least fond of Arlena, you know."

She felt the tremor that ran through the girl's body as Linda answered:

"No, I wasn't fond of her..."

Rosamund went on: "Sorrow for a person is different — one can't put that behind one. But one can get over shock and horror by just not letting your mind dwell on it all the time."

Linda said sharply: "You don't understand."

"I think I do, my dear."

Linda shook her head.

"No, you don't. You don't understand in the least — and Christine doesn't understand either! Both of you have been nice to me, but you can't understand what I'm feeling. You just think it's morbid — that I'm dwelling on it all when I needn't." She paused. "But it isn't that at all. If you knew what I know -"

Rosamund stopped dead. Her body did not tremble — on the contrary it stiffened. She stood for a minute or two, then she disengaged her arm from Linda's. She said:

"What is it that you know, Linda?"

The girl gazed at her. Then she shook her head. She muttered:

— Линда, постарайся не думать об этом, — мягко произнесла Розамунд. — Понимаю, каким потрясением это явилось, но нужно оставить все в прошлом. И ведь тебя мучит только... только ужас случившегося. Ты же нисколько не любила Арлену.

По всему телу девушки пробежала дрожь.

— Да, я ее не любила...
— Горечь утраты — это совершенно другое, ее нельзя отодвинуть в сторону, — продолжала Розамунд. — Но можно уйти от потрясения и ужаса, просто не думая об этом постоянно.

— Вы ничего не понимаете! — резко произнесла Линда.

— А мне кажется, я знаю, о чем говорю, дорогая.

Линда покачала головой:

— Нет, вы ничего не знаете. Вы ничегошеньки не понимаете — и Кристина также не понимает! Вы обе были ко мне добры, но вы не можете понять мои чувства. Вы считаете, что мне просто не нужно забивать голову этим кошмаром... — Она помолчала. — Но это далеко не всё. Если б вам было известно то, что я знаю...

Розамунд застыла на месте. Она не дрожала — наоборот, ее тело словно окоченело. Постояв так минуту-другую, она высвободила свою руку.

— И что ты знаешь, Линда? — спросила она.

Выдержав ее взгляд, девушка покачала головой:

"Nothing."

Rosamund caught her by the arm. The grip hurt and Linda winced slightly. Rosamund said:

"Be careful, Linda. Be damned careful."

Linda had gone dead white.
She said: "I am very careful — all the time."

Rosamund said urgently: "Listen, Linda, what I said a minute or two ago applies just the same — only a hundred times more so. Put the whole business out of your mind. Never think about it. Forget — forget... You can if you try! Arlena is dead and nothing can bring her back to life... Forget everything and live in the future. And above all, hold your tongue."

Linda shrank a little.
She said: "You — you seem to know all about it?"
Rosamund said energetically: "I don't know anything! In my opinion a wandering maniac got onto the island and killed Arlena. That's much the most probable solution. I'm fairly sure that the police will have to accept that in the end. That's what must have happened! That's what did happen!"

Linda said: "If Father -"
Rosamund interrupted her. "Don't talk about it."
Linda said: "I've got to say one thing. My Mother -"
"Well, what about her?"
"She — she was tried for murder, wasn't she?"

— Ничего.

Розамунд схватила ее за руку, больно стиснув пальцы. Девушка поморщилась.

— Линда, будь осторожна, — сказала мисс Дарнли. — Черт возьми, будь осторожна!

Лицо Линды стало мертвенно-бледным.

— Я и так очень осторожна, — сказала она. — Постоянно настороже.

— Послушай, Линда! — с жаром заговорила Розамунд. — То, о чем я говорила пару минут назад, по-прежнему верно, но только стократ сильнее. Выбрось все из головы! Не думай об этом. Забудь — забудь!.. Ты сможешь, если постараешься! Арлены нет в живых, и ничто ее не воскресит... Забудь все и живи будущим. И, самое главное, держи язык за зубами.

Линда отпрянула от нее.

— Вы... похоже, вы всё знаете?

— Я ничего не знаю! — выразительно произнесла Розамунд. — Мое мнение таково: на остров пробрался какой-то маньяк, который и убил Арлену. Это наиболее правдоподобное объяснение. Не сомневаюсь, что в конце концов к нему придет и полиция. Только так это и могло произойти! Только так это и произошло!

— Если папа... — начала было Линда.

— Не говори об этом! — перебила ее Розамунд.

— Я должна кое-что сказать. Моя мать...

— Ну при чем тут твоя мать?

— Ее... ее судили по обвинению в убийстве, ведь так?

"Yes."

Linda said slowly: "And then Father married her. That looks, doesn't it, as though Father didn't really think murder was very wrong — not always, that is."

Rosamund said sharply: "Don't say things like that — even to me! The police haven't got anything against your father. He's got an alibi — an alibi that they can't break. He's perfectly safe."

Linda whispered: "Did they think at first that Father -?"

Rosamund cried: "I don't know what they thought! But they know now that he couldn't have done it. Do you understand? He couldn't have done it."

She spoke with authority, her eyes commanded Linda's acquiescence. The girl uttered a long fluttering sigh. Rosamund said:

"You'll be able to leave here soon. You'll forget everything — everything!"

Linda said with sudden unexpected violence: "I shall never forget."

She turned abruptly and ran back to the hotel. Rosamund stared after her.

"There is something I want to know, Madame?"

Christine Redfern glanced up at Poirot in a slightly abstracted manner. She said:

"Yes?"

— Да.

— После чего папа на ней женился, — медленно промолвила Линда. — То есть, похоже, на самом деле папа не считал убийство чем-то плохим — ну, по крайней мере, не всякое убийство.

— Не смей говорить такие вещи — даже мне! — резко произнесла Розамунд. — У полиции против твоего отца ничего нет. У него алиби — железное алиби. Он в полной безопасности.

— Значит, сначала полиция думала, что это папа?..

— Я понятия не имею, что думала полиция! — воскликнула Розамунд. — Но теперь твердо известно, что он не мог это сделать. Понятно? Он не мог это сделать!

Она говорила повелительным тоном, ее взгляд требовал от Линды уступить. Девушка прерывисто вздохнула.

— Скоро вы сможете уехать отсюда, — продолжала Розамунд. — И ты все забудешь — абсолютно все!

— Я никогда ничего не забуду! — с неожиданной злостью произнесла Линда.

Резко развернувшись, она побежала обратно к пансионату. Мисс Дарнли молча проводила ее взглядом.

— Мадам, есть что-то такое, что мне будет интересно знать?

Кристина Редферн рассеянно взглянула на Пуаро.

— Да?

Hercule Poirot took very little notice of her abstraction. He had noted the way her eyes followed her husband's figure where he was pacing up and down on the terrace outside the bar, but for the moment he had no interest in purely conjugal problems. He wanted information.

He said: "Yes, Madame. It was a phrase — a chance phrase of yours the other day which roused my attention."

Christine, her eyes till on Patrick, said:

"Yes? What did I say?"

"It was in answer to a question from the Chief Constable. You described how you went into Miss Linda Marshall's room on the morning of the crime and how you found her absent from it and how she returned there and it was then that the Chief Constable asked you where she had been."

Christine said rather impatiently: "And I said she had been bathing? Is that it?"

"Ah, but you did not say quite that. You did not say 'she had been bathing.' Your words were 'she said she had been bathing.'"

Christine said: "It's the same thing, surely."

"No, it is not the same! The form of your answer suggested a certain attitude of mind on your part. Linda Marshall came into the room — she was wearing a bathing-wrap and yet — for some reason — you did not at once assume she had been bathing. That is shown by your words 'she said she had been bathing.'

Детектив не обратил внимания на ее рассеянность. От него не укрылось, как миссис Редферн следила взглядом за своим мужем, расхаживающим взад и вперед по террасе за баром, однако в настоящий момент чисто супружеские проблемы его не интересовали. Ему была нужна информация.

— Да, мадам, — сказал он. — Мое внимание привлекла одна фраза — одна случайная фраза, сказанная вами на днях.

Продолжая наблюдать за Патриком, Кристина спросила:

— Да? И что же я сказала?

— Это был ответ на один из вопросов главного констебля. Вы описали, как утром в день преступления вошли в комнату мисс Линды Маршалл и обнаружили, что ее там нет, и как затем она вернулась. Главный констебль спросил у вас, где она была.

— И я ответила, что она купалась? — нетерпеливо сказала Кристина. — Вас это заинтересовало?

— О, вы выразились не совсем так. Вы не сказали: «Она купалась». Ваши слова были другими: «Она сказала, что купалась».

— Но это ведь одно и то же, — сказала миссис Редферн.

— Нет, это не одно и то же! Ваш ответ позволяет предположить, что у вас имелись какие-то соображения на этот счет. Линда Маршалл вошла в комнату — на ней был купальник, — и тем не менее вы по какой-то причине не сразу решили, что она купалась. Это следует из ваших слов: «она сказа-

What was there about her appearance — was it her manner, or something that she was wearing or something she said, that led you to feel surprised when she said she had been bathing?"

Christine's attention left Patrick and focused itself entirely on Poirot. She was interested. She said:

"That's clever of you. It's quite true, now I remember... I was, just faintly, surprised when Linda said she had been bathing."

"But why, Madame, why?"

"Yes, why? That's just what I'm trying to remember. Oh, yes, I think it was the parcel in her hand."

"She had a parcel?"

"Yes."

"You do not know what was in it?"

"Oh, yes, I do. The string broke. It was loosely done up the way they do in the village. It was candles — they were scattered on the floor. I helped her to pick them up."

"Ah," said Poirot. "Candles."

Christine stared at him. She said:

"You seem excited, M. Poirot."

Poirot asked: "Did Linda say why she had bought candles?"

Christine reflected.

"No, I don't think she did. I suppose it was to read by at night — perhaps the electric light wasn't good."

"On the contrary, Madame, there was a bedside electric lamp in perfect order."

ла, что купалась». Что во внешнем виде Линды, в ее одежде, в ее поведении, в словах вызвало у вас удивление, когда она сказала, что купалась?

Оторвав взгляд от Патрика, Кристина полностью сосредоточила свое внимание на Пуаро. Ее интерес был разбужен.

— Вы тонко все подметили. Теперь я вспоминаю, что дело действительно было так... Да, я удивилась, когда Линда сказала, что купалась.

— Но почему, мадам, почему?

— Да, почему? Я как раз пытаюсь это вспомнить... Ах да, наверное, все дело было в том, что в руках у Линды был сверток.

— У нее в руках был сверток?

— Да.

— Вы не знаете, что в нем было?

— Так получилось, что знаю. Бечевка развязалась. Сверток был завязан небрежно, как это делают в деревенском магазине. В нем были свечи — они рассыпались по полу. Я помогла Линде их собрать.

— А, — сказал Пуаро, — свечи.

Кристина удивленно посмотрела на него.

— Похоже, вы чем-то возбуждены, месье Пуаро.

— Линда не объяснила, зачем купила свечи? — спросил детектив.

Кристина задумалась.

— Нет, кажется, не объяснила. Я решила, наверное, чтобы читать ночью, — возможно, электрическое освещение не работало.

— Напротив, мадам, лампочка у изголовья ее кровати в полном порядке.

Christine said: "Then I don't know what she wanted them for."

Poirot said: "What was her manner — when the string broke and the candles fell out of the parcel?"

Christine said slowly: "She was — upset — embarrassed."

Poirot nodded his head.

Then he asked: "Did you notice a calendar in her room?"

"A calendar? What kind of calendar?"

Poirot said: "Possibly a green calendar — with tear-off leaves."

Christine screwed up her eyes in an effort of memory.

"A green calendar — rather a bright green. Yes, I have seen a calendar like that — but I can't remember where. It may have been in Linda's room, but I can't be sure."

"But you have definitely seen such a thing."

"Yes."

Again Poirot nodded.

Christine said rather sharply: "What are you hinting at, M. Poirot? What is the meaning of all this?"

For answer Poirot produced a small volume bound in faded brown calf.

He said: "Have you ever seen this before?"

"Why — I think — I'm not sure — yes, Linda was looking into it in the village lending library the other day. But she shut it up and thrust it back quickly when I came up to her. It made me wonder what it was."

— Тогда я не знаю, зачем ей понадобились свечи, — сказала Кристина.

— Как Линда себя вела, когда бечевка развязалась и свечи рассыпались? — спросил бельгиец.

— Она расстроилась... смутилась.

Пуаро кивнул.

— Вы не заметили у нее в комнате календарь?

— Календарь? Какой календарь?

— Возможно, зеленый календарь, — сказал Пуаро. — Отрывной.

Кристина наморщила лоб, вспоминая.

— Зеленый календарь... светло-зеленый... Да, я видела такой календарь, но не могу вспомнить, где именно. Возможно, и в комнате Линды, но точно не могу сказать.

— Но вы определенно видели нечто похожее.

— Да.

И снова детектив кивнул.

— На что вы намекаете, месье Пуаро? — довольно резко спросила Кристина. — Что все это значит?

Вместо ответа он показал маленький томик в переплете из выцветшей кожи.

— Вам приходилось видеть вот это?

— Ну... кажется... точно не могу сказать... да, на днях Линда рассматривала эту книгу в деревенской библиотеке. Но когда я к ней подошла, она поспешно захлопнула ее и поставила на место. Я тогда задумалась, что это могло быть.

Silently Poirot displayed the tide. "A History of Witchcraft, Sorcery and of the Compounding of Untraceable Poisons".

Christine said: "I don't understand. What does all this mean?"

Poirot said gravely: "It may mean, Madame, a good deal."

She looked at him inquiringly, but he did not go on. Instead he said:

"One more question, Madame. Did you take a bath that morning before you went out to play tennis?"

Christine stared again.

"A bath? No. I would have had no time and anyway I didn't want a bath — not before tennis. I might have had one after."

"Did you use your bathroom at all when you came in?"

"I sponged my face and hands, that's all."

"You did not turn on the bath at all?"

"No, I'm sure I didn't."

Poirot nodded. He said:

"It is of no importance."

Hercule Poirot stood by the table where Mrs Gardener was wrestling with a jigsaw. She looked up and jumped.

"Why M. Poirot, how very quietly you came up beside me! I never heard you. Have you just come back from the inquest? You know, the very thought of that inquest makes me so nervous, I don't know what to do. That's why I'm doing this puzzle. I just

Пуаро молча показал обложку. «История колдовства, магии и приготовления ядов, не оставляющих следов».

— Ничего не понимаю, — пробормотала Кристина. — Что все это означает?

— Это означает очень многое, мадам, — строгим тоном произнес Пуаро.

Миссис Редферн вопросительно посмотрела на него, но детектив не стал развивать свою мысль.

— Еще один вопрос, мадам, — спросил он. — Вы в тот день принимали ванну перед тем, как отправиться играть в теннис?

Кристина снова удивленно посмотрела на него.

— Ванну? Нет. У меня не было времени, да к тому же зачем принимать ванну перед теннисом? Возможно, я принимала ванну после.

— А вы вообще заходили в ванную, когда вернулись в номер?

— Я сполоснула лицо и руки, только и всего.

— И ванну вы не наполняли?

— Нет, абсолютно точно.

Пуаро кивнул.

— Это не имеет значения.

Эркюль Пуаро стоял у столика, за которым миссис Гарднер боролась с мозаикой-пазлом. Подняв взгляд, американка вздрогнула от неожиданности.

— О, месье Пуаро, как бесшумно вы подошли! Я ничего не слышала. Вы только что вернулись с предварительного расследования? Знаете, при одной только мысли об этом расследовании я начинаю так волноваться, что даже не знаю, как мне

felt I couldn't sit outside on the beach as usual. As Mr Gardener knows, when my nerves are all upset, there's nothing like one of these puzzles for calming me. There now, where does this white piece fit in? It must be part of the fur rug, but I don't seem to see..."

Gently Poirot's hand took the piece from her. He said:

"It fits, Madame, here. It is part of the cat."

"It can't be. It's a black cat."

"A black cat, yes, but you see the tip of the black cat's tail happens to be white."

"Why, so it does! How clever of you! But I do think the people who make puzzles are kind of mean. They just go out of their way tn deceive you."

She fitted in another piece and then resumed:

"You know, M. Poirot, I've been watching you this last day or two. I just wanted to watch you detecting if you know what I mean — not that it doesn't sound rather heartless put like that, as though it were all a game — and a poor creature killed. Oh, dear, every time I think of it I get the shivers! I told Mr Gardener this morning I'd just got to get away from here, and now the inquest's over he says he thinks we'll be able to leave tomorrow, and that's a blessing, I'm sure. But about detecting, I would so like to know your

быть. Вот почему я занялась мозаикой. Я просто поняла, что не смогу, как обычно, сидеть на пляже. Как вам скажет мистер Гарднер, когда нервы у меня на взводе, ничто так меня не успокаивает, как мозаика... Так, куда нужно положить вот этот белый кусок? Несомненно, это деталь ковра, но я никак не могу понять...

Протянув руку, Пуаро мягко забрал у нее элемент мозаики.

— Его нужно положить сюда, мадам. Это деталь кошки.

— Не может быть! Кошка ведь черная.

— Да, кошка черная, но, как видите, кончик хвоста у черной кошки оказался белым.

— Ой, и правда! Какой вы наблюдательный... Но мне кажется, что те, кто делает эти пазлы, — жестокие люди. Они из кожи лезут вон, чтобы всех обмануть.

Положив на место еще один элемент, миссис Гарднер продолжала:

— Знаете, месье Пуаро, я наблюдала за вами последние два дня. Я просто хотела посмотреть, как вы расследуете дело, если вы понимаете, что я хочу сказать, — хотя это и может показаться таким бессердечным, ведь бедная женщина была убита... О боже, всякий раз, когда я об этом думаю, меня в дрожь бросает! Сегодня утром я сказала мистеру Гарднеру, что хочу поскорее уехать отсюда, и теперь, когда расследование завершено, наверное, мы сможем уехать завтра, и это будет просто благо-

methods — you know, I'd feel privileged if you'd just explain it to me."

Hercule Poirot said: "It is a little like your puzzle, Madame. One assembles the pieces. It is like a mosaic — many colours and patterns — and every strange-shaped little piece must be fitted into its own place."

"Now isn't that interesting? Why, I'm sure you explain it just too beautifully."

Poirot went on: "And sometimes it is like that piece of your puzzle just now. One arranges very methodically the pieces of the puzzle — one sorts the colours — and then perhaps a piece of one colour that should fit in with — say, the fur rug, fits instead in a black cat's tail."

"Why, if that doesn't sound too fascinating! And are there a great many pieces, M. Poirot?"

"Yes, Madame. About everyone here in this hotel has given me a piece for my puzzle. You amongst them."

"Me?" Mrs Gardener's tone was shrill.

"Yes, a remark of yours, Madame, was exceedingly helpful. I might say it was illuminating."

"Well, if that isn't too lovely! Can't you tell me some more, M. Poirot?"

"Ah! Madame, I reserve the explanations for the last chapter."

словение, точно вам говорю. Но вернемся к вашим методам — я бы очень хотела познакомиться с ними; понимаете, я сочту за честь, если вы мне все объясните.

— Это очень похоже на вашу мозаику, мадам, — сказал Эркюль Пуаро. — Нужно собирать отдельные элементы. Все то же самое: разные цвета, узоры, и каждую деталь причудливой формы необходимо вставить в соответствующее место.

— Как это интересно! Вы предложили очень красивое объяснение.

— И порой все обстоит в точности так же, как вот с этим элементом вашей мозаики. Собираешь методично детали мозаики, сортируешь их по цветам, и тут вдруг какой-нибудь элемент, подходящий по цвету, скажем, к шкуре на полу, оказывается вместо этого белым кончиком хвоста черной кошки.

— Ох, но это же просто очаровательно! И вам приходится иметь дело с большим количеством элементов, месье Пуаро?

— Да, мадам. Практически все из находящихся здесь, в этом пансионате, дали мне по элементу для общей мозаики. И вы в том числе.

— Я? — удивленно воскликнула миссис Гарднер.

— Да, мадам. Одно ваше замечание оказало неоценимую помощь. Смею даже сказать, раскрыло мне глаза.

— Да это же просто замечательно! Месье Пуаро, вы не могли бы рассказать подробнее?

— Объяснения, мадам, я приберегу для последней главы.

Mrs Gardener murmured: "If that isn't just too bad!"

Hercule Poirot tapped gently on the door of Captain Marshall's room. Inside there was the sound of a typewriter. A curt "Come in" came from the room and Poirot entered. Captain Marshall's back was turned to him. He was sitting typing at the table between the windows. He did not turn his head but his eyes met Poirot's in the mirror that hung on the wall directly in front of him.

He said irritably: "Well, M. Poirot, what is it?"

Poirot said quickly: "A thousand apologies for intruding. You are busy?"

Marshall said shortly: "I am rather."

Poirot said: "It is one little question that I would like to ask you."

Marshall said: "My God, I'm sick of answering questions. I've answered the police questions. I don't feel called upon to answer yours."

Poirot said: "Mine is a very simple one. Only this. On the morning of your wife's death, did you have a bath after you finished typing and before you went out to play tennis?"

"A bath? No, of course I didn't! I had a bath only an hour earlier!"

Hercule Poirot said: "Thank you. That is all."

"But look here — Oh -" the other paused irresolutely.

— Но это же очень плохо! — недовольно сказала миссис Гарднер.

Эркюль Пуаро негромко постучал в дверь капитана Маршалла. Из комнаты доносился стук пишущей машинки. Послышалось краткое: «Войдите!» — и Пуаро вошел. Капитан Маршалл сидел к нему спиной. Он печатал на столике в простенке между окнами. Кеннет не обернулся, но встретился взглядом с Пуаро в зеркале, висящем на стене прямо перед ним.

— Ну, месье Пуаро, в чем дело? — раздраженно спросил он.

— Тысяча извинений за то, что помешал вам, — поспешно произнес детектив. — Вы заняты?

— Да, занят, — отрезал Маршалл.

— Мне хотелось бы задать вам всего один маленький вопрос, — сказал Пуаро.

— О господи, как я устал отвечать на вопросы! — сказал Кеннет. — Я ответил на вопросы полиции и не чувствую себя обязанным отвечать на ваши.

— У меня очень простой вопрос, — заверил его Пуаро. — Я только хочу знать: утром, в день смерти вашей жены, принимали ли вы ванну после того, как закончили печатать, и перед тем, как отправились играть в теннис?

— Ванну? Нет, конечно, не принимал! Я уже принял ванну за час до этого!

— Благодарю вас, — сказал детектив. — Это все, что я хотел знать.

— Но послушайте! О... — И Кеннет в растерянности умолк.

Poirot withdrew gently closing the door. Kenneth Marshall said:

"The fellow's crazy!"

Just outside the bar Poirot encountered Mr Gardener. He was carrying two cocktails and was clearly on his way to where Mrs Gardener was ensconced with her jig saw. He smiled at Poirot in genial fashion.

"Care to join us, M. Poirot?"

Poirot shook his head.

He said: "What did you think of the inquest, Mr Gardener?"

Mr Gardener lowered his voice. He said: "Seemed kind of indeterminate to me. Your police, I gather, have got something up their sleeves."

"It is possible," said Hercule Poirot.

Mr Gardener lowered his voice still further.

"I shall be glad to get Mrs Gardener away. She's a very, very sensitive woman, and this affair has got on her nerves. She's very highly strung."

Hercule Poirot said: "Will you permit me, Mr Gardener, to ask you one question?"

"Why, certainly, M. Poirot. Delighted to assist you in any way I can."

Hercule Poirot said: "You are a man of the world — a man, I think, of considerable acumen. What, frankly, was your opinion of the late Mrs Marshall?"

Mr Gardener's eyebrows rose in surprise. He glanced cautiously round and lowered his voice.

Пуаро вышел и аккуратно закрыл за собой дверь.

— Этот тип спятил! — пробормотал Маршалл.

У входа в бар Пуаро встретил мистера Гарднера. Тот с двумя коктейлями в руках направлялся, несомненно, туда, где ломала голову над мозаикой миссис Гарднер. Увидев маленького бельгийца, он радушно улыбнулся.

— Не желаете присоединиться к нам, месье Пуаро?

Детектив покачал головой.

— Мистер Гарднер, что вы думаете о предварительном расследовании?

— Мне оно показалось каким-то неопределенным, — понизив голос, сказал мистер Гарднер. — Я так понимаю, ваша полиция раскрыла не все карты.

— Возможно, — согласился Пуаро.

Американец еще больше понизил голос:

— Я с радостью увезу миссис Гарднер отсюда. Она очень, ну очень впечатлительная женщина, и это происшествие сказывается на ее нервах. Она возбуждена до предела.

— Мистер Гарднер, — сказал Пуаро, — вы позволите задать вам один вопрос?

— Ну конечно, месье Пуаро. Буду счастлив помочь вам в меру своих сил.

— Вы повидали мир и, полагаю, человек проницательный. Скажите, положа руку на сердце, что вы думаете о покойной миссис Маршалл?

Брови мистера Гарднера удивленно взметнулись вверх. Оглядевшись по сторонам, он понизил голос:

"Well, M. Poirot, I've heard a few things that have been kind of going around, if you get me, especially among the women." Poirot nodded. "But if you ask me I'll tell you my candid opinion and that is that that woman was pretty much of a darned fool!"

Hercule Poirot said thoughtfully: "Now that is very interesting."

Rosamund Darnley said: "So it's my turn, is it?"

"Pardon?"

She laughed.

"The other day the Chief Constable held his inquisition. You sat by. Today, I think, you are conducting your own unofficial inquiry. I've been watching you. First Mrs Redfern, then I caught a glimpse of you through the lounge window where Mrs Gardener is doing her hateful jig saw puzzle. Now it's my turn."

Hercule Poirot sat down beside her. They were on Sunny Ledge. Below them the sea showed a deep glowing green. Further out it was a pale dazzling blue.

Poirot said: "You are very intelligent, Mademoiselle. I have thought so ever since I arrived here. It would be a pleasure to discuss this business with you."

Rosamund Darnley said softly:

"You want to know what I think about the whole thing?"

"It would be most interesting."

— Ну, месье Пуаро, я слышал кое-что из того, что говорили о ней, если вы меня понимаете... особенно женщины. — Детектив кивнул. — Но если вы хотите знать мое скромное мнение, я скажу вам то, что эта женщина была полной дурой, черт побери!

— А вот это очень любопытно, — задумчиво пробормотал Эркюль Пуаро.

— Итак, теперь мой черед? — спросила Розамунд Дарнли.

— Простите?

Она рассмеялась.

— В прошлый раз допрос вел главный констебль, а вы сидели рядом. Сегодня, полагаю, вы проводите собственное неофициальное расследование. Я наблюдала за вами. Сначала была миссис Редферн, а затем я мельком увидела в окно фойе, как вы направлялись к миссис Гарднер, занятой ненавистным пазлом. И вот теперь мой черед.

Эркюль Пуаро подсел к ней. Они находились на Солнечной террасе. Прямо под ними море имело зеленоватый оттенок. Дальше от берега оно сияло ослепительной голубизной.

— Вы очень проницательны, мадемуазель, — сказал детектив. — Я пришел к такому выводу, как только приехал сюда. Было бы большим удовольствием обсудить с вами это дело.

Розамунд тихо промолвила:

— Вы хотите знать, что я обо всем этом думаю?

— Это было бы весьма интересно.

Rosamund said: "I think it's really very simple. The clue is in the woman's past."

"The past? Not the present?"

"Oh! Not necessarily the very remote past! I look at it like this. Arlena Marshall was attractive, fatally attractive, to men. It's possible, I think, that she also tired of them rather quickly. Amongst her — followers, shall we say — was one who resented that. Oh, don't misunderstand me, it won't be some one who sticks out a mile. Probably some tepid little man, vain and sensitive — the kind of man who broods. I think he followed her down here, waited his opportunity and killed her."

"You mean that he was an outsider, that he came from the mainland?"

"Yes. He probably hid in that cave until he got his chance."

Poirot shook his head. He said:

"Would she go there to meet such a man as you describe? No, she would laugh and not go."

Rosamund said: "She mayn't have known she was going to meet him. He may have sent her a message in some other person's name."

Poirot murmured: "That is possible."

Then he said:

"But you forget one thing, Mademoiselle. A man bent on murder could not risk coming in broad day-

— На мой взгляд, на самом деле все очень просто, — сказала мисс Дарнли. — Ключ кроется в прошлом этой женщины.

— В прошлом? Не в настоящем?

— О! Необязательно в далеком прошлом. Я вижу все так. Арлена Маршалл была привлекательной для мужчин — смертельно привлекательной. Полагаю, вероятно, они также довольно быстро надоедали ей. Среди ее, скажем так, поклонников нашелся такой, которого это задело. О, не поймите меня превратно, этот человек не из тех, кто сразу же бросается в глаза. Скорее всего, какой-нибудь невзрачный мужчина, тщеславный и ранимый — способный затаить обиду. Думаю, он проследовал за ней сюда, дождался подходящей возможности и убил ее.

— Вы хотите сказать, это был кто-то посторонний, пришедший с большой земли?

— Да. Вероятно, он прятался в пещере до тех пор, пока ему не представился случай.

Пуаро покачал головой:

— Неужели Арлена отправилась бы на встречу с мужчиной, которого вы только что описали? Нет, она рассмеялась бы и никуда не пошла.

— Быть может, она не знала, что идет на встречу именно с ним, — возразила Розамунд. — Быть может, он пригласил ее, назвавшись кем-нибудь другим?

— Такое возможно, — пробормотал Пуаро.

Помолчав, он добавил:

— Но вы забываете одну вещь, мадемуазель. Человек, задумавший убийство, не станет рисковать,

light across the causeway and past the hotel. Some one might have seen him."

"They might have — but I don't think that it's certain. I think it's quite possible that he could have come without any one noticing him at all."

"It would be possible, yes, that I grant you. But the point is that he could not count on that possibility."

Rosamund said: "Aren't you forgetting something? The weather."

"The weather?"

"Yes. The day of the murder was a glorious day but the day before, remember, there was rain and thick mist. Any one could come onto the island then without being seen. He had only to go down to the beach and spend the night in the cave. That mist, M. Poirot, is important."

Poirot looked at her thoughtfully for a minute or two. He said:

"You know, there is a good deal in what you have just said."

Rosamund flushed. She said:

"That's my theory, for what it is worth. Now tell me yours."

"Ah," said Hercule Poirot. He stared down at the sea. "Eh bien, Mademoiselle. I am a very simple person. I always incline to the belief that the most likely person committed the crime. At the very beginning it seemed to me that only one person was very clearly indicated."

идя средь бела дня по дамбе и мимо пансионата. Его могли увидеть.

— Могли — но, по-моему, неизбежным это не было. Думаю, он запросто мог пройти на остров незамеченным.

— Да, мог, тут я полностью с вами согласен. Но главное, что ему нельзя было рассчитывать на такое благоприятное стечение обстоятельств.

— Вы ничего не забываете? — спросила Розамунд. — Погода!

— Погода?

— Ну да. В день убийства погода стояла великолепная, но накануне, вспомните, весь день лил дождь и все было окутано густым туманом. Кто угодно мог незаметно пробраться на остров. Достаточно было только спуститься на берег и переночевать в пещере. Туман, месье Пуаро, это очень существенный момент.

Детектив задумчиво посмотрел на свою собеседницу.

— Знаете, а в ваших словах есть здравый смысл, — сказал он.

Розамунд смущенно покраснела.

— Это моя теория, какая есть. А теперь скажите свою.

— А! — сказал Эркюль Пуаро, устремив взгляд на море. — Eh bien, мадемуазель, я человек очень простой. Я всегда придерживаюсь того мнения, что преступление совершил наиболее вероятный человек. В самом начале мне казалось, что все очень явно указывает на одного конкретного человека.

Rosamund's voice hardened a little. She said: "Go on."

Hercule Poirot went on. "But you see, there is what you call a snag in the way! It seems that it was impossible for that person to have committed the crime."

He heard the quick expulsion of her breath.

She said rather breathlessly: "Well?"

Hercule Poirot shrugged his shoulders.

"Well, what do we do about it? That is my problem." He paused and then went on. "May I ask you a question?"

"Certainly."

She faced him, alert and vigilant. But the question that came was an unexpected one.

"When you came in to change for tennis that morning, did you have a bath?"

Rosamund stared at him.

"A bath? What do you mean?"

"That is what I mean. A bath! The receptacle of porcelain, one turns the taps and fills it, one gets in, one gets out and ghoosh — ghoosh — ghoosh, the water goes down the waste pipe!"

"M. Poirot, are you quite mad?"

"No, I am extremely sane."

"Well, anyway, I didn't take a bath."

"Ha!" said Poirot. "So nobody took a bath. That is extremely interesting."

"But why should any one take a bath?"

Hercule Poirot said: "Why, indeed?"

Голос Розамунд стал чуточку тверже:

— Продолжайте.

— Но, понимаете, тут есть одна, как вы говорите, загвоздка! — продолжал Пуаро. — Судя по всему, этот человек не мог совершить преступление.

Розамунд шумно вздохнула.

— И? — с трудом выдавила она.

Детектив пожал плечами.

— И что нам с этим делать? Вот в чем проблема. — Помолчав, он продолжил: — Можно задать вам один вопрос?

— Разумеется.

Мисс Дарнли посмотрела ему в лицо, настороженная, бдительная. Однако вопрос оказался совершенно неожиданным.

— Когда вы в тот день вернулись переодеться для тенниса, вы принимали ванну?

Розамунд изумленно уставилась на него.

— Ванну? Что вы имеете в виду?

— Вот что я имею в виду. Ванну! Фарфоровую емкость, открываешь краны и наполняешь ее водой, садишься, вылезаешь, и — буль-буль-буль — вода вытекает в сливную трубу.

— Месье Пуаро, вы с ума сошли?

— Нет, я полностью в здравом рассудке.

— Ну, в любом случае ванну я не принимала.

— Ха! — воскликнул Пуаро. — Значит, никто не принимал ванну. Это крайне любопытно.

— Но почему кто-то должен был принимать ванну?

— Действительно, почему?

Rosamund said with some exasperation: "I suppose this is the Sherlock Holmes touch!"

Hercule Poirot smiled. Then he sniffed the air delicately.

"Will you permit me to be impertinent. Mademoiselle?"

"I'm sure you couldn't be impertinent, M. Poirot."

"That is very kind of you. Then may I venture to say that the scent you use is delicious — it has a nuance — a delicate elusive charm." He waved his hands, and then added in a practical voice, "Gabrielle, No. 8, I think?"

"How clever you are. Yes, I always use it."

"So did the late Mrs Marshall. It is chic, eh? And very expensive?"

Rosamund shrugged her shoulders with a faint smile.

Poirot said: "You sat here where we are now, Mademoiselle, on the morning of the crime. You were seen here, or at least your sunshade was seen by Miss Brewster and Mr Redfern as they passed on the sea. During the morning. Mademoiselle, are you sure you did not happen to go down to Pixy's Cove and enter the cave there — the famous Pixy's Cave?"

Rosamund turned her head an stared at him.

— Полагаю, это и есть метод Шерлока Холмса! — с некоторым раздражением произнесла Розамунд.

Пуаро улыбнулся.

— Мадемуазель, вы позволите мне одну дерзость?

— Месье Пуаро, уверена, вы не способны на дерзость.

— Вы очень любезны. В таком случае я осмелюсь заметить, что вы пользуетесь восхитительными духами — у них есть нюанс, тонкое неуловимое очарование. — Выразительно взмахнув руками, он добавил уже деловым тоном: — Если не ошибаюсь, «Габриэль № 8»?

— Вы совершенно правы. Да, я всегда ими пользуюсь.

— Как и покойная миссис Маршалл. Роскошные духи, не правда ли? И очень дорогие.

Розамунд с легкой усмешкой пожала плечами.

— В день убийства, мадемуазель, вы сидели вот здесь, где мы сидим сейчас, — продолжал Пуаро. — Мисс Брюстер и мистер Редферн, проплывавшие мимо на лодке, видели вас здесь — точнее, видели ваш зонтик. Мадемуазель, вы точно не спускались в тот день в бухту Эльфов и не заходили в расположенную там пещеру — в знаменитую пещеру Эльфов?

Повернувшись к нему, Розамунд смерила его долгим взглядом.

She said in a quiet voice: "Are you asking me if I killed Arlena Marshall?"

"No. I am asking you if you went into the Pixy's Cave?"

"I don't even know where it is. Why should I go into it? For what reason?"

"On the day of the crime. Mademoiselle, somebody had been in that cave who used Gabrielle No. 8."

Rosamund said sharply: "You've just said yourself, M. Poirot, that Arlena Marshall used Gabrielle No. 8. She was on the beach that day. Presumably she went into the cave."

"Why should she go into the cave? It is dark there and narrow and very uncomfortable."

Rosamund said impatiently: "Don't ask me for reasons. Since she was actually at the cove she was by far the most likely person. I've told you already I never left this place the whole morning."

"Except for the time when you went into the hotel to Captain Marshall's room," Poirot reminded her.

"Yes, of course. I'd forgotten that."

Poirot said: "And you were wrong, Mademoiselle, when you thought that Captain Marshall did not see you."

Rosamund said incredulously:

"Kenneth did see me? Did — did he say so?"

Poirot nodded.

— Вы спрашиваете у меня, я ли убила Арлену Маршалл? — тихим ровным голосом произнесла она.

— Нет, я спрашиваю у вас, заходили ли вы в пещеру Эльфов?

— Я даже не знаю, где она находится. Зачем мне туда заходить? С какой целью?

— В день преступления, мадемуазель, в пещере побывал тот, кто пользуется «Габриэль № 8».

— Вы же сами только что сказали, месье Пуаро, — резко заметила Розамунд, — что Арлена Маршалл также пользовалась «Габриэль № 8». В тот день она была в бухте. Предположительно она и зашла в пещеру.

— Зачем ей заходить в пещеру? Вход туда тесный, там темно и неуютно.

— Не спрашивайте меня, какие причины ею двигали! — раздраженно сказала Розамунд. — Поскольку Арлена действительно находилась в бухте, она самый вероятный кандидат. Я уже говорила вам, что провела здесь все утро и никуда не уходила.

— Если не считать того, что вы вернулись в пансионат и заглянули в номер капитана Маршалла, — напомнил Пуаро.

— Да, конечно. Я об этом забыла.

— И вы ошиблись, мадемуазель, — добавил Пуаро, — предположив, что капитан Маршалл вас не видел.

Розамунд изумленно уставилась на него.

— Кеннет меня видел? Он... он так сказал?

Пуаро кивнул.

"He saw you, Mademoiselle, in the mirror that hangs over the table."

Rosamund caught her breath. She said:

"Oh! I see."

Poirot was no longer looking out to sea. He was looking at Rosamund Darnley's hands as they lay folded in her lap. They were well-shaped hands, beautifully moulded with very long fingers. Rosamund, shooting a quick look at him, followed the direction of his eyes.

She said sharply: "What are you looking at my hands for? Do you think — do you think -?"

Poirot said: "Do I think — what, Mademoiselle?"

Rosamund Darnley said: "Nothing."

It was perhaps an hour later that Hercule Poirot came to the top of the path leading to Gull Cove. There was some one sitting on the beach. A slight figure in a red shirt and dark blue shorts.

Poirot descended the path, stepping carefully in his tight smart shoes. Linda Marshall turned her head sharply. He thought that she shrank a little. Her eyes, as he came and lowered himself gingerly to the shingle beside her- rested on him with the suspicion and alertness of a trapped animal. He realized, with a pang, how young and vulnerable she was.

She said: "What is it? What do you want?"

— Он видел вас, мадемуазель, в зеркале, висящем над столом.

У Розамунд перехватило дыхание.

— А! Понятно.

Пуаро уже не смотрел на море, он смотрел на руки Розамунд Дарнли, скрещенные на коленях. Это были красивые руки, правильной формы, с очень длинными пальцами. Быстро взглянув на него, Розамунд проследила за его взглядом.

— Почему вы разглядываете мои руки? — резко спросила она. — Неужели вы думаете... неужели вы думаете...

— Что я думаю? — спросил Пуаро. — Что, мадемуазель?

— Ничего, — сказала мисс Дарнли.

Примерно через час Эркюль Пуаро подошел к началу тропинки, спускающейся в бухту Чаек. На берегу кто-то сидел. Тонкая фигура в красной рубашке и синих шортах.

Пуаро медленно спустился вниз, внимательно следя за тем, куда поставить ноги в узких модных штиблетах. При его появлении Линда Маршалл резко обернулась. Ему показалось, она вздрогнула. Ее взгляд, когда Пуаро приблизился к ней и осторожно опустился на гальку, следил за ним с подозрительностью и настороженностью загнанного животного. Со щемящим сердцем детектив почувствовал, какая же она молодая и ранимая.

— В чем дело? — сказала Линда. — Что вам нужно?

Hercule Poirot did not answer for a minute or two.

Then he said: "The other day you told the Chief Constable that you were fond of your stepmother and that she was kind to you."

"Well?"

"That was not true, was it, Mademoiselle?"

"Yes, it was."

Poirot said: "She may not have been actively unkind — that I will grant you. But you were not fond of her — oh, no — I think you disliked her very much. That was very plain to see."

Linda said: "Perhaps I didn't like her very much. But one can't say that when a person is dead. It wouldn't be decent."

Poirot sighed.

He said: "They taught you that at your school?"

"More or less, I suppose."

Hercule Poirot said: "When a person has been murdered, it is more important to be truthful than to be decent."

Linda said: "I suppose you would say a thing like that."

"I would saw it and I do say it. It is my business, you see, to find out who killed Arlena Marshall."

Linda muttered: "I want to forget it all. It's so horrible."

Poirot said gently: "But you can't forget, can you?"

Linda said: "I suppose some beastly madman killed her."

Эркюль Пуаро ответил не сразу.

— В разговоре с главным констеблем вы сказали, что любили свою мачеху и что она была к вам добра, — наконец сказал он.

— Ну и?..

— Это ведь неправда, так, мадемуазель?

— Да, это неправда.

— Возможно, миссис Маршалл не проявляла свою неприязнь — такое я допускаю, — продолжал Пуаро. — Но вы ее не любили — нет-нет, полагаю, она вам очень не нравилась. Это очевидно.

— Наверное, она мне не очень-то нравилась, — согласилась Линда. — Но такие вещи нельзя говорить об умершем. Это неприлично.

Пуаро вздохнул.

— Вас этому научили в школе?

— Ну да, более или менее.

— Когда совершено убийство, гораздо важнее говорить правду, чем соблюдать правила приличия, — заметил Эркюль Пуаро.

— Наверное, вы должны были сказать что-нибудь в таком духе.

— Я должен был это сказать, и я это говорю. Понимаете, моя задача заключается в том, чтобы найти убийцу Арлены Маршалл.

— Я хочу все забыть, — прошептала Линда. — Это так ужасно!

— Но вы не можете забыть, так? — мягко произнес Пуаро.

— Полагаю, Арлену убил какой-то жестокий маньяк, — сказала Линда.

Hercule Poirot murmured: "No, I do not think it was quite like that."

Linda caught her breath.

She said: "You sound — as though you knew?"

Poirot said: "Perhaps I do know." He paused and went on, "Will you trust me, my child, to do the best I can for you in your bitter trouble?"

Linda sprang up. She said:

"I haven't any trouble. There is nothing you can do for me. I don't know what you are talking about."

Poirot said, watching her: "I am talking about candles..."

He saw the terror leap into her eyes.

She cried: "I won't listen to you. I won't listen."

She ran across the beach, swift as a young gazelle, and went flying up the zigzag path.

Poirot shook his head. He looked grave and troubled.

Chapter 11

Inspector Colgate was reporting to the Chief Constable.

"I've got on to one thing, sir, and something pretty sensational. It's about Mrs Marshall's money. I've been into it with her lawyers. I'd say it's a bit of a shock to them. I've got proof of the blackmail story. You remember she was left fifty thousand pounds by

— Нет, — пробормотал детектив, — не думаю, что все произошло именно так.

У Линды перехватило дыхание.

— Вы говорите так... словно знаете правду.

— Возможно, я действительно знаю правду. — Помолчав, Пуаро продолжил: — Дитя мое, верьте, я постараюсь сделать все возможное, чтобы помочь вам решить эту страшную проблему.

Вскочив на ноги, Линда воскликнула:

— Никаких проблем у меня нет! Вы ничем не сможете мне помочь! Я не понимаю, о чем вы говорите!

— Я говорю о свечах... — сказал Пуаро, внимательно наблюдая за девушкой.

Он увидел, как ее взгляд наполнился ужасом.

— Я не буду вас слушать! — воскликнула Линда. — Не буду слушать!

Она пронеслась, подобно испуганной газели, по пляжу и побежала вверх по петляющей тропе.

Пуаро покачал головой. Лицо у него было мрачное и встревоженное.

Глава 11

Инспектор Колгейт докладывал главному констеблю:

— Я кое-что раскопал, сэр, и это самая настоящая сенсация. Речь идет о деньгах миссис Маршалл. Я встретился с ее поверенными. Могу сказать, для них это явилось полной неожиданностью. У меня есть доказательства версии о шантаже. Пом-

old Erskine? Well, all that's left of that is about fifteen thousand."

The Chief Constable whistled.
"Whew, what's become of the rest?"
"That's the interesting point, sir. She's sold out stuff from time to time, and each time she's handled it in cash or negotiable securities — that's to say she's handed out money to some one that she didn't want traced. Blackmail all right."

The Chief Constable nodded.
"Certainly looks like it. And the blackmailer is here in this hotel. That means it must be one of those three men. Got anything fresh on any of them?"
"Can't say I've got anything definite, sir. Major Barry's a retired Army man, as he says. Lives in a small flat, has a pension and a small income from stocks. But he's paid in pretty considerable sums into his accounts in the last year."

"That sounds promising. What's his explanation?"

"Says they're betting gains. It's perfectly true that he goes to all the large race meetings. Places his bets on the course too, doesn't run an account."
The Chief Constable nodded.
"Hard to disprove that," he said. "But it's suggestive."

ните, что старик Эрскин завещал ей пятьдесят тысяч фунтов? Так вот, сейчас от них осталось всего около пятнадцати.

Главный констебль присвистнул.

— Ого! А куда подевалось остальное?

— Это самое интересное, сэр. Время от времени миссис Маршалл продавала по частям свое наследство, и всякий раз выручку брала наличными или ценными бумагами на предъявителя. Это говорит о том, что она с кем-то расплачивалась и не хотела, чтобы это можно было проследить. Шантаж, тут не может быть никаких сомнений.

Полковник Уэстон кивнул.

— Определенно, похоже на то. И шантажист здесь, в пансионате. То есть это один из троих мужчин. Есть что-нибудь свеженькое на них?

— Не могу сказать, сэр, что мне удалось найти что-либо определенное. Майор Барри — отставной военный, как он и говорит. Живет в маленькой квартире, получает пенсию и имеет небольшой доход от акций. Но в прошлом году он несколько раз клал на свой счет крупные суммы.

— Звучит многообещающе. Как он сам это объясняет?

— Говорит, что это выигрыши в тотализатор. Действительно, Барри посещает все крупные скачки. Ставки делает прямо на месте, учет не ведет.

Главный констебль кивнул.

— Опровергнуть это нелегко, — сказал он. — Но тут есть пища для размышлений.

Colgate went on: "Next, the Reverend Stephen Lane. He's bona fide all right — had a living at St Helen's, Whiteridge, Surrey — resigned his living just over a year ago owing to ill-health. His ill-health amounted to his going into a nursing home for mental patients. He was there for over a year."

"Interesting," said Weston.

"Yes, sir. I tried to get as much as I could out of the doctor in charge but you know what these medicos are — it's difficult to pin them down to anything you can get hold of. But as far as I can make out, his Reverence's trouble was an obsession about the Devil — especially the Devil in the guise of woman — scarlet woman — whore of Babylon."

"H'm," said Weston. "There have been precedents for murder there."

"Yes, sir. It seems to me that Stephen Lane is at least a possibility. The late Mrs Marshall was a pretty good example of what a clergyman would call a Scarlet Woman — hair and goings-on and all. Seems to me it's not impossible he may have felt it his appointed task to dispose of her. That is if he is really batty."

"Nothing to fit in with the blackmail theory?"

"No, sir. I think we can wash him out as far as that's concerned. Has some private means of his own, but not very much, and no sudden increase lately."

— Далее, преподобный Стивен Лейн, — продолжал Колгейт. — Он самый настоящий священник — у него был приход в церкви Святой Елены, Уайтридж, Суррей. Оставил службу чуть больше года назад вследствие плохого здоровья. А плохое здоровье заключалось в том, что он попал в клинику для душевнобольных. Провел там больше года.

— Весьма любопытно, — сказал Уэстон.

— Да, сэр. Я попытался вытянуть что-либо из лечащего врача, но вы же знаете этих медиков — крайне трудно получить от них что-нибудь существенное. Однако, насколько я понял, наш преподобный был одержим дьяволом — особенно дьяволом в женском обличье: женщина на багряном звере, вавилонская блудница.

— Гм, — задумчиво пробормотал Уэстон, — в прошлом подобное уже становилось причиной убийства.

— Да, сэр. На мой взгляд, к Стивену Лейну нужно по крайней мере присмотреться повнимательнее. Покойная миссис Маршалл являла собой хороший пример того, что священник назвал бы «вавилонской блудницей» — волосы, поведение и все остальное. Мне кажется вполне возможным, что преподобный Лейн возомнил, будто ему предначертано очистить от нее мир. Это, конечно, если он совсем спятил.

— Никаких связей с шантажом?

— Никаких, сэр. Полагаю, здесь он чист. У него есть кое-какие деньги, но небольшие, и никаких крупных поступлений в последнее время.

"What about his story of his movements on the day of the crime?"

"Can't get any confirmation of them. Nobody remembers meeting a parson in the lanes. As to the book at the church, the last entry was three days before and nobody looked at it for about a fortnight. He could have quite easily gone over the day before, say, or even a couple of days before, and dated his entry the 25th."

Weston nodded. He said:

"And the third man?"

"Horace Blatt? It's my opinion, sir, that there's definitely something fishy there. Pays income tax on a sum far exceeding what he makes out of his hardware business. And mind you, he's a slippery customer. He could probably cook up a reasonable statement — he gambles a bit on the Stock Exchange and he's in with one or two shady deals. Oh, yes, there may be plausible explanations, but there's no getting away from it that he's been making pretty big sums from unexplained sources for some years now."

"In fact," said Weston, "the idea is that Mr Horace Blatt is a successful blackmailer by profession?"

"Either that, sir, or it's dope. I saw Chief Inspector Ridgeway who's in charge of the dope business, and he was no end keen. Seems there's been a good bit of heroin coming in lately. They're on to the small distributors and they know more or less who's run-

— А как насчет его рассказа о своих действиях в день преступления?

— **Найти этому подтверждение я не смог.** Никто не вспомнил, что видел на дороге священника. А в церковной книге предыдущая запись была сделана за три дня до того, и никто недели две в нее не заглядывал. Так что Лейн запросто мог зайти в церковь, скажем, накануне, а то и двумя днями раньше и датировать свою запись двадцать пятым числом.

Уэстон кивнул.

— Ну, а третий?

— Хорас Блатт? На мой взгляд, сэр, тут что-то определенно нечисто. Платит подоходный налог с суммы, значительно превосходящей то, что он зарабатывает своим скобяным бизнесом. И вообще он скользкий тип. Мог без труда состряпать какую-нибудь вполне убедительную сделку — немного играет на фондовой бирже, был замешан в двух-трех сомнительных махинациях... О да, вполне может быть какое-нибудь благовидное объяснение, но никуда не деться от того, что Блатт вот уже несколько лет получает весьма приличные суммы из неизвестных источников.

— На самом деле, — сказал Уэстон, — есть веские основания считать, что мистер Хорас Блатт успешно занимается шантажом?

— Или это, сэр, или наркотики. Я встретился со старшим инспектором Риджуэем, который ведет дела о наркотиках, и он проявил самый живой интерес. Похоже, в последнее время к нам поступает героин в больших количествах. Риджуэй вышел на

ning it the other end, but it's the way it's coming into the country that's baffled them so far."

Weston said: "If the Marshall woman's death is the result of her getting mixed up, innocently or otherwise, with the dope-running stunt, then we'd better hand the whole thing over to Scotland Yard. It's their pigeon. Eh? What do you say?"

Inspector Colgate said rather regretfully: "I'm afraid you're right, sir. If it's dope, then it's a case for the Yard."

Weston said after a moment or two's thought:

"It really seems the most likely explanation."

Colgate nodded gloomily.

"Yes, it does. Marshall's right out of it — though I did get some information that might have been useful if his alibi hadn't been so good. Seems his firm is very near the rocks. Not his fault or his partner's, just the general result of the crisis last year and the general state of trade and finance. And as far as he knew, he'd come into fifty thousand pounds if his wife died. And fifty thousand would have been a very useful sum." He sighed. "Seems a pity when a man's got two perfectly good motives for murder, that he can be proved to have nothing to do with it!"

Weston smiled. "Cheer up, Colgate. There's still a chance we may distinguish ourselves. There's the blackmail angle still and there's the batty parson, but

сеть розничных продавцов и приблизительно представляет себе, кто заправляет всем на том конце, но его ставит в тупик то, как товар попадает в страну.

— Если смерть миссис Маршалл явилась следствием того, что она оказалась замешана, случайно или нет, в торговлю наркотиками, нам лучше передать дело в Скотленд-Ярд. Это их вотчина. А? Что скажете?

— Боюсь, сэр, вы правы, — с некоторым сожалением произнес инспектор Колгейт. — Если речь идет о наркотиках, этим должен заниматься Ярд.

Подумав минуту-другую, Уэстон сказал:

— По-моему, это самое вероятное объяснение.

Колгейт угрюмо кивнул.

— Да, вы правы. Маршалл тут абсолютно чист — хотя я раздобыл кое-какую информацию, которая могла бы оказаться полезной, если б его алиби не было таким железным. Похоже, фирма Маршалла вот-вот наскочит на рифы. В этом не виноваты ни он сам, ни его партнер — просто общие последствия прошлогоднего кризиса и состояния торговли и финансов в целом. Маршалл мог рассчитывать на то, что в случае смерти своей жены ему достанутся пятьдесят тысяч фунтов. А его фирме эти пятьдесят тысяч очень пригодились бы... — Он вздохнул. — Такая жалость, что тот, у кого есть две веские причины совершить убийство, доказал, что он не имеет к этому никакого отношения!

— Выше нос, Колгейт! — усмехнулся главный констебль. — У нас по-прежнему есть шанс отличиться. Остается еще шантаж. Не надо забывать

personally I think the dope solution is far the most likely." He added: "And if it was one of the dope gang who put her out we'll have been instrumental in helping Scotland Yard to solve the dope problem. In fact, take it all round, one way or another, we've done pretty well."

An unwilling smile showed on Colgate's face.

He said: "Well, that's the lot, sir. By the way, I checked up on the writer of that letter we found in her room. The one signed J. N. Nothing doing. He's in China safe enough. Same chap as Miss Brewster was telling us about. Bit of a young scallywag. I've checked up on the rest of Mrs Marshall's friends. No leads there. Everything there is to get, we've got, sir."

Weston said: "So now it's up to us." He paused and then added: "Seen anything of our Belgian colleague? Does he know all you've told me?"

Colgate said with a grin: "He's a queer little cuss, isn't he? D'you know what he asked me day before yesterday? He wanted particulars of any cases of strangulation in the last three years."

Colonel Weston sat up.

"He did, did he? Now I wonder -" he paused a minute. "When did you say the Reverend Stephen Lane went into that mental home?"

"A year ago last Easter, sir."

Colonel Weston was thinking deeply.

и про чокнутого священника, но лично мне кажется, что наиболее вероятной причиной являются наркотики. — Помолчав, он добавил: — А если с миссис Маршалл расправилась банда наркоторговцев, то мы окажем Скотленд-Ярду действенную помощь в решении этой загадки. На самом деле, как ни крути, по-моему, мы очень неплохо поработали.

Лицо Колгейта помимо его воли растянулось в улыбке.

— Что ж, сэр, пусть будет так, — сказал он. — Кстати, я проверил автора того письма, которое мы обнаружили в комнате убитой. Подписанного «Дж. Н.». Тупик. Этот парень благополучно отбыл в Китай. Он тот самый, о ком нам говорила мисс Брюстер. Молодой шалопай. Я проверил остальных знакомых миссис Маршалл. Никаких зацепок. Все, что можно найти, мы уже нашли, сэр.

— Так что теперь все зависит только от нас. — Помолчав, Уэстон добавил: — Как дела у нашего коллеги-бельгийца? Ему уже известно то, что вы мне сейчас доложили?

— Странный он тип, правда? — усмехнулся Колгейт. — Знаете, о чем спросил меня позавчера? Ему понадобились подробности всех случаев удушения за последние три года.

Полковник Уэстон встрепенулся.

— Вот как? Любопытно... — Он помолчал. — Как вы сказали, когда преподобный Стивен Лейн попал в психиатрическую клинику?

— Год назад, на Пасху, сэр.

Полковник Уэстон глубоко задумался.

He said: "There was a case — body of a young woman found somewhere near Bagshot. Going to meet her husband somewhere and never turned up. And there was what the papers called the Lonely Copse Mystery. Both in Surrey if I remember rightly."

His eyes met those of his Inspector.

Colgate said: "Surrey? My word, sir, it fits, doesn't it? I wonder..."

Hercule Poirot sat on the turf on the summit of the island. A little to his left was the beginning of the steel ladder that led down to Pixy's Cove. There were several rough boulders near the head of the ladder, he noted, forming easy concealment for any one who proposed to descend to the beach below. Of the beach itself little could be seen from the top owing to the overhang of the cliff.

Hercule Poirot nodded his head gravely. The pieces of his mosaic were fitting into position. Mentally he went over those pieces considering each as a detached item. A morning on the bathing beach some few days before Arlena Marshall's death. One, two, three, four, five, separate remarks uttered that morning.

The evening of a bridge game. He, Patrick Redfern and Rosamund Darnley had been at the table. Christine had wandered out while dummy and had overheard a certain conversation. Who else had been in the lounge at that time? Who had been absent?

The evening before the crime. The conversation he had had with Christine on the cliff and the scene he

— Был один случай — труп молодой женщины, обнаруженный недалеко от Бэгшота. Направлялась на встречу со своим мужем, да так и не появилась на ней. А потом была еще «Загадка пустынной рощи», как ее окрестили в газетах. Если я правильно помню, оба случая в Суррее.

Он встретился взглядом с инспектором.

— В Суррее? — встрепенулся тот. — Помилуй бог, все сходится, сэр, не так ли? Очень интересно...

Эркюль Пуаро сидел на траве на вершине холма. Слева от него начиналась стальная лестница, ведущая вниз в бухту Эльфов. Он обратил внимание на то, что у основания лестницы были рассыпаны крупные валуны, за которыми преспокойно мог спрятаться тот, кто собирался спуститься на берег. Сам берег сверху практически не был виден из-за нависающей скалы.

Детектив мрачно кивнул. Элементы мозаики складывались в цельный рисунок. Пуаро мысленно перебрал детали, разбирая каждую по отдельности. Утро на пляже за несколько дней до смерти Арлены Маршалл. В то утро там были сделаны одно, два, три, четыре, пять отдельных замечаний.

Игра в бридж вечером. Он сам, Патрик Редферн и Розамунд Дарнли сидели за столом. Кристина была «болваном» и отправилась подышать свежим воздухом. При этом она случайно услышала обрывок разговора. Кто в тот момент находился в фойе? Кого там не было?

Вечер накануне убийства. Разговор, состоявшийся у него с Кристиной на скале, а затем сце-

had witnessed on his way back to the hotel. Gabrielle No. 8.

A pair of scissors.
A broken pipe.
A bottle thrown from a window.
A green calendar.
A packet of candles.
A mirror and a typewriter.
A skein of magenta wool.
A girl's wristwatch.
Bath-water rushing down the waste-pipe.

Each of these unrelated facts must fit into its appointed place. There must be no loose ends. And then, with each concrete fact fitted into position, on to the next step: his own belief in the presence of evil on the island... Evil... He looked down at a typewritten list in his hands.

NELLIE PARSONS — FOUND STRANGLED IN A LONELY COPSE NEAR CHOBHAM. NO CLUE TO HER MURDERER EVER DISCOVERED.

Nellie Parsons? ALICE CORRIGAN. He read very carefully the details of Alice Corrigan's death.

To Hercule Poirot, sitting on the ledge overlooking the sea, came Inspector Colgate. Poirot liked Inspector Colgate. He liked his rugged face, his shrewd eyes, and his slow unhurried manner. Inspector Colgate sat down. He said, glancing down at the typewritten sheets in Poirot's hand:

на, свидетелем которой он стал по дороге обратно в пансионат. «Габриэль № 8».

Ножницы.

Сломанный чубук трубки.

Бутылочка, выброшенная из окна.

Зеленый календарь.

Упаковка свечей.

Зеркало и пишущая машинка.

Моток бордовой шерсти.

Наручные часы.

Вода, слитая из ванны.

Каждый из этих разрозненных фактов должен был занять свое, строго определенное место. Не должно остаться никаких свободных концов. И затем, с каждым отдельным фактом, вставшим на свое место, к следующей остановке: к его собственному ощущению того, что на острове присутствует зло. Зло... Пуаро посмотрел на отпечатанный на машинке листок.

НЕЛЛИ ПАРСОНС — ОБНАРУЖЕНА ЗАДУШЕННОЙ В УЕДИНЕННОЙ РОЩЕ НЕПОДАЛЕКУ ОТ ЧОБХЭМА. ДО СИХ ПОР НЕТ НИКАКИХ УКАЗАНИЙ НА ТО, КТО СОВЕРШИЛ УБИЙСТВО.

Нелли Парсонс? АЛИСА КОРРИГАН. Пуаро очень внимательно прочитал обстоятельства смерти Алисы Корриган.

К Пуаро, сидящему на скале над обрывом, подошел инспектор Колгейт. Он нравился Пуаро. Бельгийцу нравились его грубоватое лицо, проницательные глаза, медленные, неспешные манеры. Подсев к Пуаро, инспектор Колгейт взглянул на отпечатанные страницы в его руках.

"Done anything with those cases, sir?"

"I have studied them — yes."

Colgate got up, he walked along and peered into the next niche. He came back, saying:

"One can't be too careful. Don't want to be overheard."

Poirot said: "You are wise."

Colgate said: "I don't mind telling you, M. Poirot, that I've been interested in those cases myself — though perhaps I shouldn't have thought about them if you hadn't asked for them." He paused. "I've been interested in one case in particular."

"Alice Corrigan?"

"Alice Corrigan." He paused. "I've been on to the Surrey police about that case — wanted to get all the ins and outs of it."

"Tell me, my friend. I am interested — very interested."

"I thought you might be. Alice Corrigan was found strangled in Caesar's Grove on Blackridge Heath — not ten miles from Marley Copse where Nellie Parsons was found — and both those places are within twelve miles of Whiteridge where Mr Lane was vicar."

Poirot said: "Tell me more about the death of Alice Corrigan."

Colgate said: "The Surrey police didn't at first connect her death with that of Nellie Parsons. That's because they'd pitched on the husband as the guilty party. Don't quite know why except that he was a bit

— Вам пригодились эти старые дела, сэр?

— Да, я их изучил.

Встав, Колгейт сходил к соседней нише и заглянул в нее.

— Лишняя осторожность не помешает, — вернувшись, сказал он. — Не хотелось бы, чтобы нас подслушали.

— Вы поступили мудро, — согласился Пуаро.

— Признаюсь вам, месье Пуаро, что я сам заинтересовался этими делами — хотя, вероятно, и не подумал бы о них, если б вы не спросили. — Он помолчал. — Особенно меня заинтересовало одно дело.

— Алиса Корриган?

— Алиса Корриган. — Колгейт помолчал. — Я связался с полицией Суррея, хотел узнать все нюансы этого дела.

— Говорите, друг мой. Мне интересно — очень интересно.

— Я так и думал. Алиса Корриган была обнаружена задушенной в роще Сизар-Гроув в Блэкридж-Хит — меньше чем в десяти милях от рощи Марли-Копс, где была обнаружена Нелли Парсонс; и оба этих места в двенадцати милях от Уайтриджа, где викарием был мистер Лейн.

— Расскажите мне подробнее о смерти Алисы Корриган, — сказал Пуаро.

— Вначале полиция Суррея не связала ее смерть со смертью Нелли Парсонс, — начал Колгейт. — Это потому, что виновным посчитали мужа. Почему — не могу сказать. Разве что все дело в том, что

of what the press calls a 'mystery man' — not much known about him — who he was or where he came from. She'd married him against her people's wishes, she'd a bit of money of her own — and she'd insured her life in his favour — all that was enough to raise suspicion, as I think you'll agree, sir?"

Poirot nodded.

"But when it came down to brass tacks the husband was washed right out of the picture. The body was discovered by one of these woman hikers — hefty young woman in shorts. She was an absolutely competent and reliable witness — games mistress at a school in Lancashire. She noted the time when she found the body — it was exactly four fifteen — and gave it as her opinion that the woman had been dead quite a short time — not more than ten minutes. That fitted in well enough with the police surgeon's view when he examined the body at 5.45. She left everything as it was and tramped across country to Bagshot police station where she reported the death. Now from three o'clock to four ten, Edward Corrigan was in the train coming down from London where he'd gone up for the day on business. Four other people were in the carriage with him. From the station he took the local bus, two of his fellow passengers travelling by it also. He got off at the Pine Ridge Café where he'd arranged to meet his wife for tea. Time then was four twenty-five. He ordered tea for them both, but said not to bring it till she came. Then he walked about

он, как это называют в прессе, был «человеком таинственным» — о нем мало что было известно, кто он такой и откуда. Алиса вышла за него замуж вопреки воле своих родителей, у нее были кое-какие свои деньги — и она застраховала свою жизнь в пользу мужа; всего этого оказалось достаточно, чтобы возникли подозрения; полагаю, вы согласны, сэр?

Пуаро кивнул.

— Но когда присмотрелись внимательнее, оказалось, что муж тут ни при чем. Труп был обнаружен туристкой, крепкой женщиной в шортах. Абсолютно компетентный и надежный свидетель — школьная учительница физкультуры из Ланкашира. Она отметила время, когда обнаружила труп, — было ровно четыре пятнадцать, — и высказала предположение, что смерть наступила незадолго до этого, не больше чем за десять минут. Это полностью совпало с мнением полицейского врача, осмотревшего тело в пять сорок пять. Свидетельница ничего не трогала и поспешила напрямик в отделение полиции Бэгшота, где доложила о случившемся. Так вот, от трех часов до десяти минут пятого Эдвард Корриган находился в поезде, следующем из Лондона, куда он ездил по делам. Вместе с ним в вагоне ехали еще четверо. От станции он поехал на автобусе, в который сели также двое из его попутчиков. Корриган сошел с автобуса у кафе «Пайн-Ридж», где договорился встретиться со своей женой. Это было в четыре двадцать пять. Он заказал чай для двоих, но попросил не приносить его до тех пор, по-

outside waiting for her. When, by five o'clock she hadn't turned up, he was getting alarmed — thought she might have sprained her ankle. The arrangement was that she was to walk across the moors from the village where they were staying to the Pine Ridge Café and go home by bus. Caesar's Grove is not far from the café and it's thought that as she was ahead of time she sat down there to admire the view for a bit before going on, and that some tramp or madman came upon her there and caught her unawares. Once the husband was proved to be out of it, naturally they connected up her death with that of Nellie Parsons — that rather flighty servant girl who was found strangled in Marley Copse. They decided that the same man was responsible for both crimes but they never caught him — and what's more they never came near catching him! Drew a blank everywhere."

He paused and then he said slowly:

"And now — here's a third woman strangled — and a certain gentleman we won't name right on the spot."

He stopped. His small shrewd eyes came round to Poirot. He waited hopefully. Poirot's lips moved. Inspector Colgate leaned forward. Poirot was murmuring:

"- so difficult to know what pieces are part of the fur rug and which are the cat's tail."

ка не придет жена. Потом вышел на улицу и прохаживался туда и сюда, дожидаясь ее. Когда жена не появилась к пяти часам, Корриган встревожился — предположил, что она подвернула ногу. Они условились, что жена пойдет пешком через болото из деревни, где они жили, а из «Пайн-Ридж» они вернутся вместе на автобусе. Сизар-Гроув недалеко от кафе, и полиция предположила, что Алиса Корриган, видя, что у нее в запасе много времени, решила полюбоваться красотами природы; тут на нее набросился какой-то бродяга или сумасшедший, застигнувший ее врасплох. Как только было доказано, что муж «чист», естественно, полиция связала смерть Алисы Корриган со смертью Нелли Парсонс — довольно взбалмошной служанки, которая была обнаружена задушенной в Марли-Копс. Предположительно оба преступления совершил один и тот же человек, но он так и не был найден — больше того, его поиски не дали никаких результатов! Все ниточки заводили в тупик.

Помолчав, Колгейт медленно произнес:

— И вот теперь задушена третья женщина, и один господин, которого мы не будем называть, находился в этом месте.

Он умолк. Его маленькие проницательные глаза смотрели на Пуаро. Он с надеждой ждал. У маленького бельгийца зашевелились губы. Колгейт подался вперед.

— ...так трудно определить, какая деталь — часть ковра, а какая — хвост кошки, — пробормотал Пуаро.

"I beg pardon, sir?" said Inspector Colgate, startled.

Poirot said quickly: "I apologize. I was following a train of thought of my own."

"What's this about a fur rug and a cat?"
"Nothing — nothing at all." He paused. "Tell me, Inspector Colgate, if you suspected some one of telling lies — many, many lies, but you had no proof, what would you do?"

Inspector Colgate considered.
"It's difficult, that is. But it's my opinion that if any one tells enough lies, they're bound to trip up in the end."
Poirot nodded.
"Yes, that is very true. You see, it is only in my mind that certain statements are lies. I think that they are lies, but I cannot know they are lies. But one might perhaps make a test — a test of one little not very noticeable lie. And if that were proved to be a lie — why then, one would know that all the rest were lies, too!"

Inspector Colgate looked at him curiously.

"Your mind works a funny way, doesn't it, sir? But I daresay it comes out all right in the end. If you'll excuse my asking, what put you on to asking about strangulation cases in general?"
Poirot said slowly:

— Прошу прощения, сэр? — недоуменно спросил инспектор.

— Приношу свои извинения! — поспешно произнес детектив. — Я следил за ходом своих рассуждений.

— При чем тут ковер и кошка?

— Ни при чем — совершенно ни при чем. — Пуаро помолчал. — Скажите, инспектор Колгейт, если вы подозреваете, что кто-то лжет — постоянно говорит ложь, — но доказательств у вас нет, как вы поступите?

Инспектор Колгейт задумался.

— Трудный вопрос, сэр. Но, полагаю, если кто-то непрерывно лжет, он рано или поздно обязательно попадется.

Пуаро кивнул.

— Да, вы совершенно правы. Понимаете, только на мой взгляд определенные заявления являются ложью. Я думаю, что это ложь, но не могу убедиться в этом наверняка. Однако если провести тест — проверить одну маленькую, не слишком заметную неправду... И если окажется, что это действительно ложь, что ж, в таком случае станет понятно, что и остальное тоже ложь!

Инспектор Колгейт с любопытством посмотрел на него.

— Странным образом работает ваш рассудок, сэр, правда? Однако, смею сказать, в конце концов вы добиваетесь результата. Простите мое любопытство, но что навело вас на другие дела об удушении?

Пуаро медленно произнес:

"You have a word in your language — slick. This crime seemed to me a very slick crime! It made me wonder, if, perhaps, it was not a first attempt."

Inspector Colgate said: "I see."

Poirot went on: "I said to myself, let us examine the past crimes of a similar kind and if there is a crime that closely resembles this one — eh bien, we shall have there a very valuable clue."

"You mean using the same method of death, sir?"

"No, no, I mean more than that. The death of Nellie Parsons for instance tells me nothing. But the death of Alice Corrigan — tell me, Inspector Colgate, do you not notice one striking form of similarity to this crime?"

Inspector Colgate turned the problem over in his mind.

He said at last: "No, sir, I can't say that I do really. Unless it's that in each case the husband has got a iron-cast alibi."

Poirot said softly: "Ah, so you have noticed that?"

"Ha, Poirot. Glad to see you. Come in. Just the man I want."

Hercule Poirot responded to the invitation. The Chief Constable pushed over a box of cigarettes, took one himself, and lighted it. Between puffs he said:

"I've decided, more or less, on a course of action. But I'd like your opinion on it before I act decisively."

— У вас в языке есть одно слово — «гладкий». Это преступление кажется мне очень гладким! Вот я и задумался: а что, если это не первая попытка?

— Понятно, — протянул инспектор Колгейт.

— И я сказал себе, — продолжал Пуаро, — давайте изучим подобные преступления, совершенные в прошлом; и если какое-либо из них сильно напоминает это — eh bien, у нас появится очень важная зацепка.

— Вы имеете в виду один и тот же способ убийства, сэр?

— Нет, нет, я имею в виду гораздо больше. Например, смерть Нелли Парсонс не говорит мне ничего. Но вот смерть Алисы Корриган... Скажите, инспектор Колгейт, вы не обратили внимания на одно поразительное сходство этих двух преступлений?

Полицейский мысленно прокрутил в голове эту проблему.

— Нет, сэр, не могу это сказать, — наконец признался он. — Разве что в обоих случаях у мужей железное алиби.

— А, значит, вы это заметили? — тихо произнес Пуаро.

— А, Пуаро! Рад вас видеть. Заходите. Вы как раз тот, кто мне нужен.

Эркюль Пуаро откликнулся на приглашение. Главный констебль пододвинул ему пачку сигарет, взял одну себе и закурил. Затянувшись, он сказал:

— Я более или менее определился с дальнейшими действиями. Но прежде чем действовать решительно, я бы хотел выслушать ваше мнение.

Hercule Poirot said: "Tell me, my friend."

Weston said: "I've decided to call in Scotland Yard and hand the case over to them. In my opinion, although there have been grounds for suspicion against one or two people, the whole case hinges on dope smuggling. It seems clear to me that that place, Pixy's Cove, was a definite rendezvous for the stuff."

Poirot nodded.

"I agree."

"Good man. And I'm pretty certain who our dope smuggler is. Horace Blatt."

Again Poirot assented.

He said: "That, too, is indicated."

"I see our minds have both worked the same way. Blatt used to go sailing in that boat of his. Sometimes he'd invite people to go with him, but most of the time he went out alone. He had some rather conspicuous red sails on that boat but we've found that he had some white sails as well stowed away. I think he sailed out on a good day to an appointed spot, and was met by another boat — sailing boat or motor yacht — something of the kind, and the stuff was handed over. Then Blatt would run ashore into Pixy's Cove at a suitable time of day -"

Hercule Poirot smiled: "Yes, yes, at half past one. The hour of the British lunch when every one is quite sure to be in the dining-room. The island is private. It is not a place where outsiders come for picnics. People take their tea sometimes from the hotel to Pixy's

— Говорите, друг мой, — попросил детектив.

— Я решил связаться со Скотленд-Ярдом и передать дело туда, — сказал полковник Уэстон. — На мой взгляд, хотя есть основания подозревать одного-двух человек, все дело упирается в контрабанду наркотиков. Для меня совершенно очевидно, что это место, пещера Эльфов, использовалось в качестве перевалочного пункта этого дурмана.

Пуаро кивнул.

— Согласен.

— Вот и отлично. И я очень склонен думать, что наш наркоторговец — не кто иной, как Хорас Блатт.

И снова Пуаро выразил свое согласие.

— Все указывает на то, — подтвердил он.

— Вижу, что наши мысли работают в одинаковом направлении. Блатт постоянно выходил в море на своей яхте. Изредка он приглашал кого-нибудь с собой, но в основном плавал один. У него на яхте весьма подозрительные красные паруса, но мы выяснили, что у него также хранится наготове полный комплект белых парусов. Считаю, что в погожий день он приплывал в назначенное место, где встречался с другим судном — яхтой или моторной лодкой, что-нибудь в таком духе, — и происходила передача товара. После чего Блатт высаживался в бухте Эльфов в подходящее время...

— Да, да, в половине второго, — улыбнулся Пуаро. — В этот строгий час британского ланча все в полном составе собирались в обеденном зале. Остров является частной собственностью. Посторонние сюда на пикник не приходят. Иногда отды-

Cove in the afternoon when the sun is on it, or if they want a picnic they would go somewhere far afield, many miles away."

The Chief Constable nodded.

"Quite," he said. "Therefore Blatt ran ashore there and stowed the stuff on that ledge in the cave. Somebody else was to pick it up there in due course."

Poirot murmured: "There was a couple, you remember, who came to the island for lunch on the day of the murder? That would be a way of getting the stuff. Some summer visitors from a hotel on the Moor or at St Loo come over to Smuggler's Island. They announce that they will have lunch. They walk round the island first. How easy to descend to the beach, pick up the sandwich box, place it, no doubt, in Madame's bathing bag which she carries — and return for lunch to the hotel — a little late, perhaps, say at ten minutes to two, having enjoyed their walk whilst everyone else was in the dining room."

Weston said: "Yes, it all sounds practicable enough. Now these dope organizations are pretty ruthless. If any one blundered in and got wise to things they wouldn't make any bones about silencing that person. It seems to me that that is the right explanation of Arlena Marshall's death. It's possible that on that morning Blatt was actually at the cove stowing the stuff away. His accomplices were to come for it that

хающие спускаются в бухту Эльфов выпить чай во второй половине дня, когда там солнце, а если они хотят устроить пикник, то отправляются куда-нибудь подальше, за много миль.

Главный констебль кивнул.

— Совершенно верно, — подтвердил он. — Итак, Блатт высаживался на берег и прятал отраву на каменной полке в пещере. А затем кто-то другой ее забирал.

— Помните, — пробормотал Пуаро, — одна супружеская пара пришла на остров пообедать в день убийства? Вот вам прекрасный способ забрать наркотик. Отдыхающие из Мора или Сент-Лу заглядывают на остров Контрабандистов. Они заявляют, что хотят отобедать в пансионате, но сначала отправляются на прогулку по острову. Им проще простого спуститься на берег, забрать коробку из-под сандвичей, положить ее, вне всякого сомнения, во вместительную пляжную сумку мадам и вернуться в пансионат на ланч, возможно, с небольшим опозданием — скажем, без десяти два, — насладившись прогулкой, в то время как все остальные находятся в обеденном зале.

— Да, такое вполне осуществимо, — согласился Уэстон. — Дальше. Эти наркоторговцы привыкли действовать беспощадно. Если кто-нибудь случайно наткнулся б на них и проведал об их делишках, они бы без колебаний заставили его умолкнуть навсегда. Мне кажется, это и есть правильное объяснение смерти Арлены Маршалл. Возможно, в то утро Блатт находился в пещере и прятал героин. Его сообщники

very day. Arlena arrives on her float and sees him going into the cave with the box. She asks him about it and he kills her then and there and sheers off in his boat as quick as possible."

Poirot said: "You think definitely that Blatt is the murderer?"

"It seems the most probable solution. Of course it's possible that Arlena might have got on to the truth earlier, said something to Blatt about it and some other member of the gang fixed a fake appointment with her and did her in. As I say, I think the best course is to hand the case over to Scotland Yard. They've a far better chance than we have of proving Blatt's connection with the gang."

Hercule Poirot nodded thoughtfully.
Weston said: "You think that's the wise thing to do — eh?"
Poirot was thoughtful.
He said at last: "It may be."
"Dash it all, Poirot, have you got something up your sleeve, or haven't you?"
Poirot said gravely: "If I have, I am not sure that I can prove it."

Weston said: "Of course, I know that you and Colgate have other ideas. Seems a bit fantastic to me but I'm bound to admit there may be something in it. But even if you're right, I still think it's a case for the Yard. We'll give them the facts and they can work

должны были прийти за товаром в этот же день. Арлена приплывает на плоту и видит, как Блатт забирается в пещеру с коробкой. Она спрашивает у него, что он здесь делает, Блатт убивает ее и как можно быстрее снова уходит в море на своей яхте.

— Вы считаете, что Блатт определенно является убийцей? — спросил Пуаро.

— По-моему, это наиболее вероятное объяснение. Конечно, возможно, Арлена додумалась до всего раньше, что-то сказала Блатту, и какой-то другой член шайки назначил ей встречу, прикрываясь чужим именем, и расправился с ней. Как я уже сказал, на мой взгляд, лучше всего передать это дело в Скотленд-Ярд. У лондонской полиции гораздо больше возможностей доказать связь Блатта с наркоторговцами.

Маленький бельгиец задумчиво кивнул.

— Вам тоже кажется, что это самый разумный путь? — спросил Уэстон.

Пуаро был погружен в раздумья.

— Возможно, — наконец сказал он.

— Черт возьми, Пуаро, вы что-то припрятали в рукаве, ведь так?

— Если и припрятал, — мрачно произнес детектив, — у меня нет полной уверенности, что я смогу это доказать.

— Ну конечно, я знаю, что у вас с Колгейтом другие мысли, — сказал Уэстон. — Лично мне это кажется маловероятным, и все же я должен признать, что в этом может что-то быть. Но даже если вы и правы, я все равно считаю, что этим делом

in with the Surrey police. What I feel is that it isn't really a case for us. It's not sufficiently localized." He paused. "What do you think, Poirot? What do you feel ought to be done about it?"

Poirot seemed lost in thought. At last he said:

"I know what I should like to do."

"Yes, man."
Poirot murmured: "I should like to go for a picnic."
Colonel Weston stared at him.

Chapter 12

"A picnic, M. Poirot?"
Emily Brewster stared at him as though he were out of his senses.
Poirot said engagingly: "It sounds to you, does it not, very outrageous? But indeed it seems to me a most admirable idea. We need something of the everyday, the usual, to restore life to the normal. I am most anxious to see something of Dartmoor, the weather is good. It will — how shall I say, it will cheer everybody up! So aid me in this matter. Persuade everyone."

должен заниматься Скотленд-Ярд. Мы передадим им все факты, и они будут работать вместе с полицией Суррея. Я и вправду чувствую, что это дело не для нас. Оно выходит за пределы нашего графства. — Главный констебль помолчал. — А вы что думаете, Пуаро? Что, по-вашему, нам надлежит делать?

Казалось, погруженный в раздумья Пуаро его не слышит.

— Я знаю, что мне хотелось бы сделать, — наконец сказал он.

— И что же?

— Мне бы хотелось отправиться на пикник, — пробормотал детектив.

Ошеломленный полковник Уэстон молча уставился на него.

Глава 12

— Пикник, месье Пуаро?

Эмили Брюстер посмотрела на него так, словно он лишился рассудка.

— Вы находите мое предложение возмутительным, не так ли? — увещевательным тоном произнес Пуаро. — А мне эта затея кажется просто превосходной. Нам нужно что-нибудь обыкновенное, обыденное, чтобы вернуться к нормальной жизни. Я очень хочу полюбоваться красотами Дартмура, погода стоит хорошая. Это... как бы точнее выразиться? Это поднимет всем настроение! Так что помогите мне. Уговорите всех.

The idea met with unexpected success. Everyone was at first dubious and then grudgingly admitted it might not be such a bad idea after all. It was not suggested that Captain Marshall should be asked. He had himself announced that he had to go to Plymouth that day. Mr Blatt was of the party, enthusiastically so. He was determined to be the life and soul of it. Besides him, there were Emily Brewster, the Redferns, Stephen Lane, the Gardeners who were persuaded to delay their departure by one day, Rosamund Darnley and Linda.

Poirot had been eloquent to Rosamund and had dwelt on the advantage it would be to Linda to have something to take her out of herself. To this Rosamund agreed. She said:

«You're quite right. The shock has been very bad for a child of that age. It has made her terribly jumpy.»

«That is only natural, Mademoiselle. But at that age one soon forgets. Persuade her to come. You can, I know.»

Major Barry had refused firmly. He said he didn't like picnics.

«Lots of baskets to carry,» he said. «And darned uncomfortable. Eating my food at a table's good enough for me.»

The party assembled at ten o'clock. Three cars had been ordered. Mr Blatt was loud and cheerful imitating a tourist guide.

Предложение Пуаро имело неожиданный успех. Все встречали его сначала с сомнением, но затем неохотно признавали, что, возможно, это не такая уж и плохая мысль. Капитана Маршалла не предполагалось приглашать изначально. Он сам объявил, что в этот день отправляется в Плимут. Напротив, мистер Блатт отнесся к затее с воодушевлением. Он вознамерился стать душой пикника. Помимо него согласились Эмили Брюстер, Редферны, Стивен Лейн, Гарднеры, которых убедили отложить отъезд на один день, Розамунд Дарнли и Линда.

Пуаро был само красноречие, расписывая Розамунд положительные стороны того, что у Линды появится возможность отвлечься от гнетущих мыслей. Мисс Дарнли согласилась с ним.

— Вы совершенно правы, — сказала она. — Для подростка такого возраста потрясение оказалось слишком сильным. Линда стала ужасно дерганой.

— Это вполне естественно, мадемуазель. Но в любом возрасте человек рано или поздно все забывает. Уговорите ее присоединиться к нам. Уверен, вы сможете.

Майор Барри отказался наотрез. Он заявил, что терпеть не может пикники на природе.

— Приходится таскать все эти корзины, — сказал он. — И это чертовски неудобно. По мне, лучше поглощать пищу, сидя за столом.

Все были готовы тронуться в путь в десять часов. Были заказаны три машины. Мистер Блатт вел себя шумно и энергично, изображая экскурсовода.

«This way, ladies and gentlemen — this way for Dartmoor. Heather and bilberries, Devonshire cream and convicts. Bring your wives, gentlemen, or bring the other thing! Every one welcome! Scenery guaranteed. Walk up. Walk up.»

At the last minute Rosamund Darnley came down looking concerned.

She said: «Linda's not coming. She says she's got a frightful headache.»

Poirot cried: «But it will do her good to come. Persuade her, Mademoiselle.»

Rosamund said firmly: «It's no good. She's absolutely determined. I've given her some aspirin and she's gone to bed.» She hesitated and said: «I think, perhaps, I won't go, either.»

«Can't allow that, dear lady, can't allow that,» cried Mr Blatt, seizing her facetiously by the arm. «La haute Mode must grace this occasion. No refusals! I've taken you into custody, ha, ha. Sentenced to Dartmoor.»

He led her firmly to the first car. Rosamund threw a black look at Hercule Poirot.

«I'll stay with Linda,» said Christine Redfern. «I don't mind a bit.»

Patrick said: «Oh, come on, Christine.»

And Poirot said: «No, no, you must come, Madame. With a headache one is better alone. Come, let us start.»

— Леди и джентльмены, сюда — мы отправляемся в Дартмур! Вереск и черника, девонширские сливки и заключенные... Джентльмены, берите с собой своих жен — или кого-нибудь еще! Приглашаются все! Живописные места гарантированы. Подходите! Подходите!

В самую последнюю минуту пришла Розамунд Дарнли.

— Линда не едет, — озабоченно сказала она. — Говорит, что у нее ужасно разболелась голова.

— Но ей же будет полезно отправиться с нами! — воскликнул Пуаро. — Мадемуазель, убедите ее.

— Ничего не получится, — твердо сказала Розамунд. — Линда настроена абсолютно решительно. Я дала ей аспирин, и она легла в постель. — Поколебавшись, она добавила: — Пожалуй, и я тоже не поеду.

— Этого я не допущу, дорогая моя, этого я не допущу! — воскликнул мистер Блатт, шаловливо хватая ее под руку. — La Haut Mode непременно должна почтить это событие своим вниманием. Никаких отговорок! Я вас арестовал, ха-ха. Вы приговариваетесь к поездке в Дартмур.

Он решительно повел ее к головной машине. Оглянувшись, Розамунд мрачно посмотрела на Эркюля Пуаро.

— Я останусь с Линдой, — вызвалась Кристина Редферн. — Я ничего не имею против.

— О, Кристина, поехали! — сказал Патрик.

— Нет, нет, мадам, вы должны ехать, — поддержал его Пуаро. — При головной боли лучше побыть одному. Садитесь в машину, мы уже трогаемся!

The three cars drove off. They went first to the real Pixy's Cave on Sheepstor and had a good deal of fun looking for the entrance and at last finding it, aided by a picture postcard. It was precarious going on the big boulders and Hercule Poirot did not attempt it. He watched indulgently while Christine Redfern sprang lightly from stone to stone and observed that her husband was never far from her. Rosamund Darnley and Emily Brewster had joined in the search though the latter slipped once and gave a slight twist to her ankle. Stephen Lane was indefatigable, his long lean figure turning and twisting among the boulders. Mr Blatt contented himself with going a little way and shouting encouragement, also taking photographs of the searchers.

The Gardeners and Poirot remained staidly sitting by the wayside whilst Mrs Gardener's voice upraised itself in a pleasant even-toned monologue punctuated now and then by the obedient «Yes, darlings» of her spouse.

«- and what I always have felt, M. Poirot, and Mr Gardener agrees with me — is that snapshots can be very annoying. Unless, that is to say, they are taken among friends. That Mr Blatt has just no sensitiveness of any kind. He just comes right up to everyone and talks away and takes pictures of you and, as I said to Mr Gardener, that really is very ill-bred. That's what I said, Odell, wasn't it?»

«Yes, darling.»

«That group he took of us all sitting on the beach. Well, that's all very well, but he should have asked

Три машины отправились в путь. Первым делом отдыхающие завернули к настоящей пещере Эльфов в Шипсторе. Они здорово повеселились, ища вход в пещеру, и наконец нашли его при помощи изображения на почтовой открытке. Ступать по здоровенным валунам было опасно, и Пуаро даже не стал пробовать. Он снисходительно наблюдал за тем, как Кристина Редферн легко прыгает с камня на камень, отметив, что муж постоянно рядом. Розамунд Дарнли и Эмили Брюстер присоединились к поискам, хотя последняя оступилась и подвернула ногу. Стивен Лейн был неутомим; его долговязая фигура металась и кружила среди валунов. Мистер Блатт довольствовался тем, что подбадривал следопытов криками, а также снимал их на фотоаппарат.

Чета Гарднер и Пуаро благоразумно сидели у дорожки. Голос миссис Гарднер звучал ровным приятным монологом, изредка прерываемым послушными «да, дорогая» ее супруга.

— ...и я всегда считала, месье Пуаро, и мистер Гарднер со мной согласен, что фотографирование может сильно раздражать. Если, конечно, речь не идет о друзьях, снимающих друг друга. У этого мистера Блатта нет на этот счет никакого такта. Он просто подходит ко всем, заговаривает и делает фотографии, и это, как я сказала мистеру Гарднеру, крайне невоспитанно. Я ведь так и сказала, Оделл, правда?

— Да, дорогая.

— Взять хотя бы тот случай, когда он сфотографировал нас всех вместе на пляже. Ну, конечно,

first. As it was, Miss Brewster was just getting up from the beach and it certainly makes her look a very peculiar shape.»

«I'll say it does,» said Mr Gardener with a grin.

«And there's Mr Blatt giving round copies to everybody without so much as asking first. He gave one to you, M. Poirot, I noticed.»
Poirot nodded.
He said: «I value that group very much.»

Mrs Gardener went on: «And look at his behavior today — so loud and noisy and common. Why, it just makes me shudder. You ought to have arranged to leave that man at home, M. Poirot.»

Hercule Poirot murmured: «Alas, Madame, that would have been difficult.»
«I should say it would. That man just pushes his way in anywhere. He's just not sensitive at all.»

At this moment the discovery of the Pixy's Cave was hailed from below with loud cries. The party now drove on, under Hercule Poirot's directions, to a spot where a short walk from the car down a hillside of heather led to a delightful spot by a small river. A narrow plank bridge crossed the river and Poirot and her husband induced Mrs Gardener to cross it to where a delightful heathery spot free from prickly furze looked an ideal spot for a picnic lunch. Talking

это очень хорошо, но он должен был бы сначала спросить разрешения. А тут получилось, что мисс Брюстер как раз вставала со скамейки, и это, несомненно, придало ей очень странный вид.

— Вот уж точно, — с усмешкой подтвердил мистер Гарднер.

— И еще мистер Блатт раздает всем фотокарточки, предварительно ни у кого не спрашивая. Я обратила внимание, месье Пуаро, что он и вам дал.

Детектив кивнул.

— Этот групповой снимок мне очень дорог, — сказал он.

— И взгляните на его поведение сегодня, — продолжала миссис Гарднер. — Он такой шумный, громкий и вульгарный! Меня просто в дрожь бросает! Месье Пуаро, вам следовало бы как-нибудь устроить так, чтобы этот человек не ехал с нами.

— Увы, мадам, это было бы весьма непросто, — пробормотал бельгиец.

— Да уж точно... Этот человек куда угодно протолкнется. У него просто совершенно отсутствует такт!

В этот момент громкие крики, донесшиеся снизу, возвестили об обнаружении пещеры Эльфов. Далее маленькая группа, руководствуясь указаниями Эркюля Пуаро, доехала до нужной точки, откуда короткий спуск пешком по заросшему вереском склону привел к очаровательному месту на берегу небольшой речушки. Через речушку был перекинут узкий дощатый мостик, и Пуаро вместе с мистером Гарднером уговорили миссис Гарднер перебраться

volubly about her sensations when crossing on a plank bridge Mrs Gardener sank down. Suddenly there was a slight outcry. The others had run across the bridge lightly enough, but Emily Brewster was standing in the middle of the plank, her eyes shut, swaying to and fro. Poirot and Patrick Redfern rushed to the rescue. Emily Brewster was gruff and ashamed.

«Thanks, thanks. Sorry. Never was good at crossing running water. Get giddy. Stupid, very.»

Lunch was spread out and the picnic began. All the people concerned were secretly surprised to find out how much they enjoyed this interlude. It was, perhaps, because it afforded an escape from an atmosphere of suspicion and dread. Here, with the trickling of the water, the soft peaty smell in the air and the warm colouring of bracken and heather, a world of murder and police inquiries and suspicion seemed blotted out as though it had never existed. Even Mr Blatt forgot to be the life and soul of the party. After lunch he went to sleep a little distance away and subdued snores testified to his blissful unconsciousness.

It was quite a grateful party of people who packed up the picnic baskets and congratulated Hercule Poirot on his good idea. The sun was sinking as they re-

по нему на противоположный берег, где живописная поляна в вересковых зарослях, свободная от колючего дрока, предлагала идеальное место для пикника. Пространно рассказывая о своих ощущениях во время переправы по шаткому мостику, миссис Гарднер опустилась на траву. Внезапно послышался сдавленный крик. Все остальные без особого труда перешли через речку по мостику, но Эмили Брюстер застыла посредине, зажмурившись, и покачивалась из стороны в сторону. Пуаро и Патрик Редферн поспешили ей на помощь. Эмили была очень расстроена и смущена.

— Спасибо, спасибо! Извините! Переправы через воду всегда давались мне нелегко. Голова кружится. Все это очень глупо...

На траве расстелили скатерти, и пикник начался. Все присутствующие втайне были удивлены тем, какое удовольствие доставила им эта интерлюдия — вероятно, потому, что она позволила вырваться из атмосферы подозрительности и страха. Здесь, под мягкое журчание воды, среди теплой зелени папоротника и вереска, на свежем воздухе, наполненном легким ароматом торфа, мир убийства, полицейского расследования и подозрений исчез, словно его никогда не существовало. Даже мистер Блатт забыл о том, чтобы быть душой общества. После обеда он задремал, отойдя в сторонку, и негромкий храп возвестил о его безмятежном блаженстве.

Когда пришло время собираться, все от души благодарили Эркюля Пуаро за такое замечательное предложение. Солнце уже клонилось к закату,

turned along the narrow winding lanes. From the top of the hill above Leathercombe Bay they had a brief glimpse of the island with the white Hotel on it. It looked peaceful and innocent in the setting sun. Mrs Gardener, not loquacious for once, sighed and said:

«I really do thank you, M. Poirot. I feel so calm. It's just wonderful.»

Major Barry came out to greet them on arrival.

«Hullo,» he said. «Had a good day?»

Mrs Gardener said: «Indeed we did. The moors were just too lovely for anything. So English and old world. And the air delicious and invigorating. You ought to be ashamed of yourself for being so lazy as to stay behind.»

The Major chuckled. «I'm too old for that kind of thing — sitting on a patch of bog and eating sandwiches.»

A chambermaid had come out of the hotel. She was a little out of breath. She hesitated for a moment, then came swiftly up to Christine Redfern. Hercule Poirot recognized her as Gladys Narracott.

Her voice came quick and uneven. «Excuse me, Madam, but I'm worried about the young lady. About Miss Marshall. I took her some tea just now and I couldn't get her to wake and she looks so — so queer somehow.»

Christine looked round helplessly. Poirot was at her side in a moment. His hand under her elbow he said quietly:

когда машины по извилистой дороге подъехали к Лезеркомбскому заливу. С вершины холма ненадолго открылся вид на остров и белое здание пансионата. В лучах заходящего солнца картина выглядела спокойной и умиротворенной. Миссис Гарднер, в кои-то веки немногословная, вздохнула и сказала:

— Я от всего сердца благодарю вас, месье Пуаро. Мне так спокойно! Все было просто прекрасно!

Майор Барри вышел им навстречу.

— Привет! — сказал он. — Ну, как отдохнули?

— Очень хорошо, — ответила миссис Гарднер. — Болота были просто очаровательны. Такие английские, в духе Старого Света... Воздух свежий, бодрящий. Вы должны стыдиться того, что поленились поехать с нами!

— Я слишком стар для всего этого, — фыркнул майор. — Сидеть в трясине и уплетать сандвичи!

Из пансионата выбежала запыхавшаяся горничная. Помедлив мгновение, она поспешила к Кристине Редферн. Эркюль Пуаро сразу же узнал Глэдис Narrakot.

— Прошу прощения, мадам, — сбивчиво произнесла она, — но я тревожусь за молодую леди. Мисс Маршалл. Я только что отнесла ей чай, но не смогла ее разбудить, и она... она такая странная...

Кристина беспомощно огляделась по сторонам. Пуаро тотчас же подошел к ней и взял ее под руку.

«We will go up and see.»

They hurried up the stairs and along the passage to Linda's room. One glance at her was enough to tell them both that something was very wrong. She had an odd colour and her breathing was hardly perceptible. Poirot's hand went to her pulse. At the same time he noticed an envelope stuck up against the lamp on the bedside table. It was addressed to himself. Captain Marshall came quickly into the room.

He said: «What's this about Linda? What's the matter with her?»

A small frightened sob came from Christine Redfern. Hercule Poirot turned from the bed.

He said to Marshall: «Get a doctor — as quick as you possibly can. But I'm afraid — very much afraid — it may be too late.»

He took the letter with his name on it and ripped open the envelope. Inside were a few lines of writing in Linda's prim schoolgirl hand.

«I think this is the best way out. Ask Father to try and forgive me. I killed Arlena. I thought I should be glad — but I'm not. I am very sorry for everything...»

They were assembled in the lounge — Marshall, the Redferns, Rosamund Darnley and Hercule Poirot. They sat there silent — waiting... The door opened and Dr Neasdon came in. He said curdy:

— Мы сходим к ней и посмотрим, — тихо промолвил он.

Они быстро поднялись наверх и прошли по коридору к комнате Линды. Одного взгляда на девушку оказалось достаточно, чтобы понять, что дело очень плохо. Лицо ее приняло какой-то неестественный оттенок, дыхание было едва различимо. Протянув руку, Пуаро пощупал пульс. В это же время он заметил конверт, засунутый под настольную лампу на ночном столике. Конверт был адресован ему. В комнату быстро вошел капитан Маршалл.

— В чем дело? — спросил он. — Что с Линдой?

Кристина Редферн испуганно всхлипнула. Пуаро отвернулся от кровати.

— Вызовите врача — и как можно быстрее! — обратился он к Маршаллу. — Но я боюсь — очень боюсь, — что уже слишком поздно.

Взяв адресованное себе письмо, детектив вскрыл конверт. Внутри был листок с несколькими строчками, выведенными аккуратным ученическим почерком Линды.

«Думаю, это лучший выход. Пусть отец постарается меня простить. Я убила Арлену. Я думала, что буду счастлива — но это не так. Я обо всем сожалею».

Все собрались в фойе: Маршалл, Редферны, Розамунд Дарнли и Эркюль Пуаро. Они сидели молча — в ожидании... Дверь открылась, и вошел доктор Нисден.

«I've done all I can. She may pull through — but I'm bound to tell you that there's not much hope.»

He paused. Marshall, his face stiff, his eyes a cold frosty blue, asked:

«How did she get hold of the stuff?»

Neasdon opened the door again and beckoned. The chambermaid came into the room. She had been crying.

Neasdon said: «Just tell us again what you saw?»

Sniffing, the girl said:

«I never thought — I never thought for a minute there was anything wrong — though the young lady did seem rather strange about it.» A slight gesture of impatience from the doctor started her off again. «She was in the other lady's room. Mrs Redfern's. Your room, Madam. Over at the washstand and she took up a little bottle. She did give a bit of a jump when I came in and I thought it was queer her taking things from your room, but then of course it might be something she'd lent you. She just said: 'Oh, this is what I'm looking for -' and went out.»

Christine said almost in a whisper: «My sleeping tablets.»

The doctor said brusquely: «How did she know about them?»

Christine said: «I gave her one. The night after it happened. She told me she couldn't sleep. She — I remember her saying — 'Will one be enough?' — and

— Я сделал все, что в моих силах, — кратко сказал он. — Возможно, она выкарабкается, — но я должен вас предупредить, что надежда на это слабая.

Врач умолк. Лицо Маршалла окаменело, глаза сверкнули холодным голубым льдом.

— Где она достала эту гадость? — спросил он.

Открыв дверь, Нисден кивком пригласил горничную. Та вошла вся в слезах.

— Повторите нам еще раз все, что видели, — попросил Нисден.

Шмыгнув носом, горничная сказала:

— Я даже не думала... даже не думала ни на минуту, что случилась беда, хотя молодая леди вела себя весьма странно... — Она осеклась, но нетерпеливый жест врача заставил ее продолжать. — Мисс Линда была в комнате другой леди. В комнате миссис Редферн. В вашей, мадам. Она взяла с полочки в ванной флакон. При моем появлении мисс Линда вздрогнула, и мне показалось странным, что она зашла к вам, но, возможно, она вам что-то одолжила. Она сказала только: «Ой, вот то, что я искала...» — и вышла.

— Мое снотворное... — едва слышно прошептала Кристина.

— Откуда девушка узнала о нем? — резко спросил врач.

— Я дала ей одну таблетку, — сказала Кристина. — Вечером в тот день, когда это произошло. Линда пожаловалась, что не может заснуть. Она

I said, 'Oh, yes, they were very strong' — that I'd been cautioned never to take more than two at most.»

Neasdon nodded.

«She made pretty sure,» he said. «Took six of them.»

Christine sobbed again.

«Oh, dear, I feel it's my fault. I should have kept them locked up.»

The doctor shrugged his shoulders.

«It might have been wiser, Mrs Redfern.»

Christine said despairingly: «She's dying — and it's my fault...»

Kenneth Marshall stirred in his chair.

He said: «No, you can't blame yourself. Linda knew what she was doing. She took them deliberately. Perhaps — perhaps it was best.»

He looked down at the crumpled note in his hand — the note that Poirot had silently handed to him.

Rosamund Darnley cried out: «I don't believe it. I don't believe Linda killed her. Surely it's impossible — on the evidence!»

Christine said eagerly: «Yes, she can't have done it! She must have got overwrought and imagined it all.»

The door opened and Colonel Weston came in.

He said: «What's all this I hear?»

сказала... помню, она спросила: «Одной хватит?» — и я ответила, что да, снотворное очень сильное, и предупредила ее ни в коем случае не принимать больше двух таблеток.

Нисден кивнул.

— Она решила действовать наверняка, — сказал он. — И приняла сразу шесть.

Кристина всхлипнула.

— О господи, это я во всем виновата! Мне нужно было их запереть!

Врач пожал плечами.

— Возможно, миссис Редферн, так действительно было бы благоразумнее.

— Линда умирает... и это моя вина... — в отчаянии пробормотала Кристина.

Кеннет Маршалл повернулся к ней:

— Нет, вы не должны ни в чем себя винить. Линда понимала, что делает. Она сознательно приняла таблетки. Возможно... возможно, это действительно наилучший выход.

Он опустил взгляд на зажатый в руке смятый листок — записку, которую ему молча передал Пуаро.

— Не верю! — воскликнула Розамунд Дарнли. — Я не верю в то, что Линда убила Арлену! Это просто невозможно — об этом говорят все улики!

— Да, она не могла это сделать! — с жаром подхватила Кристина. — Вне всякого сомнения, она просто перевозбудилась и все это выдумала.

Открылась дверь, и вошел полковник Уэстон.

— Что тут у вас стряслось?

Dr Neasdon look the note from Marshall's hand and handed it to the Chief Constable. The latter read it. He exclaimed incredulously:

«What? But this is nonsense — absolute nonsense! It's impossible.» He repeated with assurance. «Impossible! Isn't it, Poirot?»

Hercule Poirot moved for the first time.

He said in a slow sad voice: «No, I'm afraid it is not impossible.»

Christine Redfern said: «But I was with her, M. Poirot. I was with her up to a quarter to twelve. I told the police so.»

Poirot said: «Your evidence gave her an alibi — yes. But what was your evidence based on? It was based on Linda Marshall's own wrist-watch. You did not know of your own knowledge that it was a quarter to twelve when you left her — you only know that she told you so. You said yourself the time seemed to have gone very fast.»

She stared at him stricken.

He said: «Now think, Madame, when you left the beach, did you walk back to the hotel fast or slow?»

«I — well, fairly slowly, I think.»

«Do you remember much about that walk back?»

«Not very much, I'm afraid. I — I was thinking.»

Poirot said: «I am sorry to ask you this, but will you tell just what you were thinking about during that walk?»

Забрав у Маршалла записку, доктор Нисден протянул ее главному констеблю.

— Что? — прочитав записку, изумленно воскликнул тот. — Но это же чепуха — полная чушь! Это невозможно. Это ведь невозможно, правда, Пуаро? — убежденно повторил он.

Детектив впервые нарушил молчание.

— Увы, боюсь, это возможно, — печально произнес он.

— Месье Пуаро, но я ведь была рядом с нею! — напомнила Кристина Редферн. — Мы были вместе до без четверти двенадцать. Я уже говорила это полиции.

— Да, ваши показания обеспечивают мадемуазель Линде алиби, — согласился Пуаро. — Однако на чем они основаны? Они основаны на часах Линды Маршалл. Вы не можете утверждать, что расстались с нею без четверти двенадцать, — вам известно только то, что она сама вам сказала. Вы ведь уже говорили, что удивились, как быстро пробежало время.

Потрясенная Кристина уставилась на него.

— А теперь, мадам, постарайтесь вспомнить, — продолжал Пуаро. — Покинув бухту, вы возвращались в пансионат быстрым шагом?

— Я... ну, пожалуй, я шла довольно медленно.

— Вы помните, как шли?

— Боюсь, не очень. Я... я думала.

— Сожалею о том, что вынужден спросить вас об этом, — сказал Пуаро, — но вы не можете нам сказать, о чем вы думали, возвращаясь в пансионат?

Christine flushed.

«I suppose — if it is necessary — I was considering the question of — of leaving here. Just going away without telling my husband. I — I was very unhappy just then, you see.»

Patrick Redfern cried: «Oh, Christine! I know... I know...»

Poirot's precise voice cut in:

«Exactly. You were concerned over taking a step of some importance. You were, I should say, deaf and blind to your surroundings. You probably walked very slowly and occasionally stopped for some minutes whilst you puzzled things out.»

Christine nodded.

«How clever you are. It was just like that. I woke up from a kind of dream just outside the hotel and hurried in thinking I should be very late but when I saw the clock in the lounge I realized I had plenty of time.»

Hercule Poirot said again: «Exactly.»

He turned to Marshall:

«I must now describe to you certain things I found in your daughter's room after the murder. In the grate was a large blob of melted wax, some burnt hair, fragments of cardboard and paper and an ordinary household pin. The paper and the cardboard might not be relevant but the other three things were suggestive — particularly when I found tucked away in the bookshelves a volume from the local library here dealing with witchcraft and magic. It opened very easily

Кристина вспыхнула.

— Наверное... если это необходимо... Я думала о том, чтобы... чтобы уехать отсюда. Просто уехать, не предупредив мужа. Я... понимаете, в тот момент я была очень несчастлива.

— О, Кристина! — воскликнул Патрик Редферн. — Понимаю... понимаю...

Его остановил ровный голос Пуаро:

— Вот именно. Вы размышляли о том, чтобы предпринять важный шаг. Смею заметить, вы были слепы и глухи к тому, что вас окружало. Вероятно, вы шли очень медленно, время от времени останавливаясь, чтобы хорошенько обдумать тот или иной момент.

Кристина кивнула.

— Какой же вы проницательный! Все было именно так. Я очнулась перед самым пансионатом и поспешила к себе в номер, полагая, что здорово опаздываю, но, увидев часы в фойе, поняла, что у меня еще достаточно времени.

— Вот именно, — повторил Пуаро.

Он повернулся к Маршаллу:

— А теперь я должен рассказать вам про определенные вещи, которые обнаружил в комнате вашей дочери после убийства. В камине лежали большой комок расплавленного воска, обгоревшие волосы, обрывки картона и бумаги и обычная булавка. Наверное, бумага и картон тут ни при чем, но остальные предметы наводили на определенные мысли — особенно после того, как я обнаружил на полке взятую в местной библиотеке книгу, по-

at a certain page. On that page were described various methods of causing death by moulding in wax a figure supposed to represent the victim. This was then slowly roasted till it melted away — or alternatively you would pierce the wax figure to the heart with a pin. Death of the victim would ensue. I later heard from Mrs Redfern that Linda Marshall had been out early that morning and had bought a packet of candles and had seemed embarrassed when her purchase was revealed. I had no doubt what had happened after that. Linda had made a crude figure of the candle wax — possibly adorning it with a snip of Arlena's red hair to give the magic force — had then stabbed it to the heart with a pin and finally melted the figure away by lighting strips of cardboard under it.

«It was crude, childish, superstitious, but it revealed one thing: the desire to kill. Was there any possibility that there had been more than a desire? Could Linda Marshall have actually killed her stepmother? At first sight it seemed as though she had a perfect alibi — but in actuality, as I have just pointed out, the time evidence was supplied by Linda herself. She could easily have declared the time to be a quarter of an hour later than it really was.

«It was quite possible once Mrs Redfern had left the beach for Linda to follow her up and then strike across the narrow neck of land to the ladder, hurry down it, meet her stepmother there, strangle her and return up the ladder before the boat containing Miss Brewster and Patrick Redfern came in sight. She

священную магии и колдовству. Книга раскрылась на странице, на которой были описаны различные способы вызвать смерть человека, воздействуя на восковую фигурку, изображающую жертву. Например, можно было медленно нагревать ее, чтобы она расплавилась, или же пронзить ее сердце булавкой. И за этим должна была последовать смерть жертвы. Позднее от миссис Редферн я узнал, что Линда Маршалл в тот день встала рано и купила упаковку свечей, а когда об этой покупке стало известно, она очень смутилась. Я догадался, что произошло потом. Линда смастерила из воска грубую фигурку, возможно, украсила ее прядью волос Арлены, чтобы придать магическую силу, после чего пронзила сердце булавкой, а затем растопила фигурку, разложив под нею куски картона.

Во всем этом чувствовались предрассудки и детская глупость, но также и еще кое-что: желание убить. Возможно ли, что имело место что-либо большее, чем просто желание убить? Могла ли Линда Маршалл действительно убить свою мачеху? На первый взгляд кажется, что у нее идеальное алиби, — однако на самом деле, как я уже только что показал, она создала его себе сама. Она могла сказать, что уже на четверть часа позже, чем на самом деле.

Вполне возможно, что, после того как миссис Редферн покинула бухту, Линда последовала за ней, быстро добежала до лестницы — а это совсем рядом, — спустилась вниз, встретилась со своей мачехой, задушила ее и поднялась наверх до того, как появилась лодка с мисс Брюстер и Патриком

could then return to Gull Cove, take her bathe and return to the hotel at her leisure.

«But that entailed two things. She must have definite knowledge that Arlena Marshall would be at Pixy Cove and she must be physically capable of the deed. Well, the first was quite possible — if Linda Marshall had written a note to Arlena herself in some one else's name. As to the second, Linda has very large strong hands. They are as large as a man's. As to the strength she is at the age when one is prone to be mentally unbalanced. Mental derangement often is accompanied by unusual strength. There was one other small point. Linda Marshall's mother had actually been accused and tried for murder.»

Kenneth Marshall lifted his head.
He said fiercely: «She was also acquitted.»

«She was acquitted,» Poirot agreed.
Marshall said: «And I'll tell you this, M. Poirot. Ruth — my wife — was innocent. That I know with complete and absolute certainty. In the intimacy of our life I could not have been deceived. She was an innocent victim of circumstance.» He paused: «And I don't believe that Linda killed Arlena. It's ridiculous — absurd!»

Poirot said: «Do you believe that letter, then, to be a forgery?»

Marshall held out his hand for it and Weston gave it to him. Marshall studied it attentively.

Редферном. После чего вернулась в бухту Чаек, искупалась и не торопясь вернулась в пансионат.

Но это влечет за собой два момента. Линда должна была со всей определенностью знать, что Арлена Маршалл находится в бухте Эльфов, и она должна была обладать физической силой совершить это. Ну, с первым никаких проблем — Линда Маршалл могла написать Арлене письмо под чужим именем. Что касается второго, у Линды очень большие и очень сильные руки. Мужские руки. А насчет силы... в этом возрасте подростки психически неуравновешенны, и нередко психическое расстройство сопровождается необычайной физической силой. Не надо упускать из виду и еще один небольшой момент: мать Линды была обвинена в убийстве и предстала перед судом.

Кеннет Маршалл вскинул голову.

— Но она была оправдана! — с вызовом возразил он.

— Она была оправдана, — согласился детектив.

— И я вам вот что скажу, месье Пуаро, — продолжал Маршалл. — Рут — моя жена — была невиновна. Я в этом абсолютно убежден. Я знал ее очень близко, и она не смогла бы меня обмануть. Она стала невинной жертвой обстоятельств. — Он помолчал. — И я не верю в то, что Линда убила Арлену. Это нелепо... абсурдно!

— Следовательно, вы считаете записку подделкой? — спросил Пуаро.

Маршалл протянул руку, и Уэстон вернул ему записку. Изучив ее внимательно, Маршалл покачал головой.

«No,» he said unwillingly. «I believe Linda did write this.»

Poirot said: «Then if she wrote it, there are only two explanations. Either she wrote it in all good faith, knowing herself to be the murderess or — or, I say — she wrote it deliberately to shield someone else, someone whom she feared was suspected.»

Kenneth Marshall said: «You mean me?»

«It is possible, is it not?»

Marshall considered for a moment or two, then he said quietly:

«No, I think this idea is absurd. Linda may have realized that I was regarded with suspicion at first. But she knew definitely by now that that was over and done with — that the police had accepted my alibi and turned their attention elsewhere.»

Poirot said: «And supposing that it was not so much that she thought that you were suspected as that she knew you were guilty.»

Marshall started at him. He gave a short laugh.

«That's absurd.»

Poirot said: «I wonder. There are, you know, several possibilities about Mrs Marshall's death. There is the theory that she was being blackmailed, that she went that morning to meet the blackmailer and that the blackmailer killed her. There is the theory that Pixy Cove and Cave were being used for drug-running and that she was killed because she accidentally

— Нет, — неохотно признался он, — я считаю, что записку написала Линда.

— В таком случае, если она действительно написала эту записку, возможны только два объяснения. Или она искренне считала себя убийцей, или — или она сознательно выгораживает кого-то другого, на кого, как она опасается, могло пасть подозрение.

— Вы имеете в виду меня? — спросил Кеннет.

— Такое возможно, не правда ли?

Подумав немного, Маршалл тихо произнес:

— Нет, я считаю это предположение абсурдным. Быть может, Линда чувствовала, что вначале на меня смотрели с подозрением. Но затем она поняла, что со всем этим покончено — полиция поверила моему алиби и переключилась на других подозреваемых.

— Но предположим, — стоял на своем Пуаро, — что ваша дочь не просто считала, что вы под подозрением; она знала, что вы виновны.

Маршалл уставился на него, не в силах поверить собственным ушам. Хмыкнув, он сказал:

— Это полнейший абсурд!

— А я так не думаю, — сказал детектив. — Видите ли, существуют разные объяснения смерти миссис Маршалл. Есть версия о том, что ее шантажировали, в то утро она отправилась на встречу с шантажистом, и тот ее убил. Есть версия о том, что бухта Эльфов и пещера использовались для контрабанды наркотиков и миссис Маршалл была

learned something about that. The is a third possibility — that she was killed by a religious maniac. And there is a fourth possibility — you stood to gain a lot of money by your wife's death, Captain Marshall?»

«I've just told you -»
«Yes, yes — I agree that it is impossible that you could have killed your wife — if you were acting alone. But supposing someone helped you?»
«What the devil do you mean?»
The quiet man was roused at last. He half rose from his chair. His voice was menacing. There was a hard angry light in his eyes.
Poirot said: «I mean that this is not a crime that was committed single-handed. Two people were in it. It is quite true that you could not have typed that letter and at the same time gone to the cove — but there would have been time for you to have jotted down that letter in shorthand — and for someone else to have typed it in your room while you yourself were absent on your murderous errand.»

Hercule Poirot looked towards Rosamund Darnley.

He said: «Miss Darnley states that she left Sunny Ledge at ten minutes past eleven and saw you typing in your room. But just about that time Mr Gardener went up to the hotel to fetch a skein of wool for his wife. He did not meet Miss Darnley or see her. That is rather remarkable. It looks as though either Miss Darnley never left Sunny Ledge, or else she had left

убита, потому что случайно проведала об этом. Есть третье предположение — что ее убил религиозный маньяк. Но есть и четвертое объяснение: в случае смерти своей жены, капитан Маршалл, вы получали в наследство большие деньги.

— Я же только что сказал вам...

— Да, да, я полностью согласен, что вы не могли убить свою жену — если действовали в одиночку. Но предположим, вам кто-то помогал...

— Черт побери, что вы хотите сказать?

Наконец этот тихий, спокойный человек возбудился. Он привстал со стула. Его голос приобрел угрожающие интонации, глаза вспыхнули яростью.

— Я хочу сказать, — ответил Пуаро, — что это преступление было совершено не одним человеком. В нем были задействованы двое. Совершенно справедливо, что вы не смогли бы напечатать эти письма и в то же время отправиться в бухту — но у вас было достаточно времени, чтобы быстро набросать текст от руки, после чего кто-то другой печатал его на машинке у вас в комнате, в то время как вы сами, отлучившись, совершали убийство.

Эркюль Пуаро выразительно посмотрел на Розамунд.

— Мисс Дарнли утверждает, что покинула Солнечную террасу в десять минут двенадцатого и застала вас у себя в комнате печатающим на машинке. Однако примерно в это же самое время мистер Гарднер вернулся в пансионат за мотком шерсти для своей жены. Он не встретил мисс Дарнли, не видел ее. Это весьма примечательно. Похоже, что

it much earlier and was in your room typing industriously. Another point, you stated that when Miss Darnley looked into your room at a quarter past eleven you saw her in the mirror. But on the day of the murder your typewriter and papers were all on the writing-desk across the corner of the room, whereas the mirror was between the windows. So that that statement was a deliberate lie. Later, you moved your typewriter to the table under the mirror so as to substantiate your story — but it was too late. I was aware that both you and Miss Darnley had lied.»

Rosamund Darnley spoke. Her voice was low and clear. She said:

«How devilishly ingenious you are!»

Hercule Poirot said, raising his voice: «But not so devilish and so ingenious as the man who killed Arlena Marshall! Think back for a moment. Who did I think — who did everybody think — that Arlena Marshall had gone to meet that morning? We all jumped to the same conclusion. Patrick Redfern. It was not to meet a blackmailer that she went. Her face alone would have told me that. Oh, no, it was a lover she was going to meet — or thought she was going to meet. Yes, I was quite sure of that. Arlena Marshall was going to meet Patrick Redfern. But a minute later Patrick Redfern appeared on the beach and was obviously looking for her. So what then?»

мисс Дарнли или вообще не покидала Солнечную террасу, или же что она ушла оттуда значительно раньше и к тому времени уже сидела у вас в комнате, усердно печатая. Еще один момент: вы заявили, что, когда мисс Дарнли в четверть двенадцатого заглянула к вам в номер, вы увидели ее в зеркало. Но в день убийства пишущая машинка и все бумаги были на письменном столе в углу, в то время как зеркало висит в простенке между окнами. Так что это утверждение является сознательной ложью. Позднее вы переставили машинку на стол под зеркалом, чтобы подкрепить свой рассказ, вот только было уже слишком поздно. Я понял, что и вы, и мисс Дарнли солгали.

Заговорила Розамунд Дарнли. Ее негромкий голос прозвучал отчетливо:

— Какое же у вас дьявольское воображение!

— Но далеко не такое дьявольское, как у того, кто убил Арлену Маршалл! — повысив голос, сказал Пуаро. — Только задумайтесь на мгновение. Что я подумал — что подумали все о том, с кем собиралась встретиться в то утро Арлена Маршалл? Все мы пришли к одному и тому же заключению. С Патриком Редферном. Она отправилась на встречу не с шантажистом. Об этом красноречиво сказало мне одно только ее лицо. О нет, она собиралась встретиться с возлюбленным — или, по крайней мере, так считала. Да, я был совершенно уверен в этом. Арлена Маршалл собиралась встретиться с Патриком Редферном. Но минуту спустя на пля-

Patrick Redfern said with subdued anger: «Some devil used my name.»

Poirot said: «You were obviously upset and surprised by her non-appearance. Almost too obviously, perhaps. It is my theory, Mr Redfern, that she went to Pixy Cove to meet you and that she did meet you and that you killed her there as you had planned to do.»

Patrick Redfern stared. He said in his high good-humoured Irish voice:
«Is it daft you are? I was with you on the beach until I went round in the boat with Miss Brewster and found her dead.»

Hercule Poirot said: «You killed her after Miss Brewster had gone off in the boat to fetch the police. Arlena Marshall was not dead when you got to the beach. She was waiting hidden in the Cave until the coast should be clear.»

«But the body! Miss Brewster and I both saw the body.»

«A body — yes. But not a dead body. The live body of the woman who helped you, her arms and legs stained with tan, her face hidden by a green cardboard hat. Christine, your wife (or possibly not your wife — but still your partner), helping you to commit this crime as she helped you to commit that crime in the past when she 'discovered' the body of

же появился сам Патрик Редферн, явно высматривавший ее. И что дальше?

— Какой-то мерзавец воспользовался моим именем, — с едва сдерживаемой яростью произнес Патрик Редферн.

— Вы были заметно удивлены и расстроены отсутствием Арлены. Возможно, слишком заметно. Согласно моей версии, мистер Редферн, она отправилась в бухту Эльфов на свидание с вами, она встретилась с вами, и вы убили ее, как и собирались сделать.

Патрик Редферн изумленно уставился на него. Наконец он произнес насмешливым тоном:

— Вы что, с ума сошли? Я находился на пляже рядом с вами до тех самых пор, пока не отправился на лодке вместе с мисс Брюстер в бухну Эльфов и не обнаружил там Арлену уже мертвой!

— Вы убили Арлену после того, как мисс Брюстер вернулась на лодке за полицией. Когда вы подошли к берегу, Арлена Маршалл была еще жива. Она пряталась в пещере, дожидаясь, когда в бухте никого не останется.

— Но тело! Мы с мисс Брюстер видели тело!

— Какое-то тело — да. Но не мертвое тело. Живое тело женщины, которая вам помогала; руки и ноги ее были окрашены кремом, лицо закрывала зеленая картонная шляпа. Кристина, ваша жена (а может быть, не жена — но все равно ваша напарница), помогла вам совершить это преступление, точно так же, как в прошлом она помогла вам со-

Alice Corrigan at least twenty minutes before Alice Corrigan died — killed by her husband Edward Corrigan — you!»

Christine spoke. Her voice was sharp — cold. She said:

«Be careful, Patrick, don't lose your temper.»

Poirot said: «You will be interested to hear that both you and your wife Christine were easily recognized and picked out by the Surrey police from a group of people photographed here. They identified you both at once as Edward Corrigan and Christine Deverill, the young woman who found the body.»

Patrick Redfern had risen. His handsome face was transformed, suffused with blood, blind with rage. It was the face of a killer — of a tiger. He yelled:

«You damned interfering murdering lousy little worm!»

He hurled himself forward, his fingers stretching and curling, his voice raving curses, as he fastened his fingers round Hercule Poirot's throat...

Chapter 13

Poirot said reflectively: «It was on a morning when we were sitting out here that we talked of suntanned bodies lying like meat upon a slab and it was then that I reflected how little difference there was between one body and another. If one looked closely and appraisingly — yes — but to the casual glance? One

вершить другое преступление, когда «обнаружила» тело Алисы Корриган по меньшей мере за двадцать минут до того, как Алиса Корриган умерла — убитая своим мужем Эдвардом Корриганом, вами!

Заговорила Кристина. Ее голос был резким — холодным:

— Патрик, будь осторожен, держи себя в руках!

— Вам будет интересно услышать, что полиция Суррея без труда опознала вас и вашу жену Кристину на групповом снимке отдыхающих пансионата. В вас сразу же узнали Эдварда Корригана и Кристину Деверилл, женщину, обнаружившую тело.

Патрик Редферн вскочил с места. Его красивое лицо преобразилось, налилось кровью, исказилось от ярости. Оно превратилось в лицо убийцы — в тигриную морду.

— Ах ты проклятый, мерзкий, подлый маленький червяк!

Бросившись вперед, он протянул руки и, извергая проклятия, сомкнул пальцы на шее Эркюля Пуаро...

Глава 13

— Как-то утром мы сидели на пляже и обсуждали загорающих, лежащих на солнце, словно мясные туши, — задумчиво произнес Пуаро, — и я вдруг подумал, как одно тело похоже на другое. Если присмотреться пытливо и внимательно — да, они все разные; но на беглый взгляд... Одна женщина

moderately well-made young woman is very like another. Two brown legs, two brown arms, a little piece of bathing suit in between — just a body lying out in the sun. When a woman walks, when she speaks, laughs, turns her head, moves a hand — then, yes, then, there is personality — individuality. But in the sun ritual — no.

«It was that day we spoke of evil — evil under the sun, as Mr Lane put it. Mr Lane is a very sensitive person — evil affects him — he perceives its presence — but though he is a good recording instrument, he did not really know exactly where the evil was. To him, evil was focussed in the person of Arlena Marshall and practically every one present agreed with him.

«But to my mind, though evil was present, it was not centralized in Arlena Marshall at all. It was connected with her, yes — but in a totally different way. I saw her, first, last and all the time, as an eternal and predestined victim. Because she was beautiful, because she had glamour, because men turned their heads to look at her, it was assumed that she was the type of woman who wrecked lives and destroyed souls. But I saw her very differently. It was not she who fatally attracted men — it was men who fatally attracted her. She was the type of woman whom men care for easily and of whom they as easily tire. And everything that I was told or found out about her strengthened my conviction on this point. The first

с достаточно приличной фигурой неотличима от другой. Две бронзовых ноги, две бронзовых руки, между ними маленький кусок ткани купальника — просто тело, лежащее на солнце. Когда женщина идет, когда она говорит, смеется, повертывает голову, поднимает руку — о да, тогда у каждой свои неповторимые качества, индивидуальность. Но при загорании на солнце — нет.

И в тот же день мы говорили о зле — «зле под солнцем», как выразился мистер Лейн. Мистер Лейн очень впечатлительный человек, зло воздействует на него, он чувствует его присутствие — но хотя он и зарегистрировал его присутствие, подобно чувствительному прибору, на самом деле он не смог определить, где именно таится зло. Для него зло было сосредоточено в Арлене Маршалл, и практически все присутствующие здесь согласились с ним.

Однако в моем сознании присутствовавшее здесь зло вовсе не олицетворялось Арленой Маршалл. Да, оно было связано с нею — но совершенно иначе. Я видел ее в первую и в последнюю очередь как жертву. Поскольку она была красива, поскольку она была привлекательна, поскольку на нее оборачивались мужчины, считалось, что она из тех женщин, кто разбивает жизни и губит души. Но я видел ее совсем иначе. Не она была роковой соблазнительницей мужчин — это ее роковым образом тянуло к ним. Арлена Маршалл была из тех женщин, в которых мужчины легко влюбляются, но которые затем им быстро надоедают. И все, что я узнавал о ней, что мне говорили, только укрепля-

thing that was mentioned about her was how the man in whose divorce case she had been cited refused to marry her. It was then that Captain Marshall, one of those incurably chivalrous men, stepped in and asked her to marry him. To a shy retiring man of Captain Marshall's type, a public ordeal of any kind would be the worst torture — hence his love and pity for his first wife who was publicly accused and tried for a murder she had not committed. He married her and found himself amply justified in his estimate of her character. After her death another beautiful woman, perhaps something of the same type (since Linda has red hair which she probably inherited from her mother) is held up to public ignominy. Again Marshall performs a rescue act. But this time he finds little to sustain his infatuation. Arlena is stupid, unworthy of his sympathy and protection, mindless. Nevertheless I think he always had a fairly true vision of her. Long after he ceased to love her and was irked by her presence, he remained sorry for her. She was to him like a child who cannot get farther than a certain page in the book of life.

«I saw in Arlena Marshall with her passion for men, a predestined prey for an unscrupulous man of a certain type. In Patrick Redfern, with his good looks, his easy assurance, his undeniable charm for women,

ло мою уверенность в этом. Первым делом о ней рассказали, что мужчина, в чьем бракоразводном процессе она была замешана, отказался на ней жениться. Именно тогда капитан Маршалл, неисправимый благородный рыцарь, пришел на помощь и предложил ей выйти за него замуж. Для такого скромного, застенчивого человека публичный скандал был наихудшим истязанием — отсюда его жалость и любовь к первой жене, представшей перед судом по обвинению в убийстве, которое она не совершала. Он женился на ней и был сполна вознагражден тем, что не ошибся в ее характере. После ее смерти другая красивая женщина, возможно, того же самого типа (поскольку у Линды также рыжие волосы, вероятно, унаследованные от матери), подверглась публичному позору. И снова Маршалл спешит на выручку. Однако на этот раз он не находит практически ничего, что поддержало бы его страстную увлеченность. Арлена глупа, примитивна, недостойна его сочувствия и защиты. Но все-таки мне кажется, что он с самого начала сознавал, какова она на самом деле. И даже после того, как Маршалл перестал любить Арлену и ее присутствие начало его раздражать, она продолжала вызывать у него жалость. Для него она была ребенком, который в книге жизни не может идти дальше определенной страницы.

В Арлене Маршалл, с ее страстью к мужчинам, я видел потенциальную жертву для беспринципного мужчины определенного типа. И в Патрике Редферне, красивом внешне, самоуверенном, бесспорно

I recognized at once that type. The adventurer who makes his living, one way or another, out of women. Looking on from my place on the beach I was quite certain that Arlena was Patrick's victim, not the other way about. And I associated that focus of evil with Patrick Redfern not with Arlena Marshall.

«Arlena had recently come into a large sum of money, left her by an elderly admirer who had not had time to grow tired of her. She was the type of woman who is invariably defrauded of money by some man or other. Miss Brewster mentioned a young man who had been 'ruined' by Arlena, but a letter from him which was found in her room, though it expressed a wish (which cost nothing) to cover her with jewels, in actual fact acknowledged a cheque from her by means of which he hoped to escape prosecution. A clear case of a young waster sponging on her. I have no doubt that Patrick Redfern found it easy to induce her to hand him large sums from time to time 'for investment.' He probably dazzled her with stories of great opportunities — how he would make her fortune and his own. Unprotected women, living alone, are easy preys to that type of man — and he usually escapes scot-free with the booty. If, however, there is a husband, or a brother, or a father about, things are apt to take an unpleasant turn for the swindler. Once Captain Marshall was to find out what had happened to his wife's fortune, Patrick Redfern might expect short shrift.

привлекательном для женщин, я сразу же узнал этот тип. Авантюрист, живущий тем или иным образом за счет женщин. Наблюдая за Арленой и Патриком, я видел, что это она его жертва, а не наоборот. И средоточием зла в моем сознании был именно Патрик Редферн, а не Арлена Маршалл.

Не так давно Арлена получила большие деньги, оставленные ей одним престарелым почитателем, которому она не успела надоесть. Она была из тех женщин, у кого какой-нибудь мужчина рано или поздно вытянет все деньги. Мисс Брюстер упомянула про одного молодого мужчину, «уничтоженного» Арленой, однако в письме, обнаруженном у нее в комнате, хотя в нем и выражается желание (не имеющее никакой цены) расплатиться какими-то драгоценностями, мы узнаем о том, что именно ее чек помог повесе избежать судебного преследования. Не сомневаюсь, что Патрик Редферн без труда убедил Арлену время от времени передавать ему крупные суммы денег «для инвестиций». Вероятно, он соблазнил ее рассказами о невероятных возможностях — о том, как он сделает состояние себе и ей. Беззащитные одинокие женщины становятся легкой добычей таких мужчин, которым обыкновенно удается благополучно улизнуть с добычей. Однако, если есть муж, брат или отец, для мошенника дело может принять неприятный оборот. Как только капитан Маршалл узнал бы о том, что случилось с состоянием его жены, Патрик Редферн не мог бы рассчитывать ни на какое снисхождение.

That did not worry him, however, because he contemplated quite calmly doing away with her when he judged it necessary — encouraged by having already got away with one murder — that of a young woman whom he had married in the name of Corrigan and whom he had persuaded to insure her life for a large sum.

«In his plans he was aided and abetted by the young woman who down here passed as his wife and to whom he was genuinely attached. A young woman as unlike the type of his victims as could well be imagined — cool, calm, passionless, but steadfastly loyal to him and an actress of no mean ability. From the time of her arrival here Christine Redfern played the part, the part of the 'poor little wife' — frail, helpless, an intellectual rather than athletic. Think of the points she made one after another. Her tendency to blister in the sun and her consequent white skin, her giddiness at heights — stories of getting stuck on Milan Cathedral, etc. An emphasis on her frailty and delicacy — nearly every one spoke of her as a 'little woman.' She was actually as tall as Arlena Marshall but with very small hands and feet. She spoke of herself as a former schoolteacher and thereby emphasized an impression of book learning and lack of athletic prowess. Actually it is quite true that she had worked in a school, but the position she held there was that of games mistress and she was an extremely active young woman who could climb like a cat and run like an athlete.

Однако это нисколько его не беспокоило, поскольку он совершенно хладнокровно рассчитывал расправиться с Арленой, как только посчитает это необходимым. Ему уже сошло с рук одно убийство — убийство молодой женщины, на которой он женился под именем Корригана и которую убедил застраховать на крупную сумму в его пользу свою жизнь.

В этих планах ему помогала и содействовала женщина, которая здесь играла роль его жены и к которой он был искренне привязан. Молодая женщина, совершенно непохожая на жертву, — выдержанная, спокойная, уравновешенная, но преданная и верная и при этом весьма неплохая актриса. С самого своего появления здесь Кристина Редферн играла роль. Роль «бедной женушки», хрупкой, беззащитной, обладающей скорее интеллектом, чем физической силой. Обратите внимание, что она постоянно подчеркивала, как быстро обгорает на солнце и поэтому у нее белая кожа, как у нее кружится голова на большой высоте — стоит только вспомнить ее рассказ про то, как она застряла на куполе миланского собора... Упор на хрупкость и слабость — практически все здесь называли ее не иначе как «маленькой бедняжкой». На самом деле Кристина Редферн была одного роста с Арленой Маршалл, только ноги и руки у нее очень маленькие. О себе она говорила как о бывшей школьной учительнице, тем самым укрепляя образ человека, который постоянно сидит в классе и не занимается физическими упражнениями. На самом деле она действительно работала в школе, но

«The crime itself was perfectly planned and timed. It was, as I mentioned before, a very slick crime. The timing was a work of genius. First of all there were certain preliminary scenes — one played on the cliff ledge when they knew me to be occupying the next recess — a conventional jealous wife dialogue between her and her husband. Later she played the same part in a scene with me. At the time I remember a vague feeling of having read all this in a book. It did not seem real. Because, of course, it was not real. Then came the day of the crime. It was a fine day — an essential. Redfern's first act was to slip out very early — by the balcony door which he unlocked from the inside (if found open it would only be thought someone had gone for an early bathe). Under his bathingwrap he concealed a green Chinese hat, the duplicate of the one Arlena was in the habit of wearing. He slipped across the island, down the ladder and stowed it away in an appointed place behind some rocks. Part I.

«On the previous evening he had arranged a rendezvous with Arlena. They were exercising a good deal of caution about meeting as Arlena was slightly afraid of her husband. She agreed to go round to

только учительницей физкультуры; эта необычайно сильная и ловкая женщина лазала по лестницам, как кошка, и бегала, как настоящая спортсменка.

Само преступление было четко спланировано и просчитано по времени. Как я уже говорил, это было очень гладкое преступление. Время было рассчитано гениально. Первым делом были разыграны определенные предварительные сценки — например, на террасе на скале, когда Патрик и Кристина знали, что я нахожусь в соседней нише: традиционный диалог ревнующей жены с гулящим мужем. Затем Кристина повторила то же самое в сцене со мною. Мне запомнилось, что тогда у меня возникло смутное ощущение, будто все это я уже читал в какой-то книге. Что это ненастоящее. Потому что, естественно, это и было ненастоящим. Затем наступил день преступления. Погода стояла замечательная — необходимое условие. Первым шагом Редферна было ускользнуть из пансионата очень рано — через дверь на балкон, которую он отпер изнутри (если б ее обнаружили открытой, все решили бы, что кто-то просто отправился искупаться перед завтраком). Под халатом он спрятал зеленую китайскую шляпу, копию той, которую обычно носила Арлена. Редферн незаметно пересек остров, спустился по лестнице и спрятал шляпу в условном месте среди камней. Действие первое.

Накануне вечером он договорился с Арленой о свидании. Возлюбленные подходили к этому весьма осторожно, поскольку Арлена побаивалась своего мужа. Она согласилась отправиться в бухту

Pixy Cove early. Nobody went there in the morning. Redfern was to join her there, taking a chance to slip away unobtrusively. If she heard any one descending the ladder or a boat came in sight she was to slip inside the Pixy's Cave, the secret of which he had told her, and wait there until the coast was clear. Part II.

«In the meantime Christine went to Linda's room at a time when she judged Linda would have gone for her early morning dip. She would then alter Linda's watch, putting it on twenty minutes. There was, of course, a risk that Linda might notice her watch was wrong, but it did not much matter if she did. Christine's real alibi was the size of her hands which made it a physical impossibility for her to have committed the crime. Nevertheless an additional alibi would be desirable. When in Linda's room she noticed the book on witchcraft and magic, open at a certain page. She read it and when Linda came in and dropped a parcel of candles she realized what was in Linda's mind. It opened up some new ideas to her. The original idea of the guilty pair had been to cast a reasonable amount of suspicion on Kenneth Marshall, hence the abstracted pipe, a fragment of which was to be planted at the cove underneath the ladder.

On Linda's return Christine easily arranged an outing together to Gull Cove. She then returned to her own room, took out from a locked suitcase a bottle of artificial suntan, applied it carefully and threw

Эльфов рано утром. По утрам там никого не бывает. Редферн должен был присоединиться к ней, незаметно ускользнув при первой же возможности. Если же Арлена услышала бы, как кто-то спускается по лестнице, или увидела бы в море лодку, она должна была спрятаться в пещере Эльфов и дождаться, чтобы берег был пуст. Действие второе.

Между тем Кристина зашла в комнату к Линде тогда, когда та по своей привычке должна была купаться. Ей предстояло перевести часы девушки на двадцать минут вперед. Разумеется, Линда могла заметить, что часы у нее показывают неправильное время, однако ничего страшного в этом случае не произошло бы. У Кристины было неоспоримое алиби — из-за размера своих рук она физически не могла совершить подобное преступление. И тем не менее дополнительное алиби было бы желательно. В комнате Линды Кристина заметила книгу о колдовстве и магии, раскрытую на определенной странице. Она прочитала ее, а когда вернувшаяся Линда выронила сверток со свечами, Кристина догадалась, что та задумала. Это открыло перед ней новые возможности. Первоначально двое преступников намеревались навести дополнительную тень подозрений на Кеннета Маршалла, отсюда похищенная трубка, обломок которой был подброшен в бухте Эльфов под лестницу.

По возвращении Линды Кристина без труда договорилась отправиться вместе в бухту Чаек. Затем она зашла к себе в номер, достала из запертого на ключ чемодана бутылочку с искусственным зага-

the empty bottle out of the window where it narrowly escaped hitting Emily Brewster who was bathing. Part III successfully accomplished.

«Christine then dressed herself in a white bathing-suit and over it a pair of beach trousers and coat with long floppy sleeves which effectually concealed her newly browned arms and legs.

At 10.15 Arlena departed for her rendezvous, a minute or two later Patrick Redfern came down and registered surprise, annoyance, etc. Christine's task was easy enough. Keeping her own watch concealed she asked Linda at twenty-five past eleven what time it was. Linda looked at her watch and replied that it was a quarter to twelve. She then starts down to the sea and Christine packs up her sketching things. As soon as Linda's back is turned Christine picks up the girl's watch which she had necessarily discarded before going into the sea and alters it back to the correct time. Then she hurries up the cliff path, runs across the narrow neck of land to the top of the ladder, strips off her pyjamas and shoves them and her sketching box behind a rock and swarms rapidly down the ladder in her best gymnastic fashion.

«Arlena is on the beach below wondering why Patrick is so long in coming. She sees or hears someone

ром, тщательно намазалась и выбросила пустую бутылочку в окно, едва не попав в Эмили Брюстер, купавшуюся в море. Действие второе успешно завершено.

После этого Кристина переоделась в белый купальник, а поверх надела пляжные брюки и блузку с длинными свободными рукавами, надежно скрыв свои покрывшиеся искусственным загаром руки и ноги.

В десять пятнадцать Арлена отправилась на свидание, и через минуту-другую спустившийся на пляж Патрик Редферн изобразил удивление, недовольство и тому подобное. Перед Кристиной стояла достаточно простая задача. Следя за временем по своим собственным часам, которые она держала припрятанными, миссис Редферн в двадцать пять минут двенадцатого спросила у Линды, который час. Та, взглянув на свои часы, ответила — без четверти двенадцать. После чего Линда спускается к морю, а Кристина собирает свои вещи. Как только Линда поворачивается к ней спиной, Кристина берет ее часы, которые та обязательно должна была снять перед тем, как залезть в воду, и снова устанавливает на них правильное время. Затем она быстро поднимается наверх, бежит по тропе к лестнице, скидывает пляжный костюм и прячет его вместе с альбомом для рисования за камнем и проворно спускается вниз, демонстрируя присущую ей гимнастическую ловкость.

Арлена внизу на пляже недоумевает, почему Патрика нет так долго. Она видит или слышит, как

on the ladder, takes a cautious observation and to her annoyance sees that inconvenient person — the wife! She hurries along the beach and into the Pixy's Cave.

«Christine takes the hat from its hiding-place, a false red curl pinned underneath the brim at the back, and disposes herself in a sprawling attitude with the hat and curl shielding her face and neck. The timing is perfect. A minute or two later the boat containing Patrick and Emily Brewster comes round the point. Remember it is Patrick who bends down and examines the body, Patrick who is stunned — shocked — broken down by the death of his lady love! His witness has been carefully chosen. Miss Brewster has not got a good head, she will not attempt to go up the ladder. She will leave the cove by boat, Patrick naturally being the one to remain with the body — 'in case the murderer may still be about.' Miss Brewster rows off to fetch the police. Christine, as soon as the boat has disappeared, springs up, cuts the hat into pieces with the scissors Patrick has carefully brought, stuffs them into her bathing suit and swarms up the ladder in double-quick time, slips into her beach pyjamas and runs back to the hotel. Just time to have a quick bath, washing off the brown suntan application, and into her tennis dress. One other thing she does. She burns the pieces of the green cardboard hat and the hair in Linda's grate, adding a leaf of a calendar so that it may be associated with the cardboard. Not a Hat but a Calendar has been burnt. As she suspected

кто-то спускается по лестнице, украдкой выглядывает и с ужасом убеждается в том, что это самый нежеланный человек — жена! Она спешно прячется в пещере Эльфов.

Кристина забирает из тайника шляпу с приколотыми к полям фальшивыми рыжими волосами и ложится на берегу, прикрывая лицо и шею шляпой. Время рассчитано точно. Минуту-другую спустя скалу огибает лодка с Патриком и Эмили Брюстер. Вспомните, именно Патрик склонился над телом и осмотрел его, именно Патрик поражен — потрясен — сломлен смертью своей возлюбленной! Он тщательно подобрал себе свидетеля. У мисс Брюстер от высоты кружится голова, она не станет подниматься по лестнице. Она покинет бухту на лодке, а Патрик, естественно, останется рядом с телом — «на тот случай, если убийца по-прежнему где-то поблизости». Мисс Брюстер уплывает за полицией. Как только лодка скрывается из виду, Кристина вскакивает, разрезает шляпу на куски ножницами, предусмотрительно принесенными Патриком, засовывает обрезки себе под купальник, стремительно поднимается вверх по лестнице, надевает пляжный костюм и бежит в пансионат. У нее как раз есть время, чтобы быстро залезть в ванну и смыть искусственный загар, после чего переодеться в костюм для тенниса. Она успевает сделать еще одно дело: сжечь куски зеленого картона и парик в камине у Линды, добавив листок календаря, чтобы именно он ассоциировался с картоном: сгорела не шляпа,

Linda has been experimenting in magic — the blob of wax and the pin show that.

«Then, down to the tennis court, arriving the last, but showing no sign of flurry or haste.

«And meanwhile Patrick has gone to the Cave. Arlena has seen nothing and heard very little — a boat — voices — she has prudently remained hidden. But now it is Patrick calling. 'All clear, darling,' and she comes out and his hands fasten round her neck — and that is the end of poor foolish beautiful Arlena Marshall...»

His voice died away. For a moment there was silence, then Rosamund Darnley said with a little shiver:

«Yes, you make one see it all. But that's the story from the other side. You haven't told us how you came to get at the truth?»

Hercule Poirot said: «I told you once that I had a very simple mind. Always, from the beginning, it seemed to me that the most likely person had killed Arlena Marshall. And the most likely person was Patrick Redfern. He was the type, par excellence — the type of man who exploits women like her — and the type of the killer — the kind of man who will take a woman's savings and cut her throat into the bargain. Who was Arlena going to meet that morning? By the evidence of her face, her smile, her manner, her words to me — Patrick Redfern. And therefore,

а календарь. Как и подозревала Кристина, Линда экспериментировала с магией — на это указывают расплавленный воск и булавка.

И, наконец, вниз и на теннисный корт — Кристина появляется последней, но не выказывая никаких признаков того, что она торопилась.

А тем временем Патрик подходит к пещере. Арлена ничего не видела и почти ничего не слышала — подплывшая лодка, чьи-то голоса, — поскольку благоразумно оставалась в укрытии. Но вот Патрик зовет ее: «Все чисто, дорогая», она выходит, его руки смыкаются у нее на шее — и это конец бедной, глупой, красивой Арлены Маршалл...

Пуаро остановился. Какое-то мгновение все молчали. Затем Розамунд Дарнли произнесла с дрожью в голосе:

— Да, вы всё наглядно нам показали. Но это взгляд с одной стороны. Вы не объяснили, как вы дошли до истины?

— Я уже говорил вам, что привык рассуждать просто, — сказал Эркюль Пуаро. — Мне всегда, с самого начала казалось, что Арлену Маршалл убил наиболее подходящий для этого человек. А таким человеком был Патрик Редферн. Он принадлежит именно к такому типу мужчин, par excellence, — мужчин, которые эксплуатируют таких женщин, как Арлена, безжалостных убийц, которые отнимут у женщины все ее сбережения и вдобавок еще перережут ей горло. С кем должна была встретиться в то утро Арлена? Судя по ее лицу, улыбке, поведе-

in the very nature of things, it should be Patrick Redfern who killed her.

«But at once I came up, as I told you, against impossibility. Patrick Redfern could not have killed her since he was on the beach and in Miss Brewster's company until the actual discovery of the body. So I looked about for other solutions — and there were several. She could have been killed by her husband — with Miss Darnley's connivance. (They too had both lied as to one point which looked suspicious.) She could have been killed as a result of her having stumbled on the secret of the dope smuggling. She could have been killed, as I said, by a religious maniac, and she could have been killed by her stepdaughter. The latter seemed to me at one time to be the real solution. Linda's manner in her very first interview with the police was significant. An interview that I had with her later assured me of one point. Linda considered herself guilty.»

«You mean she imagined that she had actually killed Arlena?» Rosamund's voice was incredulous.

Hercule nodded.
«Yes. Remember — she is really little more than a child. She read that book on witchcraft and she half believed it. She hated Arlena. She deliberately made the wax doll, cast her spell, pierced it to the heart, melted it away — and that very day Arlena dies. Older and wiser people than Linda have believed fer-

нию, словам, обращенным ко мне, — с Патриком Редферном. Следовательно, совершенно естественно было предположить, что именно Патрик ее убил.

Но здесь, как я вам уже говорил, я тотчас же зашел в тупик. Патрик Редферн не мог убить Арлену, поскольку находился сначала на пляже, а затем в обществе мисс Брюстер, до самого момента обнаружения тела. Поэтому я стал перебирать другие решения — каковых было несколько. Арлену мог убить ее муж — при содействии мисс Дарнли. (Они оба также солгали относительно одного момента, и это было подозрительно.) Ее смерть могла стать следствием того, что она случайно наткнулась на тайну торговцев наркотиками. Арлену мог убить, как я уже говорил, религиозный маньяк, и ее могла убить ее падчерица. Какое-то время именно последнее объяснение казалось мне истинным. Поведение Линды во время первого допроса полиции было очень примечательным. Разговор, который состоялся у меня с ней позже, убедил меня в одном: Линда считала себя виновной.

— Вы хотите сказать, она вообразила, будто действительно убила Арлену? — В голосе Розамунд прозвучало откровенное сомнение.

Эркюль Пуаро кивнул.

— Да. Вспомните, она всего лишь ребенок. Прочитав эту книгу о колдовстве, Линда наполовину поверила в нее. Она ненавидела Арлену. Она специально смастерила восковую куклу, наложила заклятие, пронзила булавкой ей сердце, растопила ее — и в этот же самый день Арлена умерла. Есте-

vently in magic. Naturally she believed that it was all true — that by using magic she had killed her stepmother.»

Rosamund cried: «Oh, poor child, poor child. And I thought — I imagined — something quite different — that she knew something which would -» Rosamund stopped.

Poirot said: «I know what it was you thought. Actually your manner frightened Linda still further. She believed that her action had really brought about Arlena's death and that you knew it. Christine Redfern worked on her too, introducing the idea of the sleeping tablets to her mind, showing her the way to a speedy and painless expiation of her crime. You see, once Captain Marshall was proved to have an alibi, it was vital for a new suspect to be found. Neither she nor her husband knew about the dope smuggling. They fixed on Linda to be the scapegoat.»

Rosamund said: «What a devil!»

Poirot nodded.

«Yes, you are right. A cold-blooded and cruel woman. For me, I was in great difficulty. Was Linda guilty only of the childish attempt at witchcraft, or had her hate carried her still further — to the actual act? I tried to get her to confess to me. But it was no good. At that moment I was in grave uncertainty. The Chief Constable was inclined to accept the dope smuggling explanation. I could let it go at

ственно, Линда решила, что это все правда — что с помощью черной магии она убила свою мачеху.

— О, бедное дитя, бедное дитя! — воскликнула Розамунд. — А я-то решила... вообразила... что дело совсем в другом, что ей известно что-то такое... — Она осеклась.

— Я знаю, что вы подумали, — сказал Пуаро. — В действительности своим поведением вы напугали Линду еще больше. Она вообразила, что ее действия на самом деле вызвали смерть Арлены и вам это известно. Кристина Редферн также поработала в этом направлении, заронив в сознание Линды мысль о таблетках снотворного, показав способ быстро и безболезненно искупить свою вину. Понимаете, как только капитан Маршалл доказал свое алиби, возникла необходимость найти нового подозреваемого. Ни Кристина, ни ее муж не подозревали о торговле наркотиками. Они выбрали в качестве козла отпущения Линду.

— Какой дьявольский замысел! — сказала Розамунд.

Пуаро кивнул.

— Да, вы совершенно правы. Кристина Редферн очень хладнокровная и жестокая женщина. Я столкнулся с крайне сложной проблемой. Линда виновна только в детской попытке колдовства или же ненависть завела ее гораздо дальше — и она действительно совершила убийство? Я попробовал вызвать ее на откровенность. Но из этого ничего не вышло. В тот момент я пребывал в полной неопре-

that. I went over the facts again very carefully. I had, you see, a collection of jig saw puzzle pieces, isolated happenings — plain facts. The whole must fit into a complete and harmonious pattern. There were the scissors found on the beach — a bottle thrown from a window — a bath that no one would admit to having taken — all perfectly harmless occurrences in themselves, but rendered significant by the fact that no one would admit to them. Therefore, they must be of significance. Nothing about them fitted in with the theories of either Captain Marshall's or Linda's or of a dope gang's being responsible. And yet they must having meaning. I went back again to my first solution — that Patrick Redfern had committed the murder. Was there anything in support of that? Yes, the fact that a very large sum of money was missing from Arlena's account. Who had got that money? Patrick Redfern, of course. She was the type of woman easily swindled by a handsome young man — but she was not at all the type of woman to be blackmailed. She was far too transparent, not good enough at keeping a secret. The blackmailer story had never rung true to my mind. And yet there had been that conversation overheard — ah, but overheard by whom? Patrick Redfern's wife. It was her story — unsupported by any outside evidence. Why was it invented? The answer came to me like lightning. To account for the absence of Arlena's money!

деленности. Главный констебль был склонен принять версию с наркоторговлей. Но я не мог с этим согласиться. Я снова тщательно перебрал все факты. Понимаете, у меня был набор элементов мозаики, изолированных событий — голых фактов. И все они должны были сложиться в цельный и гармоничный рисунок. У меня были ножницы, найденные на берегу... бутылочка, выброшенная в окно... ванна, которую никто не принимал, — все это само по себе совершенно безобидные события, однако им придавало значимость то обстоятельство, что никто в них не признавался. Следовательно, они обязаны были иметь значение. Все эти события никак не стыковались с версией вины капитана Маршалла или его дочери, а также с версией о банде торговцев наркотиками. И тем не менее они должны были иметь какой-то смысл. И я вернулся к своему первому предположению — убийство совершил Патрик Редферн. Было ли что-либо в пользу этого предположения? Да, то обстоятельство, что со счета Арлены Маршалл пропала очень крупная сумма денег. Кто получил эти деньги? Патрик Редферн, разумеется. Арлена была из тех женщин, которых очень просто обводят вокруг пальца красивые молодые мужчины, — но она была не из тех, кого шантажируют. Слишком прозрачная, Арлена не смогла бы скрывать какую-то тайну. В своих рассуждениях я никогда не рассматривал теорию шантажа. Однако ведь был случайно услышанный разговор — о, но кто его подслушал? Жена Патрика Редферна! Это были ее слова — не подкрепленные никакими

«Patrick and Christine Redfern. The two of them were in it together. Christine hadn't got the physical strength to strangle her or the mental make-up. No, it was Patrick who had done it — but that was impossible! Every minute of his time was accounted for until the body was found. Body — the word body stirred something in my mind — bodies lying on the beach — all alike. Patrick Redfern and Emily Brewster had got to the cove and seen a body lying there. A body — suppose it was not Arlena's body but somebody else's? The face was hidden by the great Chinese hat.

"But there was only one dead body — Arlena's. Then, could it be — a live body — some one pretending to be dead? Could it be Arlena herself, inspired by Patrick to play some kind of a joke. I shook my head — no, too risky. A live body — whose? Was there any woman who would help Redfern? Of course — his wife. But she was a white-skinned delicate creature — Ah, yes, but suntan can be applied out of bottles — bottles — a bottle — I had one of my jig saw pieces. Yes, and afterwards, of course, a bath — to wash the tell-tale stain off before she went out to play tennis. And the scissors? Why, to cut up the duplicate cardboard hat — an unwieldy thing that must be got out of the way, and in the haste the scissors were left behind — the one thing that the pair of murderers forgot.

другими свидетельствами. Зачем она это придумала? Ответ пришел молниеносно. Чтобы объяснить исчезновение денег Арлены!

Патрик и Кристина Редферн. Они действовали заодно. Кристина не обладала физической силой задушить Арлену и необходимым психологическим складом. Нет, это сделал Патрик — но это же невозможно! Каждая минута его времени четко расписана до того самого момента, как было обнаружено тело. «Тело» — это слово расшевелило что-то у меня в сознании... тела, лежащие на пляже... такие похожие друг на друга. Патрик Редферн и Эмили Брюстер приплыли в бухту Эльфов и увидели лежащее на берегу тело. Какое-то тело — предположим, что это была не Арлена, а кто-то другой? Лицо было скрыто большой китайской шляпой.

Однако мертвое тело было только одно — тело Арлены. Следовательно, могло ли это быть живое тело — и кто-то лишь притворялся мертвым? Могла ли это быть сама Арлена, по наущению Патрика разыгрывавшая какую-то шутку? Я мысленно покачал головой — нет, чересчур рискованно. Живое тело — чье? Какая женщина могла бы помочь Редферну? Ну конечно — его жена! Но ведь Кристина — хрупкое создание с белой кожей... Ах да, можно нанести искусственный загар из бутылочки — из бутылочки, и я положил на место один элемент мозаики. Да, а затем, разумеется, ванна — чтобы смыть предательскую краску перед тем, как отправиться играть в теннис. Ну, а ножницы? Ну как же, чтобы разрезать вторую картонную шляпу, громоздкую штуковину, которую нужно было унести, и в спешке

"But where was Arlena all the time? That again was perfectly clear. Either Rosamund Darnley or Arlena Marshall had been in the Pixy's Cave, the scent they both used told me that. It was certainly not Rosamund Darnley. Then it was Arlena, hiding till the coast should clear.

"When Emily Brewster went off in the boat, Patrick had the beach to himself and full opportunity to commit the crime. Arlena Marshall was killed after a quarter to twelve but the medical evidence was only concerned with the earliest possible time the crime could have been committed. That Arlena was dead at a quarter to twelve was what was told to the doctor, not what he told the police.

"Two more points had to be settled. Linda Marshall's evidence gave Christine Redfern an alibi. Yes, but that evidence depended on Linda Marshall's wrist-watch. All that was needed was to prove that Christine had had two opportunities of tampering with the watch. I found those easily enough. She had been alone in Linda's room that morning — and there was an indirect proof. Linda was heard to say that she was 'afraid she was going to be late,' but when she got down it was only twenty-five past ten by the lounge clock. The second opportunity was easy — she could alter the watch back again as soon as Linda

ножницы оказались забыты — единственная оплошность, допущенная двумя убийцами.

Но где все это время находилась Арлена? И это также было совершенно очевидно. В пещере Эльфов побывали или Розамунд Дарнли, или Арлена Маршалл — об этом мне сообщил аромат духов, которыми пользовались только они двое. Это определенно была не мисс Дарнли. Значит, это была Арлена, прятавшаяся в пещере до тех пор, пока берег не станет пуст.

После того как Эмили Брюстер уплыла обратно, бухта оказалась в полном распоряжении Патрика Редферна. Теперь уже ничто не мешало ему совершить убийство. Арлена Маршалл была убита позднее, чем без четверти двенадцать, однако медицинского эксперта волновал только вопрос относительно самого раннего времени, когда могло быть совершено преступление. О том, что смерть Арлены наступила без четверти двенадцать, врачу сказала полиция, а не наоборот.

Оставалось решить еще два вопроса. Показания Линды Маршалл обеспечивали алиби Кристины Редферн. Да, но эти показания зависели от часов Линды Маршалл. Требовалось только доказать, что у Кристины дважды была возможность перевести часы. Я установил это без особого труда. Утром в тот день Кристина заходила в комнату к Линде. Было еще и косвенное доказательство: Линда говорила, что «боялась опоздать», но когда она спустилась в фойе, часы на стене показывали только двадцать пять минут одиннадцатого. Со вторым случаем было еще проще — Кристина могла перевести

turned her back and went down to bathe. Then there was the question of the ladder. Christine had always declared she had no head for heights. Another carefully prepared lie.

"I had my mosaic now — each piece beautifully fitted into its place. But unfortunately I had no definite proof. It was all in my mind. It was then that an idea came to me. There was an assurance — a slickness about the crime. I had no doubt that in the future Patrick Redfern would repeat his crime. What about the past? It was remotely possible that this was not his first killing. The method employed, strangulation, was in harmony with his nature — a killer for pleasure as well as for profit. If he was already a murderer I was sure that he would have used the same means. I asked Inspector Colgate for a list of women victims of strangulation. The result filled me with joy. The death of Nellie Parsons found strangled in a lonely copse might or might not be Patrick Redfern's work — it might merely have suggested choice of locality to him, but in Alice Corrigan's death I found exactly what I was looking for. In essence the same method. Juggling with time — a murder committed not, as is the usual way, before it is supposed to have happened, but afterwards. A body supposedly discovered at a quarter past four. A husband with an alibi up to twenty-five past four.

часы, как только Линда повернулась к ней спиной, направляясь купаться. Но был еще вопрос с лестницей. Кристина постоянно твердила, что боится высоты. Как выяснилось, и это была старательно подготовленная ложь.

Вся мозаика была собрана — каждая деталь великолепно встала на свое место. Но, к сожалению, у меня не было никаких доказательств. Все существовало только в моей голове. И тогда меня осенила одна мысль. В этом преступлении налицо была уверенность — гладкость. Я не сомневался, что в будущем Патрик Редферн повторит это преступление. А как насчет прошлого? Мне пришла в голову мысль, что для него это убийство не было первым. Использованный метод — удушение — полностью соответствовал его натуре: убийство не только ради корысти, но и ради удовольствия. И если Патрик уже совершил убийство, я был уверен в том, что он воспользовался тем же самым способом. Я попросил инспектора Колгейта подготовить список женщин, ставших жертвой удушения. Результат превзошел ожидания. Смерть Нелли Парсонс, задушенной в уединенной роще, могла быть делом рук Патрика Редферна, а могла и не быть; возможно, она лишь навела его на мысль о выборе места. Однако в смерти Алисы Корриган я нашел именно то, что искал. По сути, один и тот же метод. Махинации со временем: убийство совершено не до того, как все полагают — обыкновенно бывает именно так, — а после. Тело предположительно обнаружено в четыре с четвертью. У мужа алиби до двадцати пяти минут пятого.

"What really happened? It was said that Edward Corrigan arrived at the Pine Ridge, found his wife was not there and went out and walked up and down. Actually of course he ran full speed to the rendezvous, Caesar's Grove (which you will remember was quite near by), killed her and returned to the café. The girl hiker who reported the crime was a most respectable young lady, games mistress in a well-known girls' school. Apparently she had no connection with Edward Corrigan. She had to walk some way to report the death. The police surgeon only examined the body at a quarter to six. As in this case the time of death was accepted without question.

"I made one final test. I must know definitely if Mrs Redfern was a liar. I arranged our little excursion to Dartmoor. If anyone had a bad head for heights, they are never comfortable crossing a narrow bridge over running water. Miss Brewster, a genuine sufferer, showed giddiness, but Christine Redfern, unconcerned, ran across without a qualm. It was a small point, but it was a definite test. If she had told one unnecessary lie — then all the other lies were possible. In the meantime Colgate had got the photograph identified by the Surrey police. I played my hand in the only way I thought likely to succeed. Having lulled Patrick Redfern into security, I turned on him and did my utmost to make him lose his self-control. The knowledge that he had been identified with Corrigan caused him to lose his head completely."

Что же произошло на самом деле? Известно, что Эдвард Корриган зашел в «Пайн-Ридж», не застал там свою жену, вышел на улицу и принялся расхаживать взад и вперед. В действительности же он, разумеется, со всех ног побежал на место свидания, в рощу Сизар-Гроув (которая, как вы помните, находилась неподалеку), убил свою жену и вернулся в кафе. О преступлении сообщила уважаемая молодая дама, учительница из престижной школы. По-видимому, она была никак не связана с Эдвардом Корриганом. Ей требовалось пройти какое-то расстояние до полицейского участка, чтобы доложить об убийстве. Полицейский врач осмотрел тело только без четверти шесть. Как и в нашем случае, время смерти не вызывало сомнений.

Я устроил последнее испытание. Мне нужно было убедиться наверняка в том, что миссис Редферн лжет. Я устроил нашу поездку в Дартмур. Если б кто-то страдал боязнью высоты, ему было бы крайне неуютно переходить по шаткому мостику над быстрым ручьем. У мисс Брюстер действительно закружилась голова. А вот Кристина Редферн, забыв о необходимости притворяться, спокойно пробежала по мостику. Это была мелочь — но все-таки она позволила мне сделать один определенный вывод. Если Кристина без особой нужды солгала в одном, значит, возможно, она солгала и в другом. Тем временем Колгейт отвез фотографию на опознание в полицию Суррея. Я разыграл свои карты единственным способом, который, по моему мнению, должен был принести успех. Усыпив бдительность Патрика Редферна, я внезапно обвинил его в преступлении

Hercule Poirot stroked his throat reminiscently.

"What I did," he said with importance, "was exceedingly dangerous — but I do not regret it. I succeeded! I did not suffer in vain."

There was a moment's silence. Then Mrs Gardener gave a deep sigh.

"Why, M. Poirot," she said. "It's just been too wonderful — hearing just exactly how you got your results. It's every bit as fascinating as a lecture on criminology — in fact it is a lecture on criminology. And to think my magenta wool and that sunbathing conversation actually had something to do with it! That really makes me too excited for words and I'm sure Mr Gardener feels the same, don't you, Odell?"

"Yes, darling," said Mr Gardener.

Hercule Poirot said: "Mr Gardener too was of assistance to me. I wanted the opinion of a sensible man about Mrs Marshall. I asked Mr Gardener what he thought of her."

"Is that so," said Mrs Gardener. "And what did you say about her, Odell?"

Mr Gardener coughed.

He said: "Well, darling, I never did think very much of her, you know."

"That's the kind of thing men always say to their wives," said Mrs Gardener. "And if you ask me, even

и сделал все, что в моих силах, чтобы вывести его из себя. Известие о том, что в нем опознали Корригана, заставило его полностью потерять голову.

Эркюль Пуаро выразительно погладил шею.

— Я предпринял чрезвычайно опасный шаг, — с сознанием собственной важности произнес он, — но нисколько об этом не жалею. Я добился успеха! Моя жертва не была напрасной!

Наступило молчание. Затем миссис Гарднер глубоко вздохнула.

— Ох, месье Пуаро, — сказала она. — Это было просто бесподобно — услышать, каким именно образом вы пришли к разгадке. Все это замечательно, ну прямо как лекция по криминалистике — на самом деле это и есть лекция по криминалистике! И подумать только, что моя бордовая шерсть и разговор на пляже имели к этому самое непосредственное отношение! Я просто не могу выразить словами свой восторг, и я уверена в том, что мистер Гарднер разделяет мои чувства, ведь так, Оделл?

— Да, дорогая, — подтвердил мистер Гарднер.

— Ваш муж также оказал мне содействие, — сказал Эркюль Пуаро. — Я хотел услышать мнение рассудительного мужчины о миссис Маршалл. Я спросил у мистера Гарднера, что он о ней думает.

— Вот как? — сказала миссис Гарднер. — И что же ты ответил, Оделл?

Мистер Гарднер кашлянул.

— Ну, дорогая, я был о ней не очень высокого мнения, — сказал он.

— Это то, что мужья неизменно отвечают своим женам, — сказала миссис Гарднер. — А если хоти-

M. Poirot here is what I should call a shade on the indulgent side about her, calling her a natural victim and all that. Of course it's true that she wasn't a cultured woman at all, and as Captain Marshall isn't here I don't mind saying that she always did seem to me kind of dumb. I said so to Mr Gardener, didn't I, Odell?"

"Yes, darling," said Mr Gardener.

Linda Marshall sat with Hercule Poirot on Gull Cove.

She said: "Of course I'm glad I didn't die after all. But you know, M. Poirot, it's just the same as if I'd killed her, isn't it? I meant to."

Hercule Poirot said energetically: "It is not at all the same thing. The wish to kill and the action of killing are two different things. If in your bedroom instead of a little wax figure you had had your stepmother bound and helpless and a dagger in your hand instead of a pin, you would not have pushed it into her heart! Something within you would have said 'no.' It is the same with me. I enrage myself at an imbecile. I say, 'I would like to kick him.' Instead I kick the table. I say. This table, it is the imbecile, I kick him so.' And then, if I have not hurt my toe too much, I feel much better and the table it is not usually damaged. But if the imbecile himself was there I should not kick him. To make the wax figure and stick in the pins it is silly, yes, it is childish, yes — but it does something useful too. You took the hate out of yourself and put it into that little figure. And with the pin and the fire you destroyed — not your stepmother — but the hate you bore her. Afterwards,

те узнать мое мнение, даже вот месье Пуаро относится к этой женщине снисходительно, называет ее «естественной жертвой». Конечно, это правда, что она была женщиной некультурной, и поскольку капитана Маршалла здесь нет, я не побоюсь сказать, что мне она всегда казалась глуповатой. Я так и говорила мистеру Гарднеру, правда, Оделл?

— Да, дорогая, — подтвердил мистер Гарднер.

Линда Маршалл сидела вместе с Эркюлем Пуаро в бухте Чаек.

— Конечно, я рада, что осталась в живых, — сказала она. — Но понимаете, месье Пуаро, я ведь все равно что убила ее, разве не так? Я очень этого хотела!

— Это совсем не одно и то же! — энергично возразил Пуаро. — Желание убить и непосредственно убийство — это совершенно разные вещи. Если б у вас в комнате вместо восковой фигурки находилась ваша мачеха, связанная и беспомощная, а вы в руке вместо булавки сжимали кинжал, вы не вонзили бы его ей в сердце! Что-то у вас внутри сказало бы: «Нет!» То же самое и со мною. Дураки приводят меня в бешенство. И я говорю себе: «Мне хочется пнуть его ногой». Вместо этого я пинаю ногой стол. Я говорю себе: «Этот стол и есть дурак, и я пнул его ногой». И тогда, если я не очень сильно ушиб ногу, мне становится гораздо лучше, а со столом, как правило, ничего не случается. Изготовить восковую фигурку и вонзить в нее булавку — да, это глупо, да, это детство, и все же в этом есть какая-то польза. Вы выплеснули из себя ненависть и перенесли ее на маленькую восковую фигурку. Огнем и булавкой вы уничтожили не свою мачеху, а ненависть, которую

even before you heard of her death, you felt cleansed, did you not — you felt lighter — happier?"

Linda nodded.
She said: "How did you know? That's just how I did feel."
Poirot said: "Then do not repeat to yourself the imbecilities. Just make up your mind not to hate your next stepmother."

Linda said, startled: "Do you think I'm going to have another? Oh, I see, you mean Rosamund. I don't mind her." She hesitated a minute. "She's sensible."

It was not the adjective that Poirot himself would have selected for Rosamund Darnley, but he realized that it was Linda's idea of high praise.
Kenneth Marshall said: "Rosamund, did you get some extraordinary idea into your head that I'd killed Arlena?"
Rosamund looked rather shamefaced. She said:
"I suppose I was a damned fool."
"Or course you were."
"Yes, but, Ken, you are such an oyster. I never knew what you really felt about Arlena. I didn't know if you accepted her as she was and were just frightfully decent about her, or whether you — well, just believed in her blindly. And I thought if it was that and you suddenly found out that she was letting you down you might go mad with rage. I've heard stories about you. You're always very quiet but you're rather frightening sometimes."

к ней питали. И потом, еще до того, как вы услышали о ее смерти, вы почувствовали очищение, разве не так? Вам стало легче на душе, радостнее.

Линда кивнула.

— Откуда вам это известно? Все действительно было именно так.

— В таком случае выбросите из головы все эти глупости, — сказал Пуаро. — Просто настройтесь мысленно не питать ненависть к своей следующей мачехе.

— Вы полагаете, у меня будет еще одна? — произнесла потрясенная Линда. — О, понимаю, вы имеете в виду Розамунд. Против нее я ничего не имею. — Девушка помолчала. — Она толковая.

Эркюль Пуаро употребил бы в отношении Розамунд Дарнли другой эпитет, но рассудил, что в устах Линды это слово было наивысшей похвалой.

— Розамунд, — сказал Кеннет Маршалл, — неужели ты вообразила, что я убил Арлену?

Розамунд заметно смутилась.
— Наверное, я полная дура!
— Ну да, разумеется.
— Да, но ты, Кен, самый настоящий моллюск! Я так и не могла понять, какие у тебя были чувства к Арлене. Я не знала, то ли ты принимаешь ее такой, какова она есть, и просто ведешь себя по отношению к ней ужасно прилично, то ли... то ли слепо ей веришь. И я решила, что, если все действительно было так и ты вдруг обнаружил, что она тебе изменяет, ты обезумел от ярости. Я о тебе многое слышала. Ты всегда такой тихий, но иногда становишься страшным.

"So you thought I just took her by the throat and throttled the life out of her?"

"Well — yes — that's just exactly what I did think. And your alibi seemed a bit on the light side. That's when I suddenly decided to take a hand and make up that silly story about seeing you typing in your room. And when I heard that you said you'd seen me look in — well, that made me quite sure you'd done it. That, and Linda's queerness."

Kenneth Marshall said with a sigh: "Don't you realize that I said I'd seen you in the mirror in order to back up your story. I — I thought you needed it corroborated."

Rosamund stared at him.

"You don't mean you thought that I killed your wife?"

Kenneth Marshall shifted uneasily.

He mumbled: "Dash it all, Rosamund, don't you remember how you nearly killed that boy about that dog once? How you hung on to my throat and wouldn't let go."

"But that was years ago."

"Yes, I know -"

Rosamund said sharply: "What earthly motive do you think I had to kill Arlena?"

His glance shifted. He mumbled something again.

Rosamund cried: "Ken, you mass of conceit! You thought I killed her out of altruism on your behalf, did you? Or — or did you think I killed her because I wanted you myself?"

— Значит, ты подумала, что я просто схватил Арлену за горло и придушил ее?

— Ну... да, я подумала именно это. И твое алиби показалось мне слишком неубедительным. И тут я вдруг решила тебе помочь и сочинила эту глупую историю про то, будто видела тебя печатающим у себя в комнате. А когда я узнала, что ты сказал, будто видел, как я заглянула к тебе, — ну, тут я уже окончательно поверила в то, что это сделал ты. И к этому еще добавилось странное поведение Линды.

— Неужели ты не понимаешь, что я сказал, будто видел тебя в зеркале, чтобы подтвердить твой рассказ, — вздохнув, сказал Кеннет Маршалл. — Я... я посчитал нужным подкрепить твое алиби.

Розамунд изумленно уставилась на него.

— Не хочешь ли ты сказать, что вообразил, будто я убила твою жену?

Кеннет Маршалл неуютно заерзал.

— Черт побери, Розамунд, — пробормотал он, — неужели ты забыла, как однажды чуть не убила из-за собаки того мальчишку? Ты вцепилась ему в глотку и не отпускала его.

— Но это же было много лет назад!

— Да, знаю...

— Помилуй бог, но какой, по-твоему, был у меня мотив убить Арлену? — резко спросила Розамунд.

Маршалл отвел взгляд и пробормотал что-то невнятное.

— Кен, твое самомнение не имеет границ! — воскликнула Розамунд. — Ты думал, что я убила твою жену, желая сделать для тебя доброе дело, ведь так? Или... или ты решил, что я убила ее, поскольку хотела получить тебя сама?

"Not at all," said Kenneth Marshall indignantly. "But you know what you said that day — about Linda and everything — and — and you seemed to care what happened to me."

Rosamund said: "I've always cared about that."

"I believe you have. You know, Rosamund — I can't usually talk about things — I'm not good at talking — but I'd like to get this clear. I didn't care for Arlena — only just a little at first — and living with her day after day was a pretty nerve-racking business. In fact it was absolute hell, but I was awfully sorry for her. She was such a damned fool — crazy about men — she just couldn't help it — and they always let her down and treated her rottenly. I simply felt I couldn't be the one to give her the final push. I'd married her and it was up to me to look after her as best I could. I think she knew that and was grateful to me really. She was — she was a pathetic sort of creature really."

Rosamund said gently: "It's all right, Ken. I understand now."

Without looking at her Kenneth Marshall carefully filled a pipe. He mumbled:

"You're — pretty good at understanding, Rosamund."

A faint smile curved Rosamund's ironic mouth.

She said: "Are you going to ask me to marry you now, Ken, or are you determined to wait six months?"

Kenneth Marshall's pipe dropped from his lips and crashed on the rocks below.

— Вовсе нет! — негодующе возразил Маршалл. — Но, понимаешь, ты тогда заговорила... о Линде и так далее... и я... и мне показалось, что тебе небезразлично, как у меня дела.

— Ты никогда не был мне безразличен, — сказала Розамунд.

— Я тебе верю. Знаешь, Розамунд... я не умею говорить о таких вещах... я вообще не умею говорить... но мне хотелось бы прояснить один момент. Я не любил Арлену — быть может, только самую малость вначале, — и каждодневная жизнь с нею вытягивала из меня всю душу. На самом деле это был настоящий ад, но мне было очень ее жалко. Она была полной дурой — помешана на мужчинах, просто ничего не могла с собой поделать, а они постоянно ее бросали и вообще обращались с нею посвински. И я не хотел становиться тем, кто окончательно столкнет ее в пропасть. Полагаю, Арлена это понимала и была искренне мне признательна. Она... на самом деле она была очень трогательным созданием.

— Всё в порядке, Кен, — мягко произнесла Розамунд. — Я всё понимаю.

Не глядя на нее, Маршалл тщательно набил трубку.

— Ты... ты прекрасно все понимаешь, Розамунд, — тихо промолвил он.

Губы мисс Дарнли изогнулись в легкой усмешке.

— Кен, ты предложишь мне выйти замуж за тебя прямо сейчас или же будешь ждать полгода?

Трубка выпала изо рта Кеннета Маршалла и разбилась о скалы внизу.

He said: "Damn, that's the second pipe I've lost down here. And I haven't got another with me. How the devil did you know I'd fixed six months as the proper time?"

"I suppose because it is the proper time. But I'd rather have something definite now, please. Because in the intervening months you may come across some other persecuted female and rush to the rescue in chivalrous fashion again."

He laughed. "You're going to be the persecuted female this time, Rosamund. You're going to give up that damned dressmaking business of yours and we're going to live in the country."

"Don't you know that I make a very handsome income out of my business? Don't you realize that it's my business — that I created it and worked it up and that I'm proud of it! And you've got the damned nerve to come along and say, 'Give it all up, dear.'"

"I've got the damned nerve to say it, yes."

"And you think I care enough for you to do it?"

"If you don't," said Kenneth Marshall, "you'd be no good to me."

Rosamund said softly: "Oh, my dear, I've wanted to live in the country with you all my life. Now — it's going to come true..."

— Проклятие, это уже вторая трубка, которую я потерял здесь, — пробормотал он. — И еще одной у меня с собой нет... Черт возьми, как ты догадалась, что я намеревался выждать именно шесть месяцев?

— Наверное, правила приличия действительно этого требуют. Но я бы предпочла что-либо определенное прямо сейчас — пожалуйста. Потому что вдруг за эти шесть месяцев ты наткнешься еще на какую-нибудь женщину, подвергающуюся гонениям, и снова, как истинный рыцарь, поспешишь ей на выручку?

— На этот раз такой женщиной станешь ты, Розамунд, — рассмеялся Кеннет. — Ты бросишь свою модную одежду, и мы поселимся в деревне.

— А ты разве не знаешь, что я получаю от своей модной одежды весьма неплохой доход? Ты не понимаешь, что это мое дело — я создала его с нуля и горжусь им! И у тебя хватило наглости, черт возьми, заявить: «Бросай все, дорогая»?

— Да, у меня хватило наглости так заявить.

— И ты думаешь, что я настолько сильно тебя люблю?

— В противном случае, — сказал Кеннет Маршалл, — ты мне не подойдешь.

— О, дорогой, — тихо промолвила Розамунд, — всю свою жизнь я мечтала жить в деревне вместе с тобой. И вот теперь... это наконец сбудется...

УДК 821.111-31(71)
ББК 84(4Вел)-44
К82

Agatha Christie
EVIL UNDER THE SUN
Copyright © 1941 Agatha Christie Limited.
All rights reserved.

AGATHA CHRISTIE and POIROT
are registered trademarks of Agatha Christie Limited in
the UK and elsewhere. All rights reserved.

Перевод с английского *С. Саксина*

Оформление серии *Н. Ярусовой*

В коллаже на обложке использованы репродукции работ
художников *Эдварда Кукуэля* и *Анри Море*

Кристи, Агата.
К82   Зло под солнцем. Evil Under the Sun / Агата Кристи ; [перевод с английского С. М. Саксина]. — Москва : Эксмо, 2020. — 544 с.

ISBN 978-5-04-108919-1

В романе «Зло под солнцем» Эркюлю Пуаро предстоит побывать на респектабельном курорте. Однако покой великому сыщику только снится: даже на отдыхе ему придется заняться привычным делом — расследовать убийство. На первый взгляд картина ясна — виной всему любовный треугольник. Но треугольник может оказаться и четырех- и пятиугольником, а вполне вероятно, и куда более сложной геометрической фигурой.

УДК 821.111-31(71)
ББК 84(4Вел)-44

ISBN 978-5-04-108919-1

© Саксин С.М., перевод на русский язык, 2020
© Издание на русском языке, оформление. ООО «Издательство «Эксмо», 2020

Все права защищены. Книга или любая ее часть не может быть скопирована, воспроизведена в электронной или механической форме, в виде фотокопии, записи в память ЭВМ, репродукции или каким-либо иным способом, а также использована в любой информационной системе без получения разрешения от издателя. Копирование, воспроизведение и иное использование книги или ее части без согласия издателя является незаконным и влечет уголовную, административную и гражданскую ответственность.

Литературно-художественное издание

Агата Кристи

ЗЛО ПОД СОЛНЦЕМ
EVIL UNDER THE SUN

Ответственный редактор *М. Яновская*
Художественный редактор *Н. Ярусова*
Технический редактор *О. Лёвкин*
Компьютерная верстка *О. Шувалова*
Корректор *М. Мазалова*

ООО «Издательство «Эксмо»
123308, Москва, ул. Зорге, д. 1. Тел.: 8 (495) 411-68-86.
Home page: www.eksmo.ru E-mail: info@eksmo.ru
Өндіруші: «ЭКСМО» АҚБ Баспасы, 123308, Мәскеу, Ресей, Зорге көшесі, 1 үй.
Тел.: 8 (495) 411-68-86.
Home page: www.eksmo.ru E-mail: info@eksmo.ru
Тауар белгісі: «Эксмо»

Интернет-магазин : www.book24.ru

Интернет-магазин : www.book24.kz
Интернет-дүкен : www.book24.kz
Импортёр в Республику Казахстан ТОО «РДЦ-Алматы».
Қазақстан Республикасындағы импорттаушы «РДЦ-Алматы» ЖШС.
Дистрибьютор и представитель по приему претензий на продукцию,
в Республике Казахстан: ТОО «РДЦ-Алматы»
Қазақстан Республикасында дистрибьютор және өнім бойынша арыз-талаптарды
қабылдаушының өкілі «РДЦ-Алматы» ЖШС,
Алматы қ., Домбровский көш., 3«а», литер Б, офис 1.
Тел.: 8 (727) 251-59-90/91/92; E-mail: RDC-Almaty@eksmo.kz
Өнімнің жарамдылық мерзімі шектелмеген.
Сертификация туралы ақпарат сайтта: www.eksmo.ru/certification

Сведения о подтверждении соответствия издания согласно законодательству РФ
о техническом регулировании можно получить на сайте Издательства «Эксмо»
www.eksmo.ru/certification
Өндірген мемлекет: Ресей. Сертификация қарастырылмаған

Подписано в печать 30.01.2020. Формат 76x100 $^1/_{32}$.
Гарнитура «Школьная». Печать офсетная. Усл. печ. л. 23,93.
Тираж 3000 экз. Заказ 1641.

Отпечатано с готовых файлов заказчика
в АО «Первая Образцовая типография»,
филиал «УЛЬЯНОВСКИЙ ДОМ ПЕЧАТИ»
432980, Россия, г. Ульяновск, ул. Гончарова, 14

16+

Москва. ООО «Торговый Дом «Эксмо»
Адрес: 123308, г. Москва, ул. Зорге, д.1.
Телефон: +7 (495) 411-50-74. **E-mail:** reception@eksmo-sale.ru

По вопросам приобретения книг «Эксмо» зарубежными оптовыми
покупателями обращаться в отдел зарубежных продаж ТД «Эксмо»
E-mail: **international@eksmo-sale.ru**

*International Sales: International wholesale customers should contact
Foreign Sales Department of Trading House «Eksmo» for their orders.*
international@eksmo-sale.ru

По вопросам заказа книг корпоративным клиентам, в том числе в специальном
оформлении, обращаться по тел.: +7 (495) 411-68-59, доб. 2261.
E-mail: **ivanova.ey@eksmo.ru**

Оптовая торговля бумажно-беловыми
и канцелярскими товарами для школы и офиса «Канц-Эксмо»:
Компания «Канц-Эксмо»: 142702, Московская обл., Ленинский р-н, г. Видное-2,
Белокаменное ш., д. 1, а/я 5. Тел./факс: +7 (495) 745-28-87 (многоканальный).
e-mail: kanc@eksmo-sale.ru, сайт: www.kanc-eksmo.ru

Филиал «Торгового Дома «Эксмо» в Нижнем Новгороде
Адрес: 603094, г. Нижний Новгород, улица Карпинского, д. 29, бизнес-парк «Грин Плаза»
Телефон: +7 (831) 216-15-91 (92, 93, 94). **E-mail:** reception@eksmonn.ru

Филиал ООО «Издательство «Эксмо» в г. Санкт-Петербурге
Адрес: 192029, г. Санкт-Петербург, пр. Обуховской обороны, д. 84, лит. «Е»
Телефон: +7 (812) 365-46-03 / 04. **E-mail:** server@szko.ru

Филиал ООО «Издательство «Эксмо» в г. Екатеринбурге
Адрес: 620024, г. Екатеринбург, ул. Новинская, д. 2ц
Телефон: +7 (343) 272-72-01 (02/03/04/05/06/08)

Филиал ООО «Издательство «Эксмо» в г. Самаре
Адрес: 443052, г. Самара, пр-т Кирова, д. 75/1, лит. «Е»
Телефон: +7 (846) 207-55-50. **E-mail:** RDC-samara@mail.ru

Филиал ООО «Издательство «Эксмо» в г. Ростове-на-Дону
Адрес: 344023, г. Ростов-на-Дону, ул. Страны Советов, 44А
Телефон: +7(863) 303-62-10. **E-mail:** info@rnd.eksmo.ru

Филиал ООО «Издательство «Эксмо» в г. Новосибирске
Адрес: 630015, г. Новосибирск, Комбинатский пер., д. 3
Телефон: +7(383) 289-91-42. E-mail: eksmo-nsk@yandex.ru

Обособленное подразделение в г. Хабаровске
Фактический адрес: 680000, г. Хабаровск, ул. Фрунзе, 22, оф. 703
Почтовый адрес: 680020, г. Хабаровск, А/Я 1006
Телефон: (4212) 910-120, 910-211. **E-mail:** eksmo-khv@mail.ru

Филиал ООО «Издательство «Эксмо» в г. Тюмени
Центр оптово-розничных продаж Cash&Carry в г. Тюмени
Адрес: 625022, г. Тюмень, ул. Пермякова, 1а, 2 этаж. ТЦ «Перестрой-ка»
Ежедневно с 9.00 до 20.00. Телефон: 8 (3452) 21-53-96

Республика Беларусь: ООО «ЭКСМО АСТ Си энд Си»
Центр оптово-розничных продаж Cash&Carry в г. Минске
Адрес: 220014, Республика Беларусь, г. Минск, проспект Жукова, 44, пом. 1-17, ТЦ «Outleto»
Телефон: +375 17 251-40-23; +375 44 581-81-92
Режим работы: с 10.00 до 22.00. **E-mail:** exmoast@yandex.by

ПРИСОЕДИНЯЙТЕСЬ К НАМ!

ISBN 978-5-04-108919-1

eksmo.ru

МЫ В СОЦСЕТЯХ:
- eksmolive
- eksmo
- eksmolive
- eksmo.ru
- eksmo_live
- eksmo_live

В электронном виде книги издательства вы можете купить на **www.litres.ru**

ЛитРес: один клик до книг